Jahrbuch Jugendforschung

Angela Ittel • Hans Merkens
Ludwig Stecher (Hrsg.)

Jahrbuch Jugendforschung

11. Ausgabe 2011

Herausgeber
Angela Ittel
Technische Universität Berlin,
Deutschland

Ludwig Stecher
Justus-Liebig-Universität Gießen,
Deutschland

Hans Merkens
Freie Universität Berlin,
Deutschland

ISBN 978-3-531-19716-6
ISBN 978-3-531-19717-3 (eBook)
DOI 10.1007/978-3-531-19717-3

Die Deutsche Nationalbibliothek verzeichnet diese Publikation in der Deutschen Nationalbibliografie; detaillierte bibliografische Daten sind im Internet über http://dnb.d-nb.de abrufbar.

Springer VS

Einbandentwurf: KünkelLopka GmbH, Heidelberg

Gedruckt auf säurefreiem und chlorfrei gebleichtem Papier

Springer VS ist eine Marke von Springer DE. Springer DE ist Teil der Fachverlagsgruppe Springer Science+Business Media
www.springer-vs.de

Inhaltsverzeichnis

Vorwort der Herausgeber

Das Jahrbuch Jugendforschung erscheint mit dieser Ausgabe in seinem elften Jahr. Im Mittelpunkt der ersten zehn Jahre des Jahrbuchs standen zentrale Fragestellungen und Bereiche der Jugendforschung wie etwa Jugendkultur (2001), theoretische Modelle der Jugendforschung (2002), Jugendliche und Migration (2004), delinquente Jugendkulturen (2005), Körper und Sexualität im Jugendalter (2008) oder politische Sozialisation in internationaler Perspektive (2009) – um nur einige zu nennen. Mit diesen (und weiteren) Schwerpunktsetzungen hat sich das Jahrbuch Jugendforschung in den vergangenen Jahren einen festen und anerkannten Platz in der Jugendforschung erarbeitet und sich wesentlich an der Entwicklung neuer theoretischer und empirischer Perspektiven beteiligt.

Diese Tradition setzen wir in diesem Jahr mit zwei Forschungsschwerpunkten fort. Zum einen gehen wir der Frage nach, inwieweit aus Daten, die über Jugendliche vorliegen, auf deren spätere Lebenswege als (junge) Erwachsene geschlossen werden kann, inwieweit also Lebenswege, eingeschlagen im Jugendalter im positiven wie negativen Sinn als biografisch stabil angesehen werden müssen. Die drei Beiträge, die sich mit dieser Frage auseinander setzen, zeigen, auf eine kurze Formel gebracht, dass die Perspektive auf stabile (erfolgreiche oder nicht erfolgreiche) biografische Verläufe von der Jugend in das Erwachsenenleben und auf stabile zu Grunde liegende Persönlichkeitseigenschaften an vielen Stellen einer kritischen Durchsicht bedarf. Die empirischen Befunde, die in diesem Schwerpunkt zusammengetragen werden, zeigen eine teils erhebliche langzeitlich gesehene Variabilität in der Entwicklung von der Jugend ins Erwachsenenalter.

Der zweite Schwerpunkt wechselt den in der Jugendforschung häufig vorherrschenden Fokus von riskanten und problembehafteten Entwicklungen auf Jugendliche, die wir in verschiedener Hinsicht als ‚erfolgreich' beschreiben dürfen. Die vier Beiträge in diesem Schwerpunkt, die sich mit bildungserfolgreichen Migranten/-innen, hochbegabten/hochleistenden Jugendlichen, mit der erfolgreichen Akkumulation von kulturellem Kapital im Jugendalter sowie mit ehrenamtlich engagierten Jugendlichen auseinander setzen, zeigen die mannigfaltigen Wege erfolgreicher Jugendkarrieren. Die Beiträge zeichnen ein Bild von Jugend, das in der öffentlichen Wahrnehmung häufig zu kurz kommt.

Dass das Jahrbuch Jugendforschung nunmehr zehn Jahre alt ist, haben wir auch zum Anlass für eine (kleine) Rückschau genommen. In der ersten Ausgabe des Jahrbuchs Jugendforschung 2001 haben wir namhafte Forscherinnen und Forscher aufgefordert, über einige Aspekte der Jugendforschung in den nächsten Jahren nachzudenken. Diese Aufforderung haben wir für die Ausgabe 2011 erneuert und dieselben Kollegen/-innen von damals gebeten, zu resümieren, welchen Weg ihrer Meinung nach die Jugendforschung in den letzten etwa zehn Jahren genommen hat und wo in der Zukunft wichtige Forschungsfelder liegen werden. Die Beiträge hierzu haben wir in der Rubrik Trends für Sie aufbereitet.

Betreut wurde diese Ausgabe des Jahrbuchs Jugendforschung von der Redaktion an der Justus-Liebig-Universität Gießen. Wir möchten uns für die redaktionelle Arbeit und die Umsetzung des Manuskripts sehr herzlich bei Marie-Luise Dietz und Amina Fraij bedanken.

Angela Ittel, Hans Merkens und Ludwig Stecher

Schwerpunkt A –
Jugend und Lebenslauf/Biografie

Vorwort

Den ersten Schwerpunkt des Jahrbuchs Jugendforschung 2011 bilden Beiträge zur biografischen Bedeutung der Jugendphase für das spätere Erwachsenenleben. Der Jugendforschung ist eine Transitionsperspektive auf das Individuum inhärent, die davon ausgeht, dass Dispositionen, Haltungen oder Verhaltensweisen, die sich in der Jugendphase herausbilden, den weiteren biografischen Weg prägen und damit in dieser Altersphase Weichen für das spätere (junge) Erwachsenenleben gestellt werden. Zumindest gilt dies für Teile der erziehungswissenschaftlich orientierten Jugendforschung.

Inwieweit sich diese Perspektive empirisch untermauern lässt und als tragfähig erweist bearbeiten drei Beiträge:

Sabine Maschke, Imbke Behnken, Fritz Gürge, Peter Held, Ludwig Stecher und *Kerstin Theilen* berichten aus einem Forschungsprojekt, das in den 1970er-Jahren angelegt und 35 Jahre später (2010) mit einer zweiten Forschungsphase fortgesetzt wurde. Im Mittelpunkt stehen ehemalige Hauptschüler/-innen. Die Studie geht auf der Basis von biografischen Interviews und Materialien aus der ersten Studienphase der 1970er-Jahre u.a. der Frage nach, inwieweit die damals ausgearbeitete Typologie der (familien- vs. jugendzentrierten) Jugendlichen für die Beschreibung der späteren Lebenswege herangezogen werden kann. Mit der damaligen Typologie waren unterschiedliche Prognosen mit Blick auf die Risiken und Chancen für das weitere Aufwachsen bzw. für das spätere Erwachsenenleben verbunden. So wurde vor allem den jugendzentrierten Jugendlichen ein gewissens Entwicklungsrisiko attestiert. Die Befunde zeigen jedoch, dass die Unterscheidung zwischen familien- und jugendzentrierten (ehemaligen) Jugendlichen zur Erklärung der tatsächlichen Lebenswege nur bedingt herangezogen werden kann. Alternative Erklärungsansätze für die unterschiedlichen Lebenswege werden im Beitrag angeboten.

Alena Berg, Jutta Ecarius und *Stefan E. Hößl* beleuchten in ihrem Beitrag so genannte biografische Reversionserfahrungen. Im Kern geht es dabei darum, habituell angelegte Einstellungen und Verhaltensweisen zu verändern und biografisch neue Perspektiven zu entwickeln. Am Beispiel eines Schülers in einem berufsvorbereitenden pädagogisch betreuten Modellprojekt können sie zeigen, dass risikobehaftete Schülerkarrieren durch gezielte Intervention verändert werden können und das heißt, habituelle Dispositionen, auf Grund derer man eine problematische Prognose für den Schüler erstellen müsste, ihre biografische Wirkungskraft verlieren und geändert werden können.

Einen wichtigen Beitrag mit Blick auf die Stabilität biografisch relevanter Persönlichkeitsmerkmale liefert *Matthias Reitzle*. Er geht der Frage nach inwieweit der individuelle Selbstwert von Jugendlichen über die Zeit hin stabil bleibt. Der Selbstwert ist eine zentrale entwicklungsrelevante Persönlichkeitsvariable sowohl in der Jugendphase als auch im Erwachsenenalter. Im Rahmen einer allgemeinen Diskussion zur Selbstwertforschung zeigt der Beitrag auf der Basis empirischer Daten, dass hier eher von Veränderung als von Stabilität auszugehen ist.

Insgesamt zeigen die Beiträge, dass die Stabilitätsperspektive auf Jugendliche und spätere (junge) Erwachsene einer gewissen Relativierung bedarf und die Erforschung von (unerwarteten) Veränderungen im Lebensverlauf ein lohnenswertes Feld für die Jugendforschung (wie darüber hinausgehend auch für die Biografieforschung) darstellt.

„Ich hätte nicht angenommen, dass ich ein paar Jahrzehnte später da stehe, wo ich jetzt stehe" – Unerwartete bildungsbiografische Wege ehemaliger Hauptschüler/-innen. Erste Ergebnisse der Längsschnittstudie „In der Lebensmitte"

„I Didn't Think That a Few Decades Later I'd Be Where I Am Now" – Unanticipated Educational Paths of Former Secondary School (Hauptschule) Pupils: Preliminary Results of the Longitudinal Study "In Midlife"

Sabine Maschke, Imbke Behnken, Fritz Gürge, Peter Held, Ludwig Stecher und Kerstin Theilen

Zusammenfassung: Im Mittelpunkt des folgenden Beitrags steht eine Panel-Untersuchung, die die bildungsbiografischen Wege ehemaliger Hauptschüler/ -innen, beginnend in den 1970er-Jahren bis heute und damit über einen Zeitraum von mehr als 30 Jahren, in den Blick nimmt. Die Untersuchung fragt danach, inwieweit die aus der Typologie der 1970er-Jahre prognostizierten Lebensverläufe, Chancen und Risiken, Realität geworden sind. Verknüpft ist damit die Frage nach der Kontinuität bzw. Diskontinuität biografischer Lebensverläufe von der Jugendphase bis ins mittlere Erwachsenenalter. Von besonderem Interesse sind vor diesem Hintergrund von der Prognose abweichende und unerwartete Verläufe. Erklärungen für solche unerwarteten Verläufe liegen u.a. in divergenten Erfahrungen und Erfahrungsräumen, in diskontinuierlichen und von Brüchen gekennzeichneten Lebensverläufen. Analysiert werden in diesem Zusammenhang spezifische (Bildungs-)Strategien, die das Handeln und die Entscheidungen des Einzelnen leiten.

Schlüsselwörter: Unerwarteter Lebensverlauf, Strategie, Panel, Hauptschüler, Habitus, Bildungsprozess, Kontinuität und Diskontinuität

Abstract: The main focus of the following article is a panel study that looks at the educational biographies of former secondary school (Hauptschule) pupils beginning in the 1970s through to today encompassing a period of over 30

years. The study questions to what extent the life courses, chances and risks which were predicted from the typology of the 1970s had become reality. Linked to this is the question of the continuity or discontinuity of biographies from youth until middle-aged adulthood. Of particular interest are therefore paths that deviated or were unanticipated from the prognosis. Explanations for such unanticipated paths can include divergent experiences and realms of experience or a discontinuous course of life marked by inconsistencies. Analyzed in this context are specific (educational) strategies that guide actions or decisions.

Keywords: Unanticipated life course, strategy, panel, secondary school pupils, habit, educational process, continuity and discontinuity

1. Einleitung

Von 1973 bis 1978 führte das Forschungsteam „Projektgruppe Jugendbüro (und Hauptschülerarbeit)“[1] eine Studie zur Lebenswelt von Hauptschüler/-innen durch, in deren Mittelpunkt die Probleme Schulentfremdung und schulaversives Verhalten standen sowie deren Auswirkungen auf die Gestaltung des Übergangs von der Schule in die Berufswelt. Im Rahmen der Studie wurden 136 Schüler/-innen einer städtischen Hauptschule über fünf Jahre auf der Basis von qualitativen und quantitativen Datenerhebungen wissenschaftlich begleitet. Für die eingangs vier 8. Klassen erstreckte sich der Untersuchungszeitraum über die letzten beiden Schuljahre bis in die ersten Jahre der Berufsausbildung bzw. der Erwerbstätigkeit hinein.

Dabei ging es der Projektgruppe Jugendbüro nicht nur darum, die verschiedenen individuellen Wege im Übergang Schule-Berufswelt dokumentierend nachzuzeichnen und zu analysieren, sondern in den Übergang (sozial-) pädagogisch gerichtet einzugreifen, und darauf aufbauend darum, aus den Ergebnissen der Untersuchung Schlussfolgerungen für die pädagogische Arbeit an der (Haupt-)Schule abzuleiten. Damit folgte das Projekt dem wissenschaftlichen Ansatz der Handlungsforschung, zu dessen Verfeinerung und Etablierung es wesentlich mit beitrug (vgl. Behnken 1984). Um den Fokus dabei möglichst breit auf die lebensweltlichen Erfahrungen der Jugendlichen zu richten, wurden neben den Schüler/-innen auch deren Eltern sowie das am Projekt

---

1 I. Behnken, G. Flentge, F. Gürge, P. Held, B. Kohaupt, U. Mendel, E. Müller, F. Müller, R. Peukert, J. Zinnecker, G. Zinnecker-Koch (siehe Projektgruppe Jugendbüro und Hauptschülerarbeit 1977; Projektgruppe Jugendbüro 1977).

beteiligte pädagogische Fachpersonal, das heißt Lehrer/-innen und Sozialpädagogen/-innen, einbezogen.

Die Studie „In der Lebensmitte – Bildungsbiografische Wege ehemaliger Hauptschüler/-innen“[2], deren erste Ergebnisse im Mittelpunkt des vorliegenden Beitrags stehen, setzt diese Studie mit einer Follow-up-Phase mehr als 35 Jahre später fort. Nach einem informellen Treffen der ursprünglich Beteiligten, sowohl der ehemaligen Schüler/-innen als auch einzelner Forscher/-innen und Lehrer aus der damaligen Zeit, reifte die Idee, das Projekt fortzusetzen. Da die Daten aus den 1970er-Jahren vollständig archiviert und verfügbar waren[3], eröffnete sich, wenngleich die Hauptschüler-Studie ursprünglich nicht darauf ausgerichtet war, die Möglichkeit, die damalige Untersuchung zu einer Langzeituntersuchung ausbauen zu können, und dies entsprechend der ursprünglichen Datensammlung sowohl auf der Basis qualitativer wie auch quantitativer Daten (siehe ausführlich Abschnitt 2). Das Design der Studie entspricht damit einer Panel-Untersuchung mit zwei (zeitlich lang gestreckten) Erhebungsphasen (1. Phase Mitte/Ende der 1970er-Jahre, 2. Phase 2010/11). Ein solches, qualitative und quantitative Daten kombinierendes Längsschnittdesign, das mehrere Jahrzehnte umspannt, bietet für die (biografieorientierte) Jugendforschung ein enormes Potenzial und ist in der deutschen Forschungslandschaft vergleichsweise selten zu finden.

2. Das Projekt „In der Lebensmitte“

Bevor wir im dritten Abschnitt einige der Hauptbefunde der 1970er-Hauptschüler-Studie aufgreifen, die als Ausgangspunkt der weiteren Überlegungen und Analysen für die zweite Forschungsphase des Projekts dienen, sollen im Folgenden die Vorgehensweisen bei der Datengewinnung für beide Projektphasen kurz beschrieben werden. Hier zeigt sich die enge Verschränkung zwischen qualitativem und quantitativem Vorgehen, die dem Gesamtprojekt das spezifische methodische Profil verleiht.

2 S. Maschke (Leitung, JLU Gießen), I. Behnken (Universität Siegen), F. Gürge, P. Held (beide Wiesbaden), L. Stecher und K. Theilen (beide JLU Gießen). Gefördert wird die Studie durch die Justus-Liebig-Universität Gießen und die Universität Siegen.

3 Die Daten sind im von Imbke Behnken und Jürgen Zinnecker gegründeten Archiv-Kindheit-Jugend-Biografie (AKJB) archiviert, das dem Siegener Zentrum für Sozialisations-, Lebenslauf- und Biografieforschung (SiZe) angegliedert ist.

Die Datenerhebungen in der ersten Studien-Phase (1970er-Jahre)

Zu Beginn der Studie wurden die Wohnregion erkundet und (offen strukturierte) Gespräche mit Experten/-innen aus der Jugendarbeit geführt (vgl. zum Folgenden Projektgruppe Jugendbüro und Hauptschülerarbeit 1977). Es folgte eine teilnehmende Beobachtung in Form eines reflektierten Mithandelns (Feldtagebücher wurden geführt) im Rahmen einer 10-tägigen Klassenreise, auf der den Schüler/-innen eine Auseinandersetzung mit Fragen der Berufswahl angeboten wurde. Zudem wurden eine teilnehmende Beobachtung von Schülertreffpunkten (Freizeitorte) sowie Elternbesuche und Stammtischgespräche mit den Eltern durchgeführt; auch hier standen, jedoch nicht ausschließlich, Themen der Berufsfindung im Vordergrund.

Daran schloss sich eine auf der Basis der qualitativen Erhebungsschritte konzipierte schriftliche Befragung in den vier Schulklassen an (n=136). Aus der Analyse der gesammelten Daten arbeiteten die damaligen Forscher/-innen u.a. zwei grundlegende jugendliche Orientierungstypen heraus, den jugend- und den familienzentrierten Typus (siehe Abschnitt 3). Auf der Grundlage dieser Typologie wurden in einem letzten Schritt entsprechende Diskussionsgruppen zusammengestellt, die der erklärenden Vertiefung und Beschreibung der beiden Grundtypen dienen sollten. Publiziert wurde die Studie in den zwei Bänden „Die Lebenswelt von Hauptschülern. Ergebnisse einer Untersuchung“ (Projektgruppe Jugendbüro und Hauptschülerarbeit 1977) und „Subkultur und Familie als Orientierungsmuster. Zur Lebenswelt von Hauptschülern“ (Projektgruppe Jugendbüro 1977).

Die Datenerhebungen in der zweiten Studien-Phase (2010er-Jahre)

Zunächst wurde auf der Grundlage weniger noch bekannter Adressen und persönlicher Kontakte der ehemaligen Klassenlehrer zu den damaligen Schüler/-innen u.a. ein informeller Abend organisiert, auf dem die bereits bestehenden Kontakte vertieft und Adressen erschlossen wurden. Auf dieser Grundlage und weiterer recherchierter Adressen der Teilnehmer/-innen der ersten Studienphase wurde ein *Jahrgangstreffen* an der alten Schule initiiert (qualitative Datenerhebung beim Treffen mittels teilnehmender Beobachtung und Foto-Selbstinszenierungen). Im Anschluss an das Treffen wurden *teilstandarisierte Fragebögen* verschickt. Die Bögen schließen teils an Fragen aus dem Fragebogen der ersten Studienphase an, umfassen aber auch Fragen, die sich aus den veränderten Lebensbedingungen und -phasen der heute im Durchschnitt etwa 50-Jährigen ergeben (Familiengründung etc.). Variiert wurden standardisierte und offene Frage- und Antwortmöglichkeiten. Nach der schriftlichen Befragung wurden *narrative Interviews* mit einzelnen Schüler/-innen und ehemaligen Lehrern sowie *Gruppendiskussionen* geführt; die Auswertungen hierzu sind gegenwärtig noch nicht abgeschlossen.

Abbildung 1: Design der Studie ‚In der Lebensmitte‘

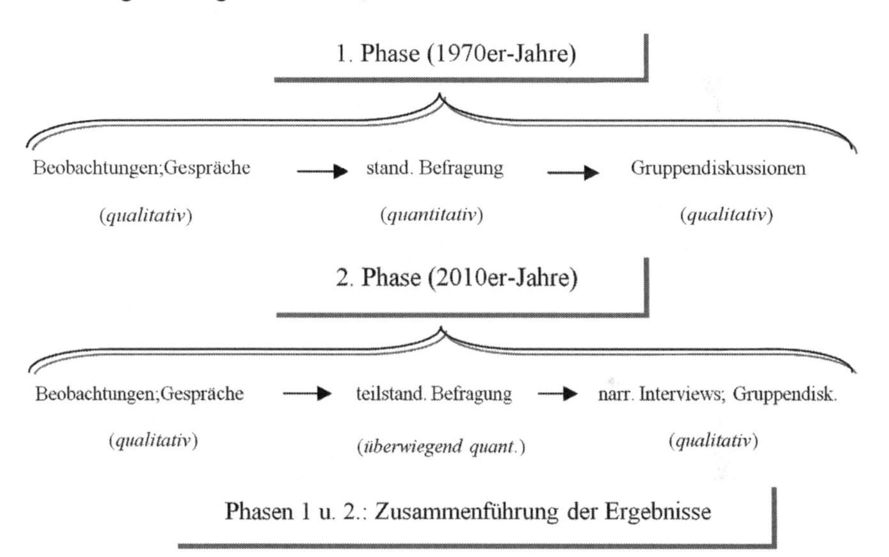

Abbildung 1 zeigt den methodischen und zeitlichen Aufbau der Gesamtstudie ‚In der Lebensmitte‘ nochmals im Überblick. Kombiniert werden in diesem Design qualitative und quantitative Vorgehensweisen im Sinne des ‚Mixed Methods’-Ansatzes.[4] Im Vordergrund dieses Ansatzes steht dabei für uns die kreative und pragmatische Lösung von komplexen Forschungsfragen und -problemen, insbesondere bezogen auf die Vereinbarkeit zweier methodisch und zeitlich stark variierender Vorgehensweisen im Rahmen einer Längsschnittuntersuchung.

4 Ähnlich der Diskussion um die Triangulation hat sich in den letzten Jahren im nordamerikanischen Raum eine intensive Diskussion um „Mixed Methods“ (MM) entwickelt (vgl. u.a. Teddlie/Tashakkori 2009).

3. Fragestellung

Im Mittelpunkt des Forschungsprojekts ‚In der Lebensmitte' stehen die biografischen Verläufe der ehemaligen Hauptschüler/-innen. Auf der Basis des spezifischen Forschungsdesigns des Gesamtprojekts lässt sich u.a. die Frage untersuchen, ob und inwiefern sich der (spätere) biografische Lebensverlauf der ehemaligen Hauptschüler/-innen aus den Daten der ersten Erhebungsphase der 1970er-Jahre *voraussagen* lässt, das heißt, inwiefern sich aus den grundlegenden Lebensorientierungen der Jugendlichen (zur genauen Begrifflichkeit und theoretischen Forschungsperspektive siehe Abschnitt 5) mögliche Folgen für das spätere Leben als Erwachsener ableiten lassen. Verbunden damit ist die Frage nach der *Kontinuität* biografischer Lebensverläufe von der Jugendphase ins mittlere Erwachsenenalter und damit gleichzeitig die Frage nach der Möglichkeit und gegebenenfalls den Hintergründen *abweichender* und aus der Sicht der Jugendjahre *unerwarteter* Verläufe (vgl. Maschke 2011; Kade/Hof/ Peterhoff 2008).

Was aber ist ein unerwarteter Verlauf? Dazu beispielhaft die Aussage eines Interviewpartners: *„Ich hätte nicht angenommen, dass ich ein paar Jahrzehnte später da stehe, wo ich jetzt stehe"!* Mit diesen Worten bilanziert ein 50-jähriger Interviewpartner, wir nennen ihn Chris (siehe Abschnitt 6), ein ehemaliger Hauptschüler mit Migrationshintergrund, seinen beruflichen Weg und seinen steilen akademischen Aufstieg bis hin zu einer Fachhochschulprofessur, der so *nicht erwartbar* war – für ihn selbst nicht wie auch nicht für das Forschungsteam des Projektbüros Hauptschülerarbeit, das ihn damals – Mitte der 1970er-Jahre – wissenschaftlich begleitete.

Im Kern geht es hier um einen Bildungsaufstieg, der über den sozialen Status und das Bildungsniveau der Herkunftsfamilie deutlich hinausweist. Der hier skizzierte ist ein *unwahrscheinlicher* Aufstieg, zählen doch gerade die Faktoren Migrationshintergrund und Hauptschule (heute mehr denn je), das männliche Geschlecht kommt noch dazu, zu den Hauptrisikofaktoren für eine hohe Wahrscheinlichkeit, zu den Bildungs*verlierern* zu gehören.

Ein solch unerwarteter empirischer Befund – der abweichende oder auch ‚negative' Fall, wie ihn die Forschung nennt – fordert die Wissenschaft heraus, da die Passung zwischen Empirie und Theorie nicht mehr stimmt.

Mit Blick auf die Verknüpfung der Daten der beiden Studienphasen sind grundsätzlich zwei alternative Analyseperspektiven denkbar: Ausgangspunkt der ersten Perspektive sind die Befunde und Ergebnisse der frühen Erhebungsphase der 1970er-Jahre. Die zweite Analyseperspektive knüpft hingegen nicht an die Erhebungen in der Jugendphase an, sondern an die aktuellen Daten. Aus dem *Heute* werden dabei kontrastierende Fälle ausgewählt, die hinsichtlich der biografischen Verläufe verschiedene Typen repräsentieren. Diese Ergebnisse bilden die Grundlage für einen Vergleich mit den damaligen Daten und Befunden.

Wir beziehen uns in diesem Beitrag insbesondere auf die erste Perspektive, indem wir die ehemalige Einteilung der Befragten in familien- und jugendzentrierte Jugendliche (siehe den folgenden Abschnitt) – zumindest teilweise – zur Grundlage nehmen und von dort aus Unterschiedlichkeiten in den späteren biografischen Verläufen (Daten der zweiten Studienphase) zu beschreiben bzw. zu erklären versuchen. Diese Perspektive ist im Rahmen des vorliegenden Schwerpunkts des Jahrbuchs Jugendforschung von besonderem Interesse, da sie es erlaubt, die (damalige) prognostische Kraft der Befunde aus der Jugendphase aus der Sicht der späteren Erwachsenen zu interpretieren. Ohne unseren Ergebnissen zu weit vorausgreifen zu wollen, können wir an dieser Stelle konstatieren, dass die prognostische Treffsicherheit der damaligen Typologie als begrenzt angesehen werden muss (siehe hierzu ähnlich in der Konsequenz auch den Beitrag von Reitzle in diesem Band).

Insgesamt zielt das Projekt darauf, beide Perspektiven mit all den Widersprüchen, Übereinstimmungen und Abweichungen, die sie aufdecken, in ein umfassendes Gesamtbild zu integrieren. Das Gesamtbild entspricht dabei, den wechselhaften Kontinuitäten und Diskontinuitäten ‚über die Zeit’ folgend, einer mehrdimensionalen Typologie.

Familien- vs. jugendzentrierte Jugendliche

Wie bereits beschrieben, wählten wir für den vorliegenden Beitrag die erste Analyseperspektive. Ausgangspunkt ist die von den damaligen Forscher/-innen erarbeitete Typologie der jugendzentrierten Jugendlichen einerseits und der familienzentrierten andererseits.

Dem Typus „Jugendsubkultur“ wurden in der ersten Studienphase all diejenigen Schüler/-innen zugeordnet, die folgende Kriterien erfüllten:

„1. Sie verfügen über eine – im Vergleich zur Gesamtgruppe überdurchschnittliche (Median) – ‚jugendzentrierte Einstellung‘ […], die sich auf folgende psychologische Dimensionen bezieht: Selbständigkeitsstreben, Entfremdungsgefühle; jugendlicher Hedonismus; Orientierung an Gleichaltrigen; Gefühle des Diskriminiertseins (von Jugendlichen in der Gesellschaft).

2. Sie sind überdurchschnittlich (Median) beliebt bei ihren Mitschülern. […]

3. Sie besuchen überdurchschnittlich viele (Median) Freizeittreffpunkte und bevorzugen die typischen Freizeitaktivitäten der gleichaltrigen Schülercliquen." (Projektgruppe Jugendbüro und Hauptschülerarbeit 1977, 12f.)

Diese Eigenschaften lassen sich bei rund einem Viertel aller in die damalige Studienphase einbezogenen Schüler/-innen feststellen. Von den jugendzentrierten Jugendlichen unterschieden die Forscher/-innen die so genannten familienzentrierten Jugendlichen.

„Als Familienzentrierte wurden entsprechend alle Schüler definiert, die in der Zustimmung zu den Items einer Familienzentrismus-Skala zu den oberen 50% gehören. Die Einstellungssätze der Familienzentrismus-Skala drücken eine weit reichende Identifikation mit den Eltern als Personen und, darüber hinaus, mit der Institution Familie überhaupt aus und lassen sich in folgenden Dimensionen zusammenfassen: Identifikation mit den Eltern-Berufen; Identifikation mit den Eltern als ‚Meinungsführer'; Identifikation mit den Eltern als Bezugsgruppe für die Freizeit; Identifikation mit dem Familienleben als künftigem Lebensinhalt." (Ebd., 13)

Deutlich ausgeprägte familienzentrierte Merkmale zeigt etwas mehr als die Hälfte aller Schüler/-innen der ersten Studienphase.

Welche Relevanz hat diese Typologie aus der Sicht der zweiten aktuellen Erhebungs- und Auswertungsphase? Im Mittelpunkt unserer Analysen in Abschnitt 6 steht nicht, die damalige Typologie vollständig bzw. eins zu eins zu übertragen. Konzentrieren werden wir uns vor allem auf die familienzentrierte Orientierung und die Frage, inwieweit diese Orientierung den Bildungserfolg *begünstigt*. Damit konzentrieren wir uns vor allem auf Beispielfälle, die allesamt unerwartete positive Verläufe widerspiegeln. Hervorheben möchten wir, dass sich bereits in diesem Stadium der Untersuchung und Auswertung abzeichnet, dass sich bei einem Großteil der Befragten erwartbare Verläufe rekonstruieren lassen und einige Fälle auch einem unerwarteten *negativen* Verlauf folgen.

In den 1970er-Jahren wurde ein Zusammenhang zwischen Familienzentrismus und Erfolg in der Schullaufbahn gefunden. Die Forscher/-innen beobachteten einen „eindeutigen Zusammenhang zwischen Laufbahnerfolg und Familienzentrismus und zwischen Misserfolg und Subkultur" (Projektgruppe Jugendbüro 1977, 141). Vor diesem Hintergrund konnte für die familienorientierten Schüler/-innen in den 70er-Jahren überzufällig häufig zumindest der erfolgreiche Abschluss der regulären Hauptschullaufbahn, als auch (zu einem sehr viel geringeren Prozentsatz) eine weiterführende Schullaufbahn nach der Hauptschule beobachtet werden. Zudem wurde in den damaligen Ergebnissen herausgestrichen, dass bei den Familienzentrierten „eine positive Identifikation mit den vorgegebenen Zielen […] der Institution Schule“ (ebd., 61) zu verzeichnen ist, bei den Jugendzentrierten hingegen eine „negative[], abgrenzende[] Identifikation mit der Institution und deren Zielen“ (ebd.). Damit verbindet sich bei den Jugendzentrierten „eine vergleichsweise offene und suchende Identität“ und bei den Familienzentrierten eine Identität, die sich „durch Stabilität und eine gewisse Enge“ (ebd., 57) auszeichnet.

Inwieweit sich dies bei den damals Familienzentrierten, in Form eines erwartbaren beruflichen Erfolgs und einer eher stabilisierend-anpassenden, und weniger einer suchenden Identitäts*strategie*, fortsetzen wird, ist eine der Forschungsfragen in der zweiten Studienphase. Im fünften Abschnitt werden wir die entsprechenden theoretischen Instrumente, die unsere Analysen hierbei leiten, erarbeiten, bevor wir in Abschnitt 6 die Forschungsergebnisse skizzieren. Zuvor jedoch ein kurzer Exkurs zur Hauptschule in den 1970er-Jahren, der sich auf die Erfahrungen der damals beteiligten Lehrkräfte stützt. Dieser Exkurs kann als Grundlage für die Frage dienen, inwieweit die Befunde des Projekts ‚In der Lebensmitte‘ auf heutige Hauptschüler/-innen übertragbar sind. Eine Diskussion, die wir an dieser Stelle jedoch nur anstoßen, aber nicht abschließen können.

4. Exkurs: Hauptschule in den 1970er-Jahren

Hauptschüler/-innen zählen heute zu einer „gesellschaftlichen Problemgruppe“ (Knigge 2009), zu den Bildungsverlierern. Verfolgt man die aktuellen Schuldebatten in Deutschland, so bedeutet der Besuch der Hauptschule das Verweilen auf der ‚untersten Stufe’ im Bildungssystem. Diese Entwicklung von der Volksschule zur Problem- oder Restschule ist Teil einer seit Jahrzehnten andauernden Entwicklung. Wie Knigge (ebd., 215) in seiner Untersuchung über Hauptschüler/-innen feststellt, entwickeln diese „eine im Laufe der Zeit immer stärker stigmatisierte öffentliche kollektive Identität“; Rückzug von der Schule ist eine Reaktion auf diese Stigmatisierung. Die heutige Hauptschule produziert, so Knigge (ebd.) eine wachsende Gruppe von „Bildungsverlierern“, die für eine Berufsqualifizierung kaum noch ansprechbar oder motivierbar ist und somit in unserer Gesellschaft nur schwer einen Platz findet. Ursachen hierfür, wie auch Folge davon, sind u.a. die zunehmend problematischen Randbedingungen für die Arbeit in den Hauptschulen. Einer Studie des Nationalen Bildungsberichtes von 2008 folgend, „arbeitet bundesweit etwa jede fünfte Hauptschule in sehr problematischen Lernkontexten, die durch einen sehr hohen Anteil von Jugendlichen mit Migrationshintergrund in Verbindung mit niedrigem sozialen Status der Schüler, häufigen Lernschwierigkeiten und Verhaltensproblemen gekennzeichnet sind." (Gaupp/Lex/Reißig 2010, 5)

Betrachten wir die Hauptschule in den 70er-Jahren, insbesondere die Situation der untersuchten Schule in der ersten Studienphase, dann fällt ins Auge, dass die besondere ‚reformerische' Arbeit an der Hauptschule, die Projektarbeit zur Lebenswelt, stark durch die gesellschaftspolitische Situation und ihre Strömungen von etwa 1968/1970 bis etwa 1980 geprägt war. Ohne diesen gesellschaftspolitischen Kontext ist die Projektarbeit[5] innerhalb der Hauptschule, und auch die allgemeine Situation der damaligen Hauptschule, nicht zu verstehen. Die Lehrer/-innen und Forscher/-innen, die in den 70er-Jahren innerhalb des Projektes zur Lebenswelt Hauptschule arbeiteten, waren u.a. geprägt durch den „Strukturplan des Bildungswesens" des Deutschen Bildungsrates, der auf eine stärkere Strukturierung, Verwissenschaftlichung und Lernzielorientierung in der Pädagogik zielte, und damit auf eine Curriculumtheorie und die Perfektionierung von Lernprozessen. (Gegen-)Strömungen lagen in der Forderung nach einer humanen und demokratischen Schule; die pädagogische Atmosphäre, positive soziale Beziehungsgeflechte, Wertschätzung, Solidarität und Rücksichtnahme wurden im Besonderen betont. Emanzipation, antiautoritäre Erziehung (u.a. Neill) und emanzipatorische Pädagogik (u.a. Adorno; v. Hentig; Klafki; Mollenhauer) gehörten zu den zentralen Begriffen der bildungspolitischen Diskussion.

Die Situation der Hauptschule zum ersten Erhebungszeitpunkt in den 70er-Jahren war geprägt von der Umwandlung der Volksschuloberstufe in die Hauptschule (vgl. Rekus/Hintz/Ladenthin 1998, 230) – und die Hauptschule war damit noch ein recht neues Modell. „Der Name [Hauptschule, d.V.] war Programm, als aus der Oberstufe der alten Volksschule, die nicht die Schule des gesamten Volkes, sondern nur die Bildungsstätte für die Masse der unteren Volksschichten gewesen war, eine Schulform entstehen sollte, die als ebenso weiterführende Schulform den beiden übrigen Sekundarschulen nicht gleichartig, jedoch aber gleichwertig sein sollte." (Ebd., 221f.) Im Vordergrund stand insbesondere die Absicht, „althergebrachte[] Benachteiligungen" zu beseitigen, als auch „den gesteigerten Anforderungen von Leben und Beruf ganz allgemein durch eine verbesserte wissenschaftliche Qualifikation der Bevölkerung" (ebd.), gerecht werden zu wollen. Insgesamt, so Rekus, Hintz und Ladenthin (1998, 231), ist es der Volks- und Hauptschule in ihrer langen Geschichte jedoch nicht

5 Für die Projektarbeit mit den Wissenschaftlern und in den eigenen Unterrichtsversuchen spielten für die damals am Projekt beteiligten Lehrkräfte verschiedene Pädagogen und Denker eine Rolle, wie die Reformpädagogik von Célestin Freinet oder die Pädagogik der Unterdrückten von Paulo Freire sowie die Gedanken zum Spracherwerb von Ulrich Oevermann und Basil Bernstein, um nur einige zu nennen.

gelungen, „den Ruch abzuschütteln, die Schulform spezifischer, besonders bildungsabstinenter Bevölkerungsschichten zu sein, deren Besuch geradezu stigmatisiert.“

Das Profil der Einzelschule muss nicht ganz und gar in solchen Beschreibungen aufgehen. Wie haben die damaligen Lehrer/-innen, die zugleich Projektmitarbeiter/-innen waren, *ihre* Schule erlebt? Anfang der 70er-Jahre stellt sich folgende Situation dar: Schüler/-innen mit Migrationshintergrund waren selten vertreten, insgesamt waren die Jugendlichen ‚diszipliniert', so gut wie alle Absolventen/-innen bekamen einen Ausbildungsplatz und der ‚Ruf' der Hauptschule war noch relativ intakt. Die damaligen Beobachtungen belegen, dass die Elternabende bis 1972/73 recht gut besucht waren, ein Interesse für die Schule war vorhanden, auch wenn es Hemmschwellen gab. Die Familien waren im Wesentlichen vollständig, wenn auch die ökonomischen und emotionalen Ressourcen begrenzt waren. Bezogen auf die innere Schulstruktur war das Lehrerkollegium starr und hierarchisch strukturiert und die Angst, beispielsweise die Klassentüren für Kollegen/-innen zur Hospitation zu öffnen, groß. In der zweiten Hälfte der 70er-Jahre veränderte sich jedoch die Situation an der Hauptschule: Die Eltern distanzierten sich zunehmend von der Schule und von schulischen Belangen (weniger Eltern besuchten die Elternabende), auch Verweigerungen und Disziplinprobleme von Seiten der Schüler/-innen und Berichte über schwierige häusliche Situationen nahmen zu. Viele Jugendliche brachten schon von der Grundschule einige Aktennotizen mit (vgl. Gürge/Held/Wollny 1978). Im Einzugsgebiet der Hauptschule nahm die Zahl ‚ausländischer' Familien und damit auch die Zahl von Schüler/-innen mit Migrationshintergrund zu (im Sanierungs- und Einzugsgebiet der untersuchten Hauptschule zogen anfangs insbesondere Migranten aus Spanien, Italien, Portugal, Griechenland und dem damaligen Jugoslawien zu). Die damals beobachteten Probleme und Veränderungen verdichteten sich zum Begriff der „Schulentfremdung“ (Projektgruppe Jugendbüro und Hauptschülerarbeit 1977, 9), der zielführend für die praktischen und theoretischen Projektarbeiten war.

Ein Ansatz der Lehrer/-innen und Wissenschaftler/-innen im Rahmen des Projektes ‚Lebenswelt Hauptschule“ bestand nun darin (auch und gerade ermutigt durch die gesellschaftspolitische Situation), Unterricht ebenso wie Außerunterrichtliches verstärkt *gestalten* zu wollen. Evaluation und die Erarbeitung neuer Inhalte, Kompetenzen und Qualifikationen waren wichtige Stichworte und Ziele. Neue Methoden wurden in außerschulischen Lernsettings eingesetzt, vom Stuhlkreis, über das Plan-, Simulations- und Rollenspiel bis hin zum Soziodrama in Wochenendseminaren etc. Die Lehrer/-innen gaben damals als Handlungsziele beispielsweise Wertschätzung und Anerkennung der Schüler/-innen, das Bemühen um ein vertrauensvolles Verhältnis und einfühlendes Verständnis an. Gefordert wurde z.B., auf traditionelle Unterrichtsinhalte ebenso wie auf eine 45-Minuten-Taktung zu verzichten, neue schülerbezogene Inhalte und Methoden und die vorhandenen Schüler/-innen-Kompetenzen sowie Sozialpädagogen/-innen, die Arbeit in Kleingruppen, die therapeutische Individualhilfe u.a. verstärkt einzubeziehen (vgl. Held 1978).

Die Situation der untersuchten Hauptschule war in der ersten Erhebungsphase einerseits geprägt von sich verschärfenden Problemlagen und andererseits von einem sich aus den Ansätzen der Reformpädagogik ergebenden neuen Selbstverständnis der beteiligten Lehrkräfte.

5. Theoretische Grundlagen

Nachfolgend werden einige der für dieses Projekt und die Analyse der Daten zentralen theoretischen Begriffe vorgestellt. Sie sollen eine theoretische Annäherung an die Frage bieten, inwieweit Erfahrungen und Dispositionen, die sich aus dem Milieu[6] ergeben, in dem der Einzelne in Kindheit und Jugend aufwächst, die weitere biografische Entwicklung leiten und inwieweit solche Dispositionen richtungsweisend für die gesamte Biografie sind.

Das Konzept des Habitus nach Pierre Bourdieu bildet hier eine geeignete theoretische Basis, um insbesondere die Vorgeschichte, das Gewordensein biografisch relevanter Dispositionen, zu erklären. In einem ersten Schritt werden dazu im Folgenden die Begriffe Habitus, Strategie und Bildung(serfahrungen) vorgestellt. Um die Frage diskutieren zu können, inwieweit ‚Abweichungen' von diesen Herkunftsdispositionen möglich sind, bedarf es aber auch eines Konzeptes, das das Neue oder die Veränderung von Dispositionen und Strategien zu beschreiben bzw. zu erklären in der Lage ist. Welche Bedingungen oder Auslöser für Veränderung lassen sich identifizieren? Wir orientieren uns in dieser Frage an den Überlegungen der qualitativ orientierten empirischen Bildungsforschung zu den Veränderungsmöglichkeiten des Habitus durch Bildung bzw. Bildungserfahrungen.

6 Milieu wird im Sinne Mannheims und Bohnsacks (vgl. u.a. Bohnsack 2003) verstanden als „konjunktiver Erfahrungsraum", als sozialer und vergemeinschaftender Erfahrungsraum im Nahbereich. Für die Probanden/-innen dieser Studie bildete insbesondere das Leben, Wohnen und Aufwachsen in einem durch Arbeiterkultur der 70er-Jahre geprägten und zugleich in einem strukturellen Umbruch befindlichen (Zuwachs an Arbeitsmigranten/-innen etc.) Innenstadt-Viertels ein spezifisches Milieu.

Habitus, Strategie und Disposition

Bourdieu definiert den Habitus als das gesamte System von dauerhaften „organischen oder mentalen Dispositionen“ (Bourdieu 1974, 40), die die Grundlage des Handelns, Wahrnehmens und Denkens des Einzelnen bilden. Dieses System wirkt bis in die feinsten Verästelungen menschlicher Lebensäußerungen: „Wie einer spricht, tanzt, lacht, was er liest, was er mag, welche Bekannte und Freunde er hat usw. all das ist eng miteinander verknüpft“ (Bourdieu 1993, 31f.) und im Habitus zu einer Einheit zusammengebunden. Der Habitus fungiert als eine Art generatives Schema, das die konsistente Bewältigung spezifischer Handlungsanforderungen erlaubt und Handlungsstrategien erzeugt, „die es ermöglichen, unvorhergesehenen und fortwährend neuartigen Situationen entgegenzutreten“ (Bourdieu 1979, 165). Zentral an Bourdieus Konzeption ist, dass er den Habitus an eine umfassende Theorie der sozialen Bedingungen knüpft, die die Unterschiede zwischen verschiedenen in der Praxis zu beobachtenden Habitus zu erklären versucht (vgl. Bourdieu 1974). Im Habitus spiegeln sich die Lebens- und Existenzbedingungen, die im jeweiligen sozialen Feld, dem der Einzelne und seine Familie angehören, vorherrschen.

Der Habitus gewährleistet über den Rückgriff auf *frühere* Erfahrungen die Bearbeitung *aktueller* Handlungsanforderungen. Michel (2006, 119) beschreibt die Entwicklung des Habitus in diesem Sinne als einen Prozess der Erfahrungsaufschichtung, der darauf beruht, dass der Habitus auf der Grundlage von „Ersterfahrungen“ neue Erfahrungen selektiert, „indem er die Konfrontation mit Erfahrungen hintertreibt, die die akkumulierte Erfahrung irritieren könnten“. Das heißt, dass bestimmte (irritierende) Erfahrungen vermieden und sich selbst verstärkende Erfahrungen hingegen bevorzugt werden. Dadurch versucht der Habitus, „seinen Fortbestand zu sichern und sich gegen Veränderungen zu wappnen.“ (ebd.) Folge dieses Prozesses ist die „Geschlossenheit des für den Habitus konstitutiven Dispositionensystems“ (Bourdieu/Wacquant 1996, zit. n. Michel 2006, 119). Noch ein wenig pointierter formuliert Bourdieu: „Durch die systematische ‚Auswahl’, die er zwischen Orten, Ereignissen, Personen des *Umgangs* trifft, schützt sich der Habitus vor Krisen und kritischer Befragung, indem er sich ein *Milieu* schafft, an das er so weit wie möglich vorangepasst ist.“ (Bourdieu 1993, zit. n. Michel 2006, 119; vgl. Koller 2009, 26)

Ausgehend von diesem Prinzip der Abwehr lässt sich der Habitus als eine handlungswirksame Struktur von *Grenzen* (Bourdieu 1993) definieren, die bestimmte Verhaltens- bzw. Reaktionsweisen wahrscheinlich, bestimmte andere hingegen unwahrscheinlich werden lässt.

Einen wesentlichen Teil in Bourdieus Habituskonzept nimmt der Begriff der Strategie bzw. des strategischen Handelns ein, der einschließt, dass Entscheidungen zwar biografisch strategisch, deshalb aber nicht notwendiger Weise dem Individuum in ihren Hintergründen reflexiv zugänglich sind. Bourdieu spricht hier von vorreflexiven Strategien bzw. Handlungen.

Dispositionen und Strategien gehören zueinander. Die im Habitus angelegten „Dispositionen, Erwartungen und Selbstanforderungen [stammen, d.V.] aus vergangenen Zeiten" (Wigger 2007, 184), insbesondere aus der Zeit des Aufwachsens. Diese Dispositionen verdichten sich zu einer einheitlichen Habitus-Struktur. Dies geschieht, indem die objektiven Strukturen (und Existenzbedingungen) vom Individuum verinnerlicht werden; es entsteht so „ein System relativ stabiler Dispositionen, das heißt strukturierte Strukturen" (ebd.). Konstitutiv ist, dass Dispositionen für ‚Regelmäßigkeiten' stehen, für eine *Kontinuität* des Handelns. Die Strategien, die das Handeln des Einzelnen anleiten, „in Bewegung bringen und steuern" (Ecarius/Köbel/Wahl 2011, 89), sind das Produkt grundlegender Dispositionen und müssten demnach ebenfalls einen kontinuierlichen Charakter oder, im Falle diskontinuierlichen Handelns bzw. einer veränderten Handlungspraxis, Diskontinuitäten aufweisen. Strategien sagen auch etwas über motivationale Anteile aus, beispielsweise bezogen auf die subjektive Einschätzung dazu, ein Ziel durch das eigene Handeln (nicht) erreichen zu können (vgl. Walther/Walter/Pohl 2007, 99) – in der Trias von subjektiver Einschätzung, Handeln und Struktur. Andresen (2010, 499) spricht von „Bildungsmotivation", der „Freude, etwas zu lernen und die Fähigkeit, die damit verbundenen Schwierigkeiten und auch Rückschläge zu verarbeiten". Selbstwirksamkeitserwartungen und -überzeugungen spielen in diesem Zusammenhang eine Rolle. In diesem Sinne könnte auch die Frage gestellt werden, was einen ‚unerwarteten' Aufstieg *motiviert.*

Die bisherigen Ausführungen zum Habitus legen den Schluss nahe, dass der Habitus ein beträchtliches Beharrungsvermögen besitzt und damit, einmal erworben, nur schwer veränderlich scheint. Inwieweit zeigen sich Möglichkeiten der Veränderung an, *biografische Diskontinuitäten*, die das Beharrungsbestreben des Habitus (zumindest teilweise) überwinden können? Solche Diskontinuitäten können, so unsere These, in biografischen Übergängen ausgelöst werden. Ein Übergang umfasst dabei *mehr* als beispielsweise den Übergang von der Schule in das Berufsleben, mehr als nur die berufliche Entscheidung. Im Zuge eines solchen Übergangs wird eine Vielzahl biografischer Themen virulent, die auf die Lebensplanung als Ganzes zielen: ‚Wie will ich leben oder was ist mir wichtig im Leben?', aber auch: ‚Was will ich nicht mehr sein?' Damit drängt sich dem Einzelnen auch die Frage auf, was von den vorgängigen Orientierungen angesichts neuer Zukunftsentwürfe und Erfahrungsanlässe im Zuge des Übergangs noch ‚passt'. Es geht also um Fragen und biografische Themen, die das Erwachsenwerden insgesamt betreffen.

Was geschieht aber, wenn die Übergangsbedingungen, mit denen das Individuum aktuell konfrontiert wird, und die vorgängig erworbenen Dispositionen nicht mehr zusammenpassen? Gerade darin liegt, so Koller (2009, 27), „die Möglichkeit einer Diskrepanz zwischen aktuellen Bedingungen und Habitus“, die Veränderungen herbeiführen kann.

Solche Situationen der ‚Nicht-Passung' tragen ein Spannungspotenzial in sich; Kade, Hof und Peterhoff (2008, 15) sprechen von einem „Spannungsfeld von Kontinuität und Diskontinuität“ innerhalb biografischer Übergangsprozesse. Da konnte die Hauptschule beispielsweise, wie einer unserer Interviewpartner es ausdrückt, „irgendwie aus dem Bauch heraus“ abgeleistet werden, spezifische Herausforderungen werden gemieden. Im Zuge des Übergangs, der sich auch auf einen längeren Zeitraum erstrecken kann, wird der Einzelne dann aber zu Entscheidungen darüber herausgefordert oder auch neu motiviert, „was in meinem Leben noch passieren soll“. Die alte Strategie des Vermeidens passt nicht mehr, eine neue muss erst noch gefunden und eingeübt werden.

Veränderung der Strategie durch Bildungserfahrungen?

Der Begriff der Bildung verweist im Gegensatz zum Habitus, der sich durch Beharrungstendenzen und das Aufzeigen von Grenzen ausweist, auf das Veränderliche und die subjektbezogenen Entwicklungsmöglichkeiten in den dispositionalen Strukturen des Einzelnen. Der Begriff der Bildung zielt idealtypisch auf einen Prozess, der in der Lage ist, „die ganze Person mit ihrem Habitus“ (Nohl 2006, 10) zu verändern.

Bildungsprozesse dieser Art brauchen Anlässe und Herausforderungen. Zu erwarten sind sie vor allem dort, wo Reflexionsprozesse in besonderem Maße initiiert werden – an den biografischen Schnittstellen und Übergängen, die dem Einzelnen biografische Entscheidungen abverlangen. Eine solche Schnittstelle liegt beispielsweise im Übergang von der Schule in den Beruf vor. Die Berufsfindung, die teils begleitet wird von Ortswechseln, Auszug aus dem Elternhaus etc., scheint eine der ‚typischen' Herausforderungen (am Ende der Jugendphase) darzustellen, die der reflexiven Bearbeitung bedarf. Inwieweit ergeben sich aus ihnen heraus neue „Spiel- und Interpretationsräume“ (Schmidt 2004, 65), die Veränderungen der Strategien zulassen? Dieser Frage können wir im Rahmen dieses Aufsatzes nur ansatzweise nachgehen. Anstoßen möchten wir jedoch die Frage, inwieweit widersprüchliches, herausforderndes oder auch konflikthaftes Erleben als Motor für Bildung und Veränderung gelten kann.

Käte Meyer-Drawe (2007, 86) betont beispielweise die Nähe von Konflikthaftem und Bildung: „Bildung bedeutet [...] gerade nicht Selbstfindung, Selbsterhaltung oder Selbstverwirklichung auf dem Grunde einer Überfülle an Möglichkeiten, die nur noch zu verwirklichen sind, sondern eine konflikthafte Lebensführung". Eine solche „konflikthafte Lebensführung" zeigt sich im empirischen Teil beispielsweise in hohen biografischen Kosten.

Zu fragen ist, inwieweit sich dementsprechend das Konflikthafte der Lebensführung über die Zeit als diskontinuierliche Lebensführung oder Nichtlinearität präsentiert. *Diskrepanzen, Dysfunktionalitäten* und *Diskontinuitäten,* so ist zu erwarten, können vor allem dort aufgespürt werden, wo Reflexionsprozesse in besonderem Maße initiiert werden – das heißt an den biografischen Schnittstellen und Übergängen, die dem Einzelnen biografische Entscheidungen abverlangen. Das Längsschnittdesign eignet sich dabei in besonderer Weise dazu, ähnlich wie dies Kade und Hof (2008, 169) für ihren (rein qualitativen) Längsschnitt konstatieren, Fragen zum „Umgang mit unerwarteten Lebensereignissen, mit Kontingenzen und Brüchen im Verlauf des Lebens" mit besonderer methodischer Vielfalt und Sensibilität zu analysieren.

6. Erste Ergebnisse

Die Auswahl der folgenden Beispielfälle erfolgt auf der Basis der aktuellen Erhebungen der zweiten Studienphase (2011). Auf der Basis maximal kontrastierender Einzelfälle[7] wird das Spannungsfeld *kontinuierlicher* und *diskontinuierlicher* biografischer Verläufe in den Blick genommen.

6.1 Kontinuität: Positiv mit dem Milieu verbunden

Exemplarisch für einen Verlauf, der die biografische *Kontinuität* betont (aber nicht vollständig ohne Diskontinuitäten bzw. Einbrüche in Form kritischer Lebensereignisse auskommt), kann der erste Fall, Anna, angeführt werden. Anna wurde in der ersten Studienphase dem Typus ‚Familienorientierung' zugeordnet. Sie wird Ende der 50er-Jahre geboren. Der Vater ist Garten- und Landschaftsbauer, die Mutter ist Arzthelferin. Sie lebt zusammen mit ihren Eltern und ihrem Bruder in einer Drei-Zimmer-Mietwohnung. Sie hat kein eigenes Zimmer, sondern schläft, wie sie in den Befragungen der 70er-Jahre angibt, im Elternschlafzimmer. Zum Mobiliar der Wohnung gehört kein Bücherregal. Sie erhält 10 DM

7 Im ‚Mittelfeld' der Kontrastierungen lassen sich weitere differenzierende Typen finden, die an dieser Stelle nicht vorgestellt werden können.

Taschengeld im Monat und bekommt zusätzlich etwas Geld für gute Noten. Die Familie verbringt ihre freie Zeit meist auf einem Campingplatz. Sie ist mit ihrer Familie, auch im Erwachsenenalter, emotional eng verbunden. 1974 verlässt sie die Schule mit dem Hauptschulabschluss. Die Schulzeit empfindet sie als angenehm. Die Angebote des Jugendbüros nutzt sie intensiv. Nach der Schule absolviert sie erfolgreich eine Lehre zur Arzthelferin in derselben Praxis, in der ihre Mutter seit langer Zeit arbeitet. Nachdem ihr Chef stirbt, wechselt sie an eine Klinik und arbeitet dort 20 Jahre lang. Als sie 26 Jahre alt ist, erkrankt ihre Mutter schwer und stirbt zwei Jahre später. Drei Jahre später stirbt auch ihr Vater. 1988 heiratet sie, die Ehe bleibt ungewollt kinderlos. In den 1990er-Jahren erhält sie das Angebot, an die Klinik in ihrem Wohnort zu wechseln. Dort arbeitet sie heute noch.

Im Rahmen des Fragebogens der zweiten Studienphase wurden die ehemaligen Hauptschüler/-innen aufgefordert, ihren Lebensverlauf grafisch darzustellen: „Stellen Sie sich bitte vor, Sie könnten Ihr Leben mit all seinen Höhen und Tiefen als eine Kurve beschreiben – wie würde diese aussehen? Nutzen Sie die Linie, um Ihre Kurve einzuzeichnen und schreiben Sie bitte an die stärksten Kurvenausschläge, um welche Höhen und Tiefen es sich handelte.“[8] Anna erstellte folgenden Lebenskurvenverlauf (siehe Abbildung 2).

Abbildung 2: Kontinuierliche Lebensverlaufskurve – Anna

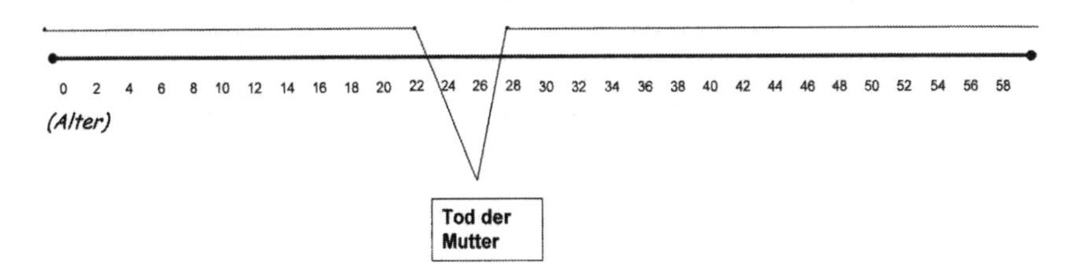

Wie die Lebensverlaufskurve zeigt, verläuft Annas Leben in relativ stabilen Bahnen. Insgesamt scheinen sich die Merkmale der damaligen Typologie (erfolgreiche Schullaufbahn, Stabilität vs. suchende Identität, positive Identifikation mit den Werten der Institution Schule) auch ‚über die Zeit' zu bestätigen und zu vertiefen. Der biografische Prozess, bis zum Alter von gut 50 Jahren, lässt

8 In den (wenigen) Fällen, in denen die Kurve nicht eingezeichnet war oder nur unvollständig gezeichnet oder beschriftet, haben wir dies entlang der im narrativen Interview erhobenen Daten nachvollzogen. Im Vorfeld zeigte sich in einem ‚Blindversuch', dass die selbstgezeichneten mit den rekonstruierten Kurven eine große Übereinstimmung aufwiesen.

sich als ein stetiger und gleichmäßiger – kontinuierlicher Prozess – bezeichnen. Anna betont den Familienzusammenhalt und insbesondere die enge Bindung an ihre Mutter. Der Tod der Mutter bildet vor diesem Hintergrund einen besonders starken negativen Einschnitt. Mit dem Beruf der Arzthelferin folgt sie einem beruflichen familiären Auftrag, der darauf gerichtet ist, die Nähe zum Ursprungsmilieu zu erhalten – auch die Mutter ist Arzthelferin. *„Ja, das is so eigentlich unser unser Leben. Was so so irgendwo überall en Teil, weil die Mutti war auch [...] is sie dann Arzthelferin geworden. Also sehen Sie die Parallelen?“* Anna wählt damit („unser Leben“) zur Beschreibung ihres eigenen Lebens den Bezugsrahmen ‚Ursprungsfamilie‘. Sichtbar wird darin, dass sie im familiären Rahmen verbleibt und sich mit dem arrangiert, „was der sozialen Herkunft entspricht“ (Brake/Büchner 2006, 96).

Rückblickend hebt sie hervor, dass der gewählte berufliche Weg der ‚richtige‘ für sie war. Familiärer Auftrag und subjektive Bilanzierung bilden eine Einheit: *„Ich hatte damals auch überlegt ob ich da die zwei Jahre Schule noch mache (.) was was meine Freundin auch gemacht hat. Letzten Endes hat se aber in den zwei Jahren, wo ich im Prinzip schon fast fertig war, ja? Äh fing sie dann Lehre als Zahnarzthelferin an. (.) Und da hab ich mir dann gedacht: ok, dann hast es dann doch irgendwo richtig gemacht und öh ja. Also ich bin mit meinem Berufsziel und mit meinem Leben an sich zufrieden. Wie gesagt, so Schicksalsschläge gehören so mit zum Leben. (.) Man muss se zwar net unbedingt so früh ham, und aber es iss (.) ja. Es geht immer weiter.“* Sie fasst zusammen, dass sie mit dem Leben „an sich zufrieden“ ist. Der eigene Lebensverlauf erscheint als etwas selbstverständlich Gegebenes, das in vorgezeichneten und zugleich verlässlichen Bahnen verläuft – „Es geht immer weiter“. Die Einspurung in diese Bahnen vollzieht sich ‚gleitend‘, ohne erkennbare biografische Gegenentwürfe von Seiten Annas. Zum Ausdruck kommt darin, was Brüdigam ein „kohärentes Muster der Selbst- und Weltauslegung“ nennt (2002, 199). Der „status quo kognitiver Welt- und Selbstbilder“ (ebd.) wird darin bestätigt, das Neue wird auf das Bekannte reduziert.

6.2 Diskontinuität: das Milieu überwindend – die Entfaltung kultureller Ressourcen

Für die diskontinuierliche Variante kann beispielhaft der Fall Chris gelten, der ebenfalls in der ersten Projektphase zu den ‚Familienorientierten’ gezählt wurde. Chris wurde Ende der 50er-Jahre im europäischen Ausland geboren. Als er drei Jahre alt ist, kommen seine Eltern als Gastarbeiter mit ihm nach Deutschland. In der Grundschule versteht er kaum Deutsch. Sein Vater arbeitet in der

Metallverarbeitung und seine Mutter zeitweise halbtags in einer Druckerei. In der Mietwohnung gibt es laut Chris Angaben aus den 1970er-Jahren ein Bücherregal, Chris hat ein eigenes Zimmer. In den ersten Befragungen gibt er an, dass er lieber für sich alleine liest, als mit anderen etwas zu unternehmen. Beide Elternteile sind sehr um die schulische Förderung ihres Sohnes bemüht, trotz finanzieller Schwierigkeiten engagieren sie beispielsweise einen Nachhilfelehrer. Chris erhält Taschengeld in Höhe von 20 DM im Monat, das er zur Zeit der ersten Befragungen für Segelflugzeugmodelle ausgibt. Wenn er gute Noten nach Hause bringt, bekommt er zusätzlich etwas Geld. Chris besucht vormittags die Hauptschule und nachmittags zusätzlich eine Schule seiner Muttersprache. Insgesamt verbindet er mit der Hauptschule rückblickend „*ein ziemlich stressige[s] Klima*“. Im Interview sagt er: „*Ich wollt da einfach weg [...] Als Ausländer. Ja das war nicht angenehm.*“ Er beschreibt die Grundschul- und Hauptschulzeit in Deutschland „*mit dem Bewusstsein, du bist eigentlich nichts Richtiges.*“ In der siebten Klasse entscheiden seine Eltern, dass der Besuch der muttersprachlichen Schule keinen Sinn mehr macht, da sie beabsichtigen, nicht in ihre Heimat zurückzukehren. Ungefähr zu dieser Zeit bekommt Chris einen neuen Lehrer und nimmt am Projekt Jugendbüro der Hauptschule teil. Wie Chris hervorhebt, wurde er durch seinen neuen Lehrer positiv beeinflusst bzw. motiviert: Hatte er sich bis dato nicht für die Schule interessiert, ändert sich dies nun grundlegend. Seine Mitschüler nennen ihn den „Professor“, da er überaus ehrgeizig und diskutierfreudig ist. Nach der achten Klasse wechselt er, ohne Abschluss und gegen den Rat der Lehrer, an die Berufsfachschule, die er in nur zwei Jahren mit der Mittleren Reife abschließt. Ein Angebot zu einer Schreinerausbildung lehnt er ab und besucht die Fachoberschule, die er nach weiteren zwei Jahren mit der Fachhochschulreife beendet. Es folgt ein Studium an einer Fachhochschule. Ab dieser Zeit arbeitet er nebenher als studentische Hilfskraft, um seine Eltern finanziell entlasten zu können. 1980 schließt er sein Studium als Diplomingenieur (FH) ab. Es folgt ein weiteres Studium an einer technischen Hochschule, das er nach fünf Jahren mit einem Diplom beendet. Ein Jahr nach Abschluss seines Studiums zieht er von zu Hause aus. Er arbeitet als Assistent an einer Technischen Hochschule und promoviert in dieser Zeit. Ein Jahr später wird er als Professor an eine Fachhochschule berufen. Im gleichen Jahr heiratet er. Seine Ehe bleibt kinderlos. Chris berichtet über Krisen im beruflichen Bereich in den letzten Jahren, die u.a. zu Schlafstörungen führen.

Abbildung 3: Diskontinuierliche Lebensverlaufskurve – Chris

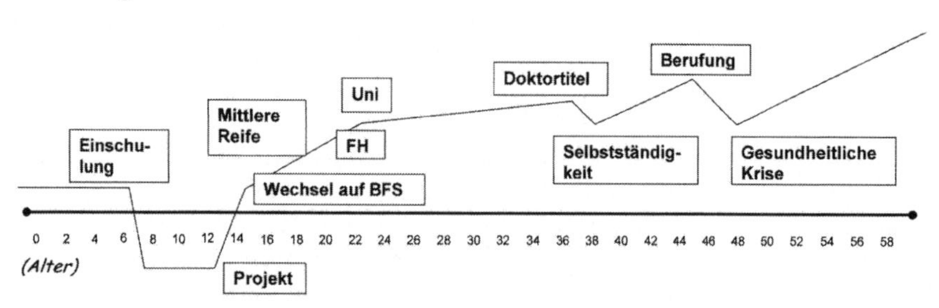

Die Lebensverlaufskurve zeigt einen diskontinuierlichen Verlauf; nach einer eher als negativ erlebten Grund- und Hauptschulzeit folgt insgesamt gesehen ein positiver Anstieg.

Eine große Rolle für Chris‘ schulische Entwicklung spielen die Eltern. *„Und ähm, ja Personen spielen da natürlich ne wichtige Rolle (.) Ähm, Eltern (.) die ham natürlich unglaublichen Einfluss, (.) gerade die ersten Jahre (lacht).“* Die Eltern ermöglichen u.a. Nachhilfeunterricht für ihren Sohn und transportieren, insbesondere über die elterlichen Bildungsaspirationen und verbunden mit dem Wunsch, die „Bildungszukunft“ ihres Sohnes positiv zu beeinflussen, eine Form des „delegierten Bildungsaufstiegs“ (Brake/Büchner 2006, 94).

Neben den Eltern spielt auch ein Lehrer eine wichtige Rolle: *„Und da war der [Name des Lehrers] da und dieses Projekt. Und dann hab ich irgendwann dann in der Hauptschule den Knopf aufgemacht und hab en bisschen Gas gegeben. (.) Und dann wurd's auch en bisschen besser. Auch die Leistungen wurden bisschen besser, die Noten wurden besser. Man kann das sehen in dem Zeugnis.“* Vorbereitet und ermöglicht werden über diese positiven Erfahrungen neue biografische Entwürfe und damit Flexibilisierungen von Dispositionen: von der Vorstellung „du bist eigentlich nichts Richtiges“ hin zu einer ‚Idee' von sich selbst, die erste (noch vage) Aspekte eines neuen Zukunftsentwurfs beinhaltet.

Diese vagen Entwürfe während der Hauptschulzeit wirken sich jedoch noch nicht unmittelbar und sichtbar auf den Verlauf der Lebensverlaufskurve aus. Erst der Übergang, der ‚Wechsel an die höhere Schule', markiert eine Art Zäsur: Sie löst ihn aus alten Zuschreibungen und Stigmatisierungen wie „Ausländerkind“[9] heraus, und festigt und konturiert mit zunehmendem schulischen

9 In unserem Sample findet sich dazu der vergleichbare Fall einer ehemaligen Hauptschülerin, ebenfalls mit Migrationshintergrund, für die auch gilt, dass sich die Weitergabe kulturellen

Erfolg nach und nach einen Gegenentwurf zum Selbstbild des ‚Hauptschüler- und Ausländerkindes'. Basis dieses Gegenentwurfs ist das Erkennen der biografischen Gestaltungsmöglichkeiten (und der eigenen Selbstwirksamkeit), das zu einer Intensivierung der eigenen Anstrengungen führt.

Chris gewinnt an „Schwung“: *„und da hab ich dann eigentlich den den Schwung des zwölften Jahres, (.) den hab ich dann beibehalten. Hab relativ zügig in sechs Semestern durchstudiert. (.) Das war nicht schwierig (.). Das ging relativ gut. Irgendwie hab ich da, wie sagt man da, je den Schwung aufgenommen (.). Nebenbei hab ich relativ viel Sport gemacht. Hab also sehr sehr früh angefangen (.) Tischtennis zu spielen.“* Der „Schwung“, den er hier beschreibt, wird zu einem Bild für die Dynamik, die er im Zuge seiner schulischen und beruflichen Stationen entwickelt. Eine Dynamik, die ihn, ohne pausieren zu können, fortlaufend antreibt. In diesem Zusammenhang erwähnt er den Sport, der ihn von außen stützt.

Der berufliche und soziale Aufstieg von Chris kommt einem Milieuwechsel gleich (er hat hinter sich *„son bisschen die Tür verschlossen“*) und markiert eine Veränderung der Strategie (und Motivation): vom zurückhaltenden und verängstigten ‚Gastarbeiterkind', das sich möglichst unauffällig verhält und die schulische Mitarbeit vermeidet, hin zu einem erfolgsorientierten und aktiv seine Zukunft gestaltenden Jugendlichen und Erwachsenen.

Rückblickend bilanziert Chris: *„Und jetzt kann man mit viel Gelassenheit eben nach hinten blicken, runter bis zur Hauptschule (lacht).“* In dieser knappen Bilanzierung verdeutlicht sich ein Weg, der steil nach oben führt – und mit einigen biografischen Herausforderungen und immensen Anstrengungen verbunden war. Die Kosten, die er für diesen Aufstieg zu zahlen hat, sind hoch: *„und ich hatte bis vor zwei drei Jahren hatte ich auch durchaus ne gesundheitliche Krise. Ich hab da das Schlafen verlernt, weil man einfach hier nicht klar kam. Ich hab geschafft hier wie ein Verrückter [...] Ja ja ja.“*

Nehmen wir die Beschreibung der Jugendphase von Chris zum Ausgangspunkt, fällt auf, dass sich Chris demgegenüber als Aufsteiger ‚unerwartet' entwickelt: Zwar ist Chris in der ersten Studienphase wie Anna als familienorientiert eingestuft worden, und es finden sich auch bei ihm, ähnlich wie bei Anna, Identifikationen mit den schulischen Werten, auch der Wunsch nach Sicherheit und Stabilität ist stark ausgeprägt. Chris muss jedoch zusätzlich gegen einige Widerstände ankämpfen, insbesondere gegen die Stigmatisierungen ‚Ausländerkind'. Die Strategie, die er entwickelt, um diese Spannungen auszubalancieren, liegt insbesondere in einer biografischen Öffnung bzw. in der Ausbildung einer

---

Kapitals durch die unterstützende Familie und Schule (in Form einzelner signifikanter Vorbilder) erst ‚über die Zeit' entfaltet.

offensiven Strategie. Eine Strategie, die sich aus den Daten der ersten Studienphase nicht ableiten ließ.

6.3 Diskontinuität: das vorbestimmte Milieu unter Einsatz aller Kräfte überwindend – ‚alles oder nichts'

Die Lebensverlaufskurve, die sich im Beispielfall Erik zeigt, ist, ebenso wie die aus dem vorherigen Fall, als diskontinuierlich zu bezeichnen. Auffällig ist jedoch die im Gegensatz zum Fall Chris als *durchgängig* negativ empfundene Phase in Kindheit und Jugend.

Abbildung 4: Diskontinuierliche Lebensverlaufskurve – Erik

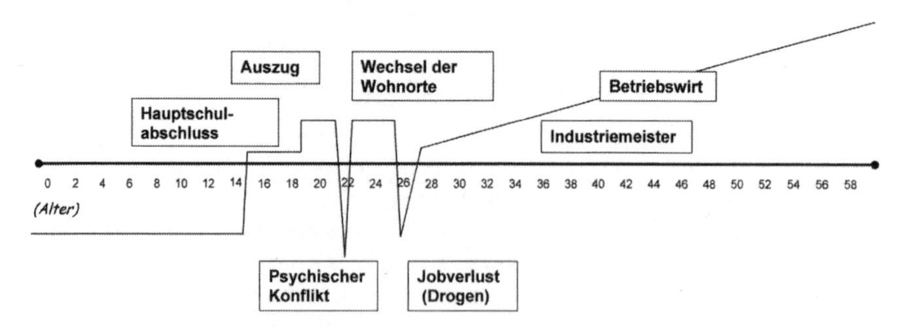

Erik wird in der ersten Phase der Studie keinem Orientierungstyp eindeutig zugeordnet. Mit Blick auf die damaligen Daten und sonstigen Aufzeichnungen und seiner deutlichen Distanzierung von der Ursprungsfamilie ordnen wir ihn jedoch eher dem jugendzentrierten Pol zu. Er wird Ende der 50er-Jahre geboren; er hat insgesamt fünf Geschwister. In der Drei-Zimmer-Wohnung (ohne Bad, Toilette auf dem Flur) teilt er sich, seinen Angaben aus den 70er-Jahren entsprechend, ein Zimmer mit drei Brüdern. Er muss oft im Haushalt mithelfen. Im Monat verfügt er über ca. 10 bis 20 DM, die er sich mit Blumenaustragen und ähnlichem verdient. Er begeht zeitweise kleinere Diebstähle. Zur Ausbildung der Eltern kann er keine Angaben machen. Die Eltern sind an Alkoholismus erkrankt und mit der alltäglichen Familienarbeit und -organisation überfordert. Er wächst in einer Atmosphäre von, wie er es ausdrückt, Verwahrlosung, Schmutz und Gewalt auf. Um sich zu schützen, schottet er sich emotional von der Außenwelt ab, bildet eine Art ‚inneres Exil'. Mitte der 60er-Jahre wird er eingeschult. Laut eigener Angabe hat er „enorme Fehlzeiten" und „hasst die

Schule“, er gilt als unmotiviert. Seinen Mitschülern geht er aus dem Weg. Trotzdem schafft er den Hauptschulabschluss als einziges Kind der Familie. Ein halbes Jahr später beginnt er eine Lehre zum Buchdrucker, die er auch erfolgreich beendet. An seinem 18. Geburtstag zieht er von zu Hause aus (*„ich bin ja damals ausgezogen von zu Hause da als ich achtzehn wurde Punkt 24 Uhr bin ich sofort weg“*). Es folgt eine schwierige Zeit, in der er hin- und herpendelt zwischen Arbeitslosigkeit und Gelegenheitsjobs. Im Alter von 21 Jahren bekommt er die Chance, in einer Großstadt einen Lehrgang im mittleren Management einer Fast-Food-Kette zu absolvieren. Er verliert diesen Job und droht ins Drogenmilieu abzurutschen; Erik erlebt eine intensive Krise. Emotionale Unterstützung erfährt er durch ein befreundetes Ehepaar. Um nicht so zu enden wie sein Vater, vollzieht er in dieser Zeit einen radikalen Schnitt und zieht in eine andere Großstadt: *„Also ich mach genau das, was hier in [Name der Heimatstadt] lief, in meiner Jugend, wo mein Leben so vorgezeichnet is, genauso wie mein Vater werd ich enden, betrunken auf'm Sofa liegend oder so, genau das Gleiche mach ich jetzt eben statt in [Name der Heimatstadt] in [Großstadt]. Und das war so der der Zeitpunkt, das war abends um acht, halb neun hab ich in der Mitfahrzentrale angerufen ob nicht ein Auto nach [andere Großstadt] irgendwo bereit steht, um neun hat mich einer abgeholt, um neun bin ich weg gefahren. Und seitdem war ich nie wieder in [Großstadt, in der er die Krise erlebte].“* Er findet schließlich eine Anstellung als Drucker und lernt seine spätere Frau kennen. Er heiratet, die Ehe bleibt bewusst kinderlos. Es folgt eine Beförderung zum Schichtführer. Mit ca. 30 Jahren entschließt er sich dazu, nebenberuflich einen Meisterlehrgang zu absolvieren, den er erfolgreich beendet. Daran schließt sich eine weitere Ausbildung zum Betriebswirt an. Heute arbeitet er als Vertriebsleiter. Privat lernt er eine Fremdsprache und nimmt zusammen mit seiner Frau an internationalen sportlichen Wettkämpfen teil.

Erik äußert sich auf die Eingangsfrage zu Beginn des Interviews, wie er seine jetzige Position in Familie und Beruf erreicht hat, wie folgt: *„Durch vielerlei Umwege, vielerlei Irrwege und Sackgassen, und letztendlich natürlich auch durch ähm (.) menschliche Hilfe von außen. (längere Pause) Ähm, (.) Als ich die Schule hier verlassen hat da hätt ich eigentlich nicht angenommen dass ich em (.) ein paar Jahrzehnte später (.) persönlich sowie auch beruflich da stehe wo ich jetzt stehe.*“ Die, alles in allem recht positive Bilanzierung seines Werdegangs, schließt verschiedene „Umwege, Irrwege und Sackgassen“ ein. Zum einen deutet sich darin an, dass sein Weg kein gradliniger war, sondern (biografisch) beschwerlich; „letztendlich“ erfährt er menschliche Unterstützung „von außen“. Ein konkretes Lehrer-Vorbild, das im vorherigen Fall eine große Rolle spielte, wird hier nicht benannt. Erik kann sich an seine Schulkindheit nicht „richtig" erinnern („*Ich kann mich da an fast gar nichts mehr aus dieser Zeit so richtig erinnern"*).

Erik meidet schulische Verbindlichkeiten, verweigert sich zeitweise dem Schulunterricht: „*Also dadurch, dass ich kein diesen familiären Halt nicht hatte, hab ich den in der Schule natürlich auch nicht gesucht, oder so. Das war [...], ich hab mir nie Gedanken gemacht, warum geh ich in die Schule, warum mach ich das, warum mach ich das, warum mach ich das, ich hab einfach irgendwie aus dem Bauch heraus irgendwas gemacht. Ich weiß noch ganz genau, dass meine Fehltage in der Schule enorm waren. Also wirklich, ich glaub ich hab manchmal mehr gefehlt als dass ich anwesend war. [...] Irgendwie (.) es kommt so ne ‚Iss-doch-egal-Stimmung' (hustet). Trotzdem hab ich die Hauptschule irgendwie geschafft, ich weiß zwar nicht wie, also damals konnt' ich es mir nicht erklären, äh, ich war in der Familie auch der einzige der se fertig gemacht hat, mit Abschluss*". Zugleich streicht er als ein Erfolgserlebnis heraus, dass er als „einzige[r]" der Familie einen schulischen Abschluss erworben hat. In gewisser Weise erhält er dadurch einen (institutionell-zertifizierten) Nachweis über seine Ausnahme- und zugleich Außenseiterstellung in der Familie.

Dass die Schulzeit für ihn trotz seiner ‚Erinnerungslosigkeit' biografisch bedeutsam war (und die Dispositionen in gewisser Weise flexibilisiert oder geöffnet hat für neue Vorstellungen und noch skizzenhafte Selbstentwürfe), lässt sich sowohl daran ablesen, dass er als einziger der Familie die Schule geschafft hat, als auch daran, dass er sich aus Anlass eines Klassentreffens und einer Gruppendiskussion (2009/10) auf die Suche nach seiner Geschichte als Schüler und Kind macht. Dabei geht es auch darum, so unsere Lesart, positive Anteile und Personen seiner Geschichte zu entdecken. In einer Gruppendiskussion (von 2010) führt er beispielsweise aus: „*Also es war schon auch von den Lehrern eigentlich auch en en großes Vorvertrauen in die Schüler da [...] Man weiß ja nicht, nimmt das der Schüler auch an, oder bleibt dann auch irgendwie was beim Schüler hängen, wenn wenn diese Freiheiten auch gewährt werden. [...] und dieses Vorvertrauen das ist schon enorm gewesen. Das muss man schon sagen."* Er bedauert außerdem, dass sich der Lehrer „*schon bemüht hat", aber* an ihn „*nicht ran kam so richtig*".

Seine ‚Egal-Haltung' ändert sich mit dem ersten beruflichen Angebot und Ortswechsel. Der Übergang (und das teils damit verbundene krisen- und konflikthafte Erleben) fordert ihm weit reichende Entscheidungen ab („*Ich glaub das war so der erste Weg wo es so drum ging, wo ich selber entscheide, selber sage: ja das mach ich."*), die existenzieller Art bzw. im Sinne eines ‚Alles oder Nichts' zu verstehen sind. Die Krisen balanciert er, parallel zu seinem beruflichen Aufstieg, nach und nach aus. ‚Über die Zeit' ist zu erkennen, dass die Schulzeit von einer Strategie weitestgehender Verweigerung und Vermeidung

(‚inneres Exil') bestimmt wurde, die durch eine Handlungspraxis abgelöst wird, die das herausfordernd Neue und die Möglichkeit zur aktiven Selbstgestaltung sucht. Auch in diesem Fall wachsen die Motivation und die Überzeugung der eigenen Selbstwirksamkeit.

Zudem erfährt er in krisenhaften Phasen Hilfe „von außen“ durch ein Ehepaar, das sich seiner annimmt: *„dass ich dann [...] Weihnachten gefeiert hab, Lieder gesungen, ehm mit beiden dann, mit ihr und mit ihm sehr sehr lange und intensive Gespräche gehabt, die ich auch, die mich dann eben weitergeführt ham“*. Im Gegensatz zu seinen Erfahrungen im Elternhaus, die er u.a. mit Gewalt, Schmutz und Lärm verbindet, findet er hier, wie Erik es bezeichnet, ein „Haus der Stille“ vor.

Ähnlich dem Fall Chris ergeben sich auch in diesem Fall hohe biografische Kosten durch den Aufstieg: Um niemals wieder in den „Sumpf“ zu geraten bzw. in das alte Milieu abzurutschen, aus dem er „rausgekommen“ ist, kommt der (Selbst-)Kontrolle (*„da steck ich wirklich alles ran dass so was nicht passiert“*), z.B. durch Sport, eine große Bedeutung zu. Erik entschließt sich zudem gegen eigene Kinder: *„Dass wir keine Kinder haben war ne bewusste Entscheidung, also für mich einmal, weil ich gesagt hab: Nee, ich ich möchte keine Kinder so in die Welt setzen“*. Deutlich wird darin auch, dass die Erwartungen an die eigene Selbstwirksamkeit zwar ‚über die Zeit' gewachsen, aber zugleich auch fragil sind.

6.4 Vergleichende Interpretation

Vergleichen wir die Lebensverläufe der drei Beispielfälle, finden wir bei Anna einen insgesamt eher gleichförmigen Lebensverlauf. Dieser erfährt zwar durch das kritische Ereignis ‚Tod der Mutter' einen kurzzeitigen negativen Einbruch, erholt sich jedoch wieder bzw. pendelt sich auf das vorherige Niveau ein. Insgesamt ist der biografische Verlauf von Anna, auf der Grundlage „inviduelle[r] Schemata, die den gesamten Lebenslauf überspannen“ (Hof/Kade/Fischer 2010, 336), als ein kontinuierlicher zu betrachten. In Abschnitt 3 haben wir von solchen Schemata als von den Strategien des Habitus gesprochen.

Bei Chris und Erik finden sich Verläufe, die demgegenüber als spannungsreich zu bezeichnen sind, die deutliche Höhen und Tiefen aufweisen. Sichtbar wird in diesen Fällen die Spannung von „wiederholender Fortsetzung (Schema) und der Entdeckung von Neuem (Variation)“ (ebd.). Während beide Lebensverläufe ‚aufwärts‘ gerichtet sind, lassen sie sich doch voneinander unterscheiden, und zwar mit Blick auf ihr Aufstiegs-*Motiv*. Während Chris die Bildungsaspirationen seiner Eltern nach und nach umzusetzen lernt, und dabei auch auf die

Schule bzw. einzelne Lehrer als unterstützende Ressource zurückgreifen kann, ist der Aufstieg bei Erik durch starke Abgrenzungsbemühungen zum Herkunftsmilieu, im Besonderen zur Familie, motiviert. Erik muss sich im Sinne einer Art ‚Überlebens-Strategie' für ein Alles oder Nichts entscheiden. Damit wirken Übergänge, wie das Ende der Schulzeit und die berufliche Findung, besonders spannungsreich und biografisch herausfordernd. Inwieweit das in der Schule (Lehrervorbild; Hauptschulabschluss) erworbene kulturelle Kapital (als ‚latente Ressource') in solchen spannungsreichen Phasen Potenziale entfaltet, kann an dieser Stelle nur vermutet werden; Analysen vergleichbarer Fälle stehen noch aus.

Insgesamt können einzelne Merkmale des in der ersten Studienphase erarbeiteten Typus „Familienzentrismus" in Ansätzen die Bedeutung z.B. schulischer Leistung für die (berufs)biografische Entwicklung erklären. Geradezu ‚prototypisch' erscheint in diesem Zusammenhang der Beispielfall Anna. Die, über das Ursprungsmilieu hinauswachsende bzw. sich herauskämpfende Variante (insbesondere der Beispielfall Chris, aber auch Erik, der damals keiner Orientierung zugeordnet werden konnte) wird damit jedoch gar nicht oder zumindest nur unzureichend erklärt. Deutlich wird, dass es einer Beobachtung ‚über die Zeit' mit mindestens zwei Erhebungen bedarf, um *(bildungs-)biografische Entwicklungen* und damit das aus der Sicht der Jugendphase Erwartbare ebenso wie das Unerwartete in den Blick nehmen zu können. Wie werden solche unerwarteten Entwicklungen, hier an den Beispielen von Erik und Chris, möglich? Für Chris als ‚Gastarbeiter'-Kind der späten 60er- und frühen 70er-Jahre, mit anfangs rudimentären Deutschkenntnissen und leistungsvermeidenden Strategien, wäre wohl kaum mehr als der Hauptschulabschluss zu erwarten gewesen. Für Erik war unter den gegebenen prekären und gewaltförmigen Familienbeziehungen bereits der Hauptschulabschluss, wie er selbst formuliert, überraschend. Für die Jugendforschung stellt sich die zentrale Frage, wie diese überraschenden Entwicklungen dennoch zustande kamen.

Wir gehen davon aus, dass die (berufs)biografischen Entscheidungen innerhalb des Lebenslaufs von grundlegenden Handlungsstrategien bestimmt werden. Solche Strategien sind als Strategien des Habitus weitestgehend reflexiv *nicht* zugänglich und gegen Veränderungen gefeit. An dieser Stelle möchten wir ein Konzept (Maschke 2011) einbringen, das über die Identifizierung unterschiedlicher Strategien, der offensiven und defensiven Strategie, zum einen auf die Möglichkeit der Veränderung, d.h. der Flexibilisierung von Dispositionen verweist und zum anderen die Bedeutung biografischer Übergänge für das Entstehen solcher Flexibilisierungen hervorhebt. Wir unterscheiden hier auf der Basis der Arbeiten von Ziehe (2002; 2005a, b) und Maschke (2011) defensive und offensive biografische (Grund-)Strategien.

Die *offensive Strategie* findet ihren Ausgangspunkt in Dispositionen, die eher *flexibilisierende Strukturen* aufweisen. Diese Flexibilisierung ergibt sich aus kontrastreichen, teils einander widersprechenden Erfahrungen in unterschiedlichen Erfahrungsräumen (in unseren Beispielfällen gilt dies für Chris und Erik). Strategisch drückt sich dies in einer Offenheit für oder auch Suche nach neuen Erfahrungen aus. Ausgemacht werden kann darin eine Form der „Dezentrierung“, die, wie King (2004, 110) beschreibt, einen Wechsel aus der „Unmittelbarkeit von selbstbezogener Erfahrung [...] in eine sich selbst betrachtende reflexive Position“ vollzieht. Einher geht damit ein Perspektivwechsel in den Beziehungen und Interaktionen, der sich im Übergang in besonders ausgeprägter Form fortsetzt. Sichtbar wird im Laufe der biografischen Entwicklung eine Ausweitung und Veränderung der Handlungspraxis und Strategie. Sehen wir bei Chris beispielsweise eine passive, sich selbst zurücknehmende, vermeidende Strategie in Kindheit und früher Jugend, so entfalten sich verschiedene Flexibilisierungen in den späteren Übergängen, die sich an Leistung und Aufstieg knüpfen. Bei Erik entwickelt sich die offensive Strategie erst in der Spätadoleszenz; Übergänge werden bei ihm von Ortswechseln begleitet.

Getragen wird die offensive Strategie von Prozessen der Biografisierung, der Ablösung (besonders stark bei Erik), Umgestaltung und Neuschöpfung (vgl. King 2004, 259). Spannungen lassen sich ablesen, die zwischen Altem und Vertrautem einerseits und Neuem und Unvertrautem andererseits für die Biografisierung genutzt werden können. Gemeint ist damit im Sinne Marotzkis die *bedeutungsordnende* und *sinnherstellende* Leistung des Subjekts, konkret: Aushandlungs- und Konstruktionsprozesse des Einzelnen in Besinnung auf das eigene Leben. Eine große Rolle spielen in diesem Zusammenhang die Zukunftsentwürfe, die eine Art *Zielpunkt* für die Aushandlungen und Eigengestaltungen des Individuums darstellen (bei Erik zeigt sich z.B. ein ‚negativer‘ Zielpunkt bzw. eine Art Negativ-Folie, symbolisiert durch den Vater).

Den Gegenhorizont zur offensiven bildet die *defensive Strategie,* die sich im Fallbeispiel Anna zeigt; sie umfasst eine Spannbreite, die von einer weitestgehend (biografischen) Anpassung an gegebene Verhältnisse bzw. fließenden und kontinuierlichen Übergängen, bis hin zu Einspurungen reichen kann. Neue und herausfordernde Erfahrungen und Situationen werden weitestgehend gemieden. Im Laufe der Adoleszenz, mit dem beruflichen Einstieg, verstärkt sich diese Strategie der Vermeidung. Dies entspricht in etwa dem „monozentrischen Strukturprinzip“ bei Brüdigam (2002), das auf ein einheitliches Muster der Selbst- und Weltauslegung drängt. Unter das bereits bestehende Schema wird alles das subsumiert, was zu ihm passt.[10] Die Sicherung des status quo ist das

10 Ähnlich führt Cornelia Schweppe (2008, 195) in einer Untersuchung über Studierende der Sozialpädagogik an, dass ein bestimmter Typus Wissensbestände „selektiv“ auswählt und

Ziel. Gemieden werden spannungsverstärkende Erfahrungen, die das (stabil zu haltende) Schema verunsichern könnten. Das ursprüngliche Welt- und Selbstbild wird fortlaufend *bestätigt*. Folge dieses Prozesses ist die „Geschlossenheit des für den Habitus konstitutiven Dispositionensystems“ (Bourdieu/Wacquant 1996, zit. n. Michel 2006, 119). Die sich immer wieder selbst verstärkenden Erfahrungen, verdichtet zu dauerhaften Dispositionen, zeigen, dass der Habitus in diesen Fällen ein beträchtliches Beharrungsvermögen besitzt. Sichtbar wird, dass das Beharrungsvermögen umso größer ist, je stärker die institutionelle Einspurung ist, Familie und Schule verstärken sie sozusagen ‚Hand in Hand’. Dies bedeutet jedoch nicht, dass eine Vermeidungshaltung es vermag, sich hermetisch von allen Biografisierungs- und Bildungsbemühungen zu verschließen. Dem herausfordernden Charakter des Übergangs kann sich kaum jemand ganz und gar entziehen. Allerdings muss, wie im Beispielfall Anna zu sehen ist, das Übergangspotenzial auf der Basis einer defensiven Strategie nicht biografisch ausgeschöpft werden.

7. Fazit

Eine Aufgabe der erziehungswissenschaftlich orientierten Jugendforschung liegt u.a. darin, aus den Daten über spezifische Gruppen von Jugendlichen Prognosen im Sinne von Chancen und Risiken für deren künftige Lebenswege abzuleiten – zum Beispiel mit Blick auf den weiteren Erfolg oder Misserfolg in Schule und Ausbildung, auf Bildungsgewinner und -verlierer, auf jugendliches Risikoverhalten und dessen Folgen und ähnliches. Der vorliegende Beitrag wendet sich diesem Aspekt auf der Basis einer langzeitlichen Panelstudie ehemaliger Hauptschüler/-innen zu. In den 1970er-Jahren wurden diese von einer Forschergruppe im Rahmen eines pädagogisch-interventiven Förderprojekts erstmals befragt (Projektgruppe Jugendbüro und Hauptschülerarbeit), 2010 schloss sich eine zweite Untersuchungsphase mit den inzwischen etwa 50 Jahre alten ehemaligen Teilnehmer/-innen an. Diese Forschungsanlage ermöglicht es, die Daten aus der Jugendphase mit den tatsächlichen späteren biografischen Lebensverläufen in Verbindung zu setzen.

Die Befunde zeigen insgesamt, dass Vorhersagen aus dem „Früher“, die den beruflichen oder gar den Lebensweg insgesamt prognostizieren wollen, äußerst schwierig sind. Vergleichbare Sozialisationsfaktoren und -umwelten (mit Blick auf Milieu und Schule) wie sie in der Ersterhebung der Hauptschüler-

aneignet und „so interpretiert, dass sie in die bisherigen Weltsichten und in die bisherigen Deutungs- und Handlungsmuster der Studierenden passen.“

Studie für einzelne Schülergruppen bestimmt wurden, erweisen sich *über die Zeit* nur in geringem Maß als stabile Unterscheidungskriterien biografischer Verläufe (vgl. Hummrich 2009). In unserem Längsschnitt von der Adoleszenz bis ins mittlere Erwachsenalter zeigt sich eine Vielzahl von unerwarteten Lebensverläufen. Dabei steht im vorliegenden Beitrag die Analyse solcher Abweichungen vom Erwarteten im Vordergrund, die wir als erfolgreiche Abweichungen im Sinne eines statusbezogenen Aufstiegs bezeichnen dürfen.[11]

Unsere Auswertungen und Ergebnisse zeigen, dass in diesen im positiven Sinne unterwarteten Fällen, die im Jugendalter sichtbar werdenden teils risikobehafteten Dispositionen durch *divergente Erfahrungen* (z.B. in den Erfahrungsräumen Schule versus Familie) in gewisser Weise aufgeschlossen, das heißt *flexibilisiert* und geöffnet werden. In Grundzügen entstehen dabei neue Erfahrungs- und Gegenwelten, deren Wirkung sich jedoch nicht unmittelbar in einer erweiterten oder veränderten Handlungspraxis und -strategie bereits in der Jugendphase niederschlagen muss, sondern in manchen Fällen auch erst mit einiger Verzögerung. Dies lässt sich an den Verlaufskurven der zwei vorgestellten Beispielfälle von Chris und Erik ablesen, die während der Schulzeit/Jugendphase keine deutlichen Veränderungen ihrer schulaversiven bzw. -indifferenten Haltung oder positive Entwicklungen erkennen lassen. Erst im Zuge der späteren Übergänge – bei Chris der Übergang an die Berufsfachschule, bei Erik der Übergang in unterschiedliche Erwerbstätigkeiten verbunden mit Ortswechseln – entfalten sich diese dispositionalen Flexibilisierungen. Sie stellen erst in diesen späteren Übergängen eine Ressource dar, die Offenheit für neue Herausforderungen mit sich bringt und hilft, die Spannung zwischen Vertrautem und Unbekanntem positiv erleben und im Sinne der eigenen Weiterentwicklung nutzen zu können. Wir sprechen hier von einer Art *biografischem ‚Schläfereffekt'*.

Die von uns beschriebenen dispositionalen Flexibilisierungen und Öffnungen werden insbesondere sichtbar in diskontinuierlichen, das heißt von Brüchen gekennzeichneten Lebensverläufen. Dies bedeutet selbstverständlich nicht zwingend, dass alle diskontinuierlichen Verläufe auf positive Entwicklungen hinauslaufen. Unsere Analysen zeigen jedoch, dass sie dies tun, wenn sie parallel dazu mit der Ausbildung einer *offensiven biografischen Strategie* verbunden sind bzw. wenn sie zur Ausbildung einer solchen beitragen. Im Mittelpunkt

11 Die Hervorhebung der positiven ‚unerwarteten Verläufe' soll nicht den Blick darauf verstellen, dass unter den strukturellen Bedingungen sozialer Ungleichheit Milieuwechsel und soziale Aufstiege nach wie vor zu den Ausnahmen zählen und zudem für den Einzelnen mit einer enormen Kraftanstrengung und mit hohen biografischen Kosten verbunden sind. Andererseits ist davon auszugehen, dass auch unerwartete ‚negative' Verläufe ebenso möglich sind. Diese stehen jedoch nicht im Fokus dieses Beitrags.

einer offensiven biografischen Strategie steht die Möglichkeit, Übergänge und biografische Anforderungen in Richtung einer Ablösung vom Bisherigen bzw. in Richtung einer biografischen Umgestaltung zu nutzen. Die Spannung zwischen Altem/Vertrautem und Neuem kann zu positiven Biografisierungsprozessen (Marotzki) und damit zu einer Neuausrichtung der Lebensperspektiven führen. Das, was z.B. bei Erik ein berufliches Scheitern einerseits wahrscheinlich und erwartbar macht, bildet andererseits die Antriebsspannung hin zu einem unerwarteten Aufstieg – und zwar in Form eines Abgrenzungsmotivs. Divergente „kulturelle[] Kontakte" (Liebau 1987, 94) bieten für ihn eine Art objektiver Möglichkeit dazu, den habituellen Kreislauf – durch Bildungsprozesse – zu durchbrechen.

Demgegenüber steht die *defensive Grundstrategie*, die darauf ausgerichtet ist, das Neue auszublenden und den Status Quo des Gewohnten zu sichern. Als Beispiel für diese Form der Strategie stellten wir den Fall Anna vor, die in ihrem Herkunftsmilieu verbleibt.

Auch in der ersten Forschungsphase arbeiteten die Forscher/-innen mit einem Konzept, das auf solche grundlegenden Handlungsstrategien fokussierte – skizziert in Form einer dichotomen Typologie familienzentrierter auf der einen und jugendzentrierter Jugendlicher auf der anderen Seite. Mit beiden Facetten verbanden die Forscher/-innen umfassende, voneinander in vielerlei Hinsicht abweichende Umgangsweisen mit den biografischen Anforderungen (vornehmlich in Familie und Schule). Die damaligen Analysen zeigten, dass insbesondere die familienzentrierten Jugendlichen der Schule nahestanden. Ein gewisser Bildungserfolg – zumindest im Vergleich zu den jugendkulturell orientierten Jugendlichen – schien erwartbar. Eine Erwartung, die mit Blick auf die Daten aus der zweiten Studienphase differenziert werden muss.

Aus der Sicht der zweiten Erhebungsphase erhält die Typologie der 70er-Jahre *neue Akzente*. Auf der Grundlage der Merkmale der damaligen Typologie werden die neu analysierten Dimensionen, Übereinstimmungen, Abweichungen und Veränderungen in ein Gesamtbild integriert. In unseren Fallbeispielen, die von der Unterscheidung aus der ersten Studienphase getragen wurden, wird das Gesamtbild nun bestimmt durch eine mehrdimensionale Typologie unterschiedlicher Strategien und damit Bildungsbiografien.

Tabelle 1: Verknüpfung der handlungspraktischen Grundstrategien aus der ersten und zweiten Erhebungsphase

	Biografische Grundstrategie (2. Erhebungsphase)	
Jugendtypus (1. Erhebungsphase)	offensiv	defensiv
Familienzentriert	Chris (milieuüberwindend)	Anna (milieuverhaftet)
Jugendzentriert	(Erik) (milieuüberwindend)	*** (milieuverhaftet)

*** = kein Beispielfall vorgestellt.

Aus heutiger Sicht stellen Familienzentrismus und Jugendzentrismus keine Gegenhorizonte und auch nicht die zentralen Erklärungsansätze für den biografischen Verlauf der Hauptschüler/-innen dar. Vielmehr ist differenzierend mit aufzunehmen, inwieweit die Jugendphase geprägt ist von divergenten bzw. konvergenten Erfahrungen und Erfahrungsräumen (und damit der Möglichkeit, z.B. einen Zugewinn an kulturellem Kapital zu erfahren). Mit Hilfe divergenter Erfahrungen, wie sie in den Beispielfällen Chris und Erik deutlich wurden, ist eine Transformation der grundlegenden Strategien hin zu einer offensiven Strategie möglich, die aus dem Ursprungsmilieu herausführt und unerwartete Lebenswege einschlagen lässt.

Für die Lebenslaufperspektive in der Jugendforschung weisen unsere Befunde darauf hin, den offensiven und defensiven biografischen Grundhandlungs*strategien* der Jugendlichen ein besonderes Augenmerk zu widmen. In ihnen verdichten sich in lebens- und handlungspraktischer Hinsicht individuelle Antworten auf milieuspezifische Sozialisations- und Entwicklungsbedingungen unter dem Einfluss sich teils widersprechender Erfahrungsfelder und das heißt *divergenter* Erfahrungsräume. Diese gilt es zu analysieren, auch wenn sie nicht unmittelbar handlungspraktisch bedeutsam werden.

Literatur

Andresen, S. (2010): Bildungsmotivation in bildungsfernen Gruppen und Schichten. In: Quenzel, G./ Hurrelmann, K. (Hrsg.): Bildungsverlierer. Neue Ungleichheiten. Wiesbaden: VS Verlag, 499-516.

Behnken, I. (1984): Jugendbiografie und Handlungsforschung. Frankfurt: Institut für Jugendforschung.

Bohnsack, R. (2003): Rekonstruktive Sozialforschung. Einführung in qualitative Methoden. Opladen: Leske u. Budrich.

Bourdieu, P. (1974): Zur Soziologie der symbolischen Formen. Frankfurt: Suhrkamp.

Bourdieu, P. (1979): Entwurf einer Theorie der Praxis. Frankfurt: Suhrkamp.

Bourdieu, P. (1993): Satz und Gegensatz. Frankfurt: Fischer.

Brake, A./Büchner, P. (2006): Dem familialen Habitus auf der Spur. Bildungsstrategien in Mehrgenerationenfamilien. In: Friebertshäuser, B./Rieger-Ladich, M./Wigger, L. (Hrsg.): Reflexive Erziehungswissenschaft. Wiesbaden: VS Verlag, 59-80.

Brüdigam, U. (2002): Bildung in medialen Fan-Gemeinschaften. Eine biographieanalytische Untersuchung von Strukturen moderner Bildungsprozesse. In: Kraul, M./Marotzki, W. (Hrsg.): Biographische Arbeit. Opladen: Leske u. Budrich, 185-210.

Ecarius, J./Köbel, N./Wahl, K. (2011): Familie, Erziehung und Sozialisation. Wiesbaden: VS Verlag.

Gaupp, N./Lex, T./Reißig, B. (2010): Hauptschüler/-innen an der Schwelle zur Berufsausbildung: Schulische Situation und schulische Förderung. München; Halle: Deutsches Jugendinstitut (Regionales Übergangsmanagement, 2).

Gürge, F./Held, P./Wollny, M. (1978): Lehrertagebücher – Möglichkeiten und Grenzen der Arbeit mit Hauptschülern. Bensheim: Päd. Extra Buchverlag.

Held, P. (1978): Lehreralltag an einer städtischen Hauptschule. Unveröffentlichtes Manuskript.

Hof, C./Kade, J./Fischer, M. (2010): Serielle Bildungsbiographien. Auf dem Weg zu einem qualitativen Bildungspanel zum Lebenslangen Lernen. In: Zeitschrift für Pädagogik, 56, 3, 328-339.

Hummrich, M. (2009): Migration und Bildungsprozess. Zum ressourcenorientierten Umgang mit der Biographie. In: King, V./Koller, H.-C. (Hrsg.): Adoleszenz – Migration – Bildung. Wiesbaden: VS Verlag, 103-120.

Kade, J./Hof, C. (2008): Biographie und Lebenslauf. Über ein biographietheoretisches Projekt zum lebenslangen Lernen auf der Grundlage wiederholter Erhebungen. In: Felden, H. v. (Hrsg.): Perspektiven erziehungswissenschaftlicher Biographieforschung. Wiesbaden: VS Verlag, 159-175.

Kade, J./Hof, C./Peterhoff, D. (2008): Verzeitlichte Bildungsgestalten: Subjektbildung im Kontext des Lebenslangen Lernens. In: REPORT, 4, 9-22.

King, V. (2004): Die Entstehung des Neuen in der Adoleszenz. Individuation, Generativität und Geschlecht in modernisierten Gesellschaften. Univ., Habil.-Schr.-Frankfurt (Main). Wiesbaden: VS Verl. für Sozialwissenschaften.

Knigge, M. (2009): Hauptschüler als Bildungsverlierer? Münster et al.: Waxmann.

Koller, H. C. (2009): Bildung als Habituswandel? Zur Bedeutung der Sozialisationstheorie Bourdieus für ein Konzept transformatorischer Bildungsprozesse. In: Budde, J./Willems, K. (Hrsg.): Bildung als sozialer Prozess. Heterogenitäten, Interaktionen, Ungleichheiten. Weinheim: Juventa, 19-34.

Liebau, E. (1987): Gesellschaftliches Subjekt und Erziehung. Weinheim und München: Juventa.

Maschke, S. (2011): Das Unerwartete in der Erziehungswissenschaftlichen Forschung. Vortrag vom 7.12.2011 an der Justus-Liebig-Universität Gießen.

Meyer-Drawe, K. (2007): „Du sollst dir kein Bildnis noch Gleichnis machen ...“ – Bildung und Versagung. In: Koller, H.-C./Marotzki, W./Sanders, O. (Hrsg.): Bildungsprozesse und Fremdheitserfahrung, Bielefeld: Transcript, 83-94.

Michel, B. (2006): Bild und Habitus. Sinnbildungsprozesse bei der Rezeption von Fotografien. Wiesbaden: VS Verlag für Sozialwissenschaften.

Nohl, A.-M. (2006): Die Bildsamkeit spontanen Handelns. Phasen biografischer Wandlungsprozesse in unterschiedlichen Lebensaltern. In: Zeitschrift für Pädagogik, 52, 1, 91-107.

Projektgruppe Jugendbüro (1977): Subkultur und Familie als Orientierungsmuster - Zur Lebenswelt von Hauptschülern. München: Juventa.

Projektgruppe Jugendbüro und Hauptschülerarbeit (1977): Die Lebenswelt von Hauptschülern. München: Juventa Materialien.

Rekus, J./Hintz, D./Ladenthin, V. (1998): Die Hauptschule. Alltag, Reform, Geschichte, Theorie. Weinheim/München: Juventa.

Schmidt, R. (2004): Habitus und Performanz. In: Engler, S./Krais, B. (Hrsg.): Das kulturelle Kapital und die Macht der Klassenstrukturen. Weinheim/München: Juventa, 55-70.

Schweppe, C. (2008): Das Studium der Sozialpädagogik als ethnographischer Prozess. In: Bettina Hünersdorf, B./Maeder, C./Müller, B. (Hrsg.): Ethnographie und Erziehungswissenschaft. Methodologische Reflexionen und empirische Annäherungen. Weinheim/München: Juventa, 195-204.

Teddlie, C./Tashakkori, A. (2009): Foundations of mixed methods research. Integrating quantitative and qualitative approaches in the social and behavioral sciences. Los Angeles: Sage.

Walther, A./Walter, S./Pohl, A. (2007): „Du wirst echt in eine Schublade gesteckt ...“ In: Stauber, W./Pohl, A./Walther, A. (Hrsg.): Subjektorien-

tierte Übergangsforschung. Weinheim und München: Juventa, 97-127.
Wigger, L. (2007): Bildung und Habitus? Zur bildungstheoretischen und habitustheoretischen Deutung von biografischen Interviews. In: Müller, H.-R./Stravoravdis, W. (Hrsg.): Wiesbaden: VS Verlag, 171-192.
Ziehe, T. (2002): Öffnung der Eigenwelten. Bildungsangebote und veränderte Jugendmentalitäten. In: kursiv [Journal für Politische Bildung], 2002, 12-17.
Ziehe, T. (2005a): Die Eigenwelten der Jugendlichen und die Anerkennungskrise der Schule. In: Horster, D./Oelkers, J. (Hrsg.): Pädagogik und Ethik. Wiesbaden: VS Verlag für Sozialwissenschaften, 277-291.
Ziehe, T. (2005b): Schulische Lernkultur und zeittypische Mentalitätsrisiken. In: Hafeneger, B. (Hrsg.): Subjektdiagnosen. Schwalbach/Ts.: Wochenschau Verlag, 193-222.

Reversion schulischer Erfahrungen in Biographien von Jugendlichen in berufsvorbereitenden Fördermaßnahmen – der Typus phasenweiser biographischer Gefährdungen

Reversion of School Experiences in the Biographies of Youths in School-to-Work Programs – Type of Temporary Biographical Threats

Alena Berg, Jutta Ecarius und Stefan E. Hößl

Zusammenfassung: Im Beitrag werden in Form eines Typologie-Ausschnitts Teilergebnisse des von der DFG geförderten Forschungsprojektes „Sozial benachteiligte Jugendliche in pädagogischen Fördermaßnahmen am Übergang Schule-Beruf" (Kurztitel) vorgestellt, welches sich der Thematik des Übergangs Schule-Beruf aus der subjektorientierten Perspektive der Biographieforschung annimmt. Empirisch lassen sich vier unterschiedliche Übergangstypen belegen. Anhand des *Typus phasenweiser biographischer Gefährdungen* wird aufgezeigt, dass in (schulischen) berufsvorbereitenden Maßnahmen Lern- und Bildungsprozesse stattfinden (können), welche den teilnehmenden Jugendlichen einen erfolgreichen Anschluss an die Maßnahme – bspw. Übergang in eine Ausbildung oder Zugang zu höherer Bildung – ermöglichen. Entscheidend sind hierbei Reversionserfahrungen der Jugendlichen, die sich in den Rekonstruktionen ihrer Schüler/-innenbiographien ausmachen lassen. Anhand der Betrachtung einer Schülerbiographie wird der Beitrag aufzeigen, dass Maßnahmen der Benachteiligtenförderung für einen Teil der Jugendlichen deshalb zum Erfolg führen, weil sie für diese einen Erfahrungsraum darstellen, der es ihnen ermöglicht, negative schulbiographische Vorerfahrungen zu kompensieren bzw. ins Positive umzukehren.

Schlüsselwörter: Jugendforschung, Biographieforschung, Übergang Schule-Beruf, Fördermaßnahmen, Benachteiligtenförderung, Lernprozesse, Kompetenzentwicklung

Abstract: This paper presents results of the DFG-funded research project "Underprivileged youths in school-to-work programs" (translated title). Using a biographical approach, the project examines the transition of at-risk youths from school to work in Germany. Thus it focuses on the subjects' point of view. The empirical result is a typology of four different types of transitions from school to work. Using the *type of temporary biographical threats* it is shown that processes of learning and education (can) take place in school-to-work programs that aim to prepare the youths for future work or a better education. The youths' experiences of reversion are a key factor mirroring the reconstruction of school biographies. Looking at a single biography, the paper shows that supporting programs for youths at risk help them achieve success. School-to-work programs enable them to compensate negative school experiences and even transform them into positive ones.

Keywords: Youth research, biographical research, school-to-work transition and programs, special (social and educational) needs, learning processes, development of competencies

1. Benachteiligte Jugendliche am Übergang Schule-Beruf im Kontext der Jugendforschung

Aktuelle Hand- und Lehrbücher der Jugendforschung betrachtend (bspw. Andresen 2005; Schäfers/Scherr 2005; Krüger/Grunert 2010; Ecarius et al. 2011) fällt auf, dass dem Forschungsbereich ‚Jugend-Schule-Beruf' lediglich eine Randstellung zukommt. Dies ist verwunderlich, wird doch Jugend als „Schul- und Bildungsjugend" (Ferchhoff 2007) bezeichnet und gemäß des Transitionsansatzes (bspw. Reinders 2003; Reinders/Wild 2003) mit Entwicklungsaufgaben wie bspw. „Vorbereitung auf eine berufliche Karriere", „Berufseinstieg" (Dreher/Dreher 1985, 59; Fend 2005, 368ff. – siehe auch Havighurst 1948) und „Qualifikation" (Albert/Hurrelmann/Quenzel 2010, 40; Quenzel 2010, 126 im Anschluss an Hurrelmann 2007, 27) belegt, die alle auf die Bewältigung des Übergangs von der Schule in den Beruf abzielen.

Empirische Studien, die explizit in der Jugendforschung zu verorten wären, sind entsprechend rar. Die Untersuchung des Übergangs Schule-Beruf liegt, obwohl dieser in die Jugendphase fällt, im Interesse der Schul- und noch eher der Berufspädagogik. Die Forschungsaktivitäten orientieren sich – vor allem in der Berufs- und Weiterbildungsforschung – nur selten am biographischen Subjekt. Im Fokus stehen einerseits Analysen zu Übergangs- und Erwerbsverläufen (bspw. DJI-Übergangspanel, BIBB-Übergangsstudie), deren Ergebnisse (in

Form von Übergangsquoten) für die Weiterentwicklung des Schul-, Berufsausbildungs- und Übergangssystems bedeutsam sind, und andererseits kompetenzbilanzierende Forschungen zur Evaluation von Maßnahmen und der Bewertung des Erfolgs und der Effektivität schulischer und vorberuflicher Bildung.

In der Jugendforschung richtet sich das Interesse aber gerade auf die Subjektperspektive und „die Realitäten von Jugend(lichen)" (Pfaff 2011). Die Realitäten bzw. Bedingungen von Jugend als Lebensphase sind heute gekennzeichnet durch umfassende gesellschaftliche Transformationsprozesse. Modernisierungs-, Enttraditionalisierungs- und Individualisierungsprozesse ermöglichen den Heranwachsenden zwar „eine lange Zeit des Moratoriums" (vgl. ebd., 106f.) und der vielfältigen Selbstinszenierung, verlangen ihnen gleichzeitig aber auch das Sich-Zurechtfinden in einer Vielfalt aus Lebenslagen, Lebensformen und alltäglichen Lebensstilen in Familie, Schule, Arbeitswelt, Gleichaltrigengruppe und Freizeit ab (vgl. ebd., 278). Für die Verortung und die Lebensbewältigung in diesem sozialen Gefüge sollen die Jugendlichen weitestgehend selbst verantwortlich sein und werden damit zu Akteuren/-innen bzw. produktiven Gestalter/-innen ihrer Lebenskarrieren (vgl. Ferchhoff 2007, 106f.). Damit wachsen aber nicht nur die Möglichkeiten der Selbstentfaltung, sondern gleichsam die Risiken des persönlichen und gesellschaftlichen Scheiterns „an den neuen Freiheiten" (Quenzel/Hurrelmann 2010, 17).

Der Übergang Schule-Beruf steht nicht nur im Kontext des Übergangs in eine neue institutionelle Phase (vgl. Pätzold 2008, 607), sondern auch im Kontext des Übergangs in eine neue Lebensphase – dem Erwachsenenalter – mit einer eigenständigen und selbstverantwortlichen Lebensführung (vgl. ebd., 595). Dieser Übergang ist ein umfassendes biographisches Projekt, das die Bewältigung zahlreicher weiterer Entwicklungsaufgaben bzw. gesellschaftlicher Anforderungen bezüglich Körperlichkeit, Geschlechtlichkeit, Emotionalität und Werteentwicklung einschließt. Es sind nicht nur (Aus-)Bildungs-entscheidungen zu treffen, sondern identitätsstiftende Lebensentwürfe zu erstellen, die alle Teilaspekte integrieren und die Antworten auf die Fragen „wer bin ich?", „was will ich?" und „wie will ich sein?" darstellen. Schulisches Versagen und (berufsbiographische) Fehlentscheidung bedeuten dementsprechend nicht nur die fast unvermeidliche Einmündung in Exklusionskarrieren, sondern auch identitätsbedrohliche Selbstwert- und Sinnverluste.

Dementsprechend werden Übergänge, so die subjektorientierte Übergangsforschung[1], „zunehmend zu zentralen Nahtstellen biographischen Gelingens

1 Das sozialpädagogische Erkenntnisinteresse der subjektorientierten Übergangsforschung „orientiert sich weniger an einer auf die Jugendberufshilfe bezogenen handlungsfeldbezogenen Praxisforschung als vielmehr am Unterstützungsbedarf junger Frauen und Männer im Kontext der Gestaltung biographischer Übergänge. Die Blickrichtung zielt deshalb weniger auf die

oder Scheiterns" (Walther/Stauber 2007, 39). Am Übergang Schule-Beruf müssen die Jugendlichen weitreichende Berufswahl- und Zukunftsentscheidungen treffen, ohne dass ihnen tradierte Lebensentwürfe vom Normallebenslauf als Anhaltspunkte zur Verfügung stehen (vgl. Pätzold 2008, 594f.). Damit verlieren auch Erwachsene als generationale Andere ihre Modell, Orientierung und Sicherheit gebende Funktion (vgl. Helsper 2012).

Die Heranwachsenden sehen sich mit dem nahenden Ende ihrer Schulzeit einem Ausbildungsstellen- und Arbeitsmarkt gegenüber, der gekennzeichnet ist von „Entgrenzungstendenzen" (Kreher 2007, 58) wie etwa der „Erosion des Normalarbeitsverhältnisses und [...] [der] Segmentierung der Ausbildungs- und Beschäftigungsmärkte" (ebd., 12 – d. Verf.) sowie der „zunehmenden Ausdifferenzierung des Ausbildungssystems" (Lex/Geier 2010, 166).

Die Lage benachteiligter Jugendlicher am Übergang Schule-Beruf ist nochmals um ein Vielfaches riskanter. Häufig schränken ihre persönlichen wie sozialen Kompetenzen, vor allem aber ihre sozialen Ressourcen ihre schulischen und beruflichen Qualifikations- und Bildungsmöglichkeiten ein. Ihnen fehlt es insbesondere an verlässlichen Personen der älteren Generation, die einerseits der lebensweltlichen Orientierung dienen und andererseits die Berufs- und Zukunftsentscheidungsprozesse aktiv(ierend) begleiten. Benachteiligte Jugendliche sind – wie bspw. Ehmke und Jude (2010, 248) in PISA 2009 nachweisen – besonders von Ausgrenzungsrisiken betroffen. Ihnen wird aufgrund ihres Kompetenzdefizits das Misslingen des Übergangs von der Schule in den Beruf und damit die Integration in die Wissensgesellschaft prognostiziert (Zimmer/Burba/Rost 2004, 216), da eine „erfolgreiche Platzierung auf dem Arbeitsmarkt als Grundvoraussetzung für eine gelingende gesellschaftliche Integration" betrachtet wird (Reißig/Gaupp/Lex 2008, 58). Damit sind sie, so das „Bildungsparadoxon" (Helsper 2008a, 138), gezwungen „immer umfassender in schulische Bildungszeit [zu] investieren" (ebd. – d. Verf.; vgl. auch Ferchhoff 2007, 296). Von ihnen wird sogar dann noch besonders hohe Motivation erwartet, an ihren Bildungskarrieren zu arbeiten, wenn sie bereits „zahlreiche Misserfolgserlebnisse hinter sich haben" (Quenzel/Hurrelmann 2010, 19). Die Schullaufbahnen dieser förderungsbedürftigen bzw. benachteiligten Jugendlichen – in den PISA-Studien als Risikoschüler charakterisiert – sind gekennzeichnet von Zurückstellungen, Klassenwiederholungen und Abstiegen in Folge von Verhal-

---

Handlungsformen und -wirkungen der sozialpädagogisch professionalisierten Institutionen, als auf die sozialen Orte, an denen sich die Subjekte die für die Bewältigung und Gestaltung ihrer Übergänge notwendigen Ressourcen und Kompetenzen genuin aneignen können" (Stauber/Walther 2004, 63).

tensauffälligkeiten, Lernbeeinträchtigungen oder anderen biographischen Misserfolgs- oder Brucherfahrungen.

2. Fördermaßnahmen für benachteiligte Jugendliche an der Ersten Schwelle – ein Forschungsdesiderat der Jugendforschung

Benachteiligtenförderung ist nicht erst unlängst – bereits 1998 wurde die Bezeichnung in das SGB III aufgenommen, nachdem 1980 vom damaligen Bundesministerium für Bildung und Wissenschaft ein Benachteiligtenprogramm ausgerufen wurde (vgl. BMBF 2005, 7) – zu einer Leitthematik schulischer und (vor-)beruflicher Bildung von benachteiligten Jugendlichen avanciert, der sich auch das Übergangssystem verschrieben hat. Das Übergangssystem hat sich neben dem Dualen Ausbildungssystem und dem Schulberufssystem als ein zentrales Instrument erwiesen, um all jene Jugendlichen – ca. ein Drittel eines Abschlussjahrgangs (Autorengruppe Bildungsberichterstattung 2010, 9) – im Anschluss an ihre Pflichtschulzeit aufzunehmen, denen der Zugang zum Ausbildungsmarkt verschlossen blieb. Neben Angeboten der Berufsvorbereitung zwischen Schule und Berufsausbildung existieren unter dem Etikett der Benachteiligtenförderung des weiteren Förderangebote in der Pflichtschulzeit (bspw. zur Prävention von Schulmüdigkeit oder Praxisklassen für Abschlussgefährdete) und besondere Angebote der Berufsausbildung wie z.B. ausbildungsbegleitende Hilfen (vgl. Braun/Richter/Marquardt 2007, 6). Die beiden erstgenannten Maßnahmen dienen der Unterstützung der Jugendlichen zur Bewältigung der Ersten Schwelle, dem Übergang von der allgemein bildenden Schule in die Ausbildung (siehe bspw. Jungmann 2004, 182), auf welchen wir im Folgenden den Fokus legen. Die berufsvorbereitenden Bildungsangebote des Übergangssystems zwischen Schule und Berufsausbildung lassen sich in folgende Bereiche unterteilen (Braun/Richter/Marquardt 2007; Christe 2008, 361):

- Berufsvorbereitung in der Trägerschaft beruflicher Schulen: Berufsvorbereitungsjahr (BVJ), Berufsgrundbildungsjahr (BGJ) und Berufsfachschule in teilweise berufsvorbereitender Funktion,
- berufsvorbereitende Bildungsmaßnahmen (BvB) der Bundesagentur für Arbeit in Durchführung außerschulischer Bildungsträger,
- Einstiegsqualifizierung (EQJ) nach dem Nationalen Pakt für Ausbildung und Fachkräftenachwuchs und
- vielfältige projekt- und programmfinanzierte berufsintegrationsfördernde Maßnahmen.

Gering qualifizierte Jugendliche – so der Terminus, den auch die Autorengruppe Bildungsberichterstattung verwendet – sind die Klientel dieser Maßnahmen des Übergangssystems, welche nicht zu einem anerkannten Ausbildungsabschluss führen, „sondern lediglich eine berufliche Vorbereitung, Grundbildung oder Teilqualifizierung vermitteln“ (Christe 2008, 361). Im Vordergrund steht „das Nachholen eines allgemein bildenden Schulabschlusses“ (Konsortium Bildungsberichterstattung 2006, 79), so dass Zeiten und erworbenes (Fach-)Wissen nur selten auf eine zukünftige Ausbildung angerechnet werden können. Die Aufnahme einer Ausbildung im Anschluss an die Maßnahme besitzt ebenfalls Priorität, so dass bei der Förderung großer Wert „auf eine Verbesserung der individuellen Kompetenzen“ (ebd.) gelegt wird, da den Jugendlichen i.d.R. auch eine fehlende Ausbildungsreife attestiert wird.

Praxisklassenkonzepte zählen formal nicht zum Übergangssystem, sondern zu den Förderangeboten in der Pflichtschulzeit. Diese meist schul- und sozialpädagogische Konzepte kombinierenden Ansätze werden seit den 1990er-Jahren verstärkt auf Länderebene, aber auch auf Bundesebene (bspw. die Berufseinstiegsbegleitung) in das allgemein bildende Schulwesen implementiert (vgl. Thielen 2011, 8). Sie besitzen eher präventiven Charakter und verfolgen das Konzept, mittels individueller (Kompetenz-)Förderung, neuer Curricula (Fächerverbünde), kleinerer Lerngruppen und z.T. sozialpädagogischer Begleitung abschlussgefährdete und schulmüde Jugendliche vor dem Scheitern am Schulabschluss zu bewahren und diese durch die Hinzunahme betrieblicher Lernorte, in denen Langzeitpraktika absolviert werden, beruflich zu sozialisieren. Die Abschlussorientierung und die Vermittlung in Ausbildung werden dabei zentral gesetzt.

Für beide pädagogischen Förderbereiche ist eine noch erhebliche Forschungslücke zu verzeichnen, so dass bislang unbeantwortet ist, ob diese ihrem pädagogischen Anspruch gerecht werden: Die Autorengruppe Bildungsberichterstattung (2010, 98) beklagt, dass über die „genauen Wirkungen“ des Übergangssystems wenig Transparenz besteht. Ebenso halten Lex/Geier (2010, 165) fest, dass „Maßnahmen, die unter dem Begriff des Übergangssystems gefasst werden, trotz der ihnen zugeschriebenen Größenordnung, bisher wenig erforscht worden“ sind. Ähnlich verhält es sich mit der Untersuchung der spezifisch für die allgemein bildende Schule entwickelten berufsorientierenden Konzepte, die „bislang nur begrenzt und zumeist in Form von einzelnen Evaluationsstudien“ (Thielen 2011, 9) vorliegen.

Aus dem DJI-Übergangspanel ist bekannt, „dass das Übergangssystem vor allem dann Chancen ermöglicht, wenn es gelingt, die formalen Bildungsvoraussetzungen der Jugendlichen zu heben“ (Lex/Geier 2010, 170). Bei dieser Fokussierung auf Bildungstitel und formale Qualifikationen, wovon auch die Maßnahmenkonzeptionen zeugen, bleibt außer Acht, welchem komplexen Gefüge von Anforderungen und Entscheidungen der Übergang Schule-Beruf als biographisches Projekt entspricht. Die in diesem Zusammenhang zu stellende Frage nach subjektiv-biographischen Zusammenhängen (Familien- und Peererfahrungen) und (schul-)biographischen Vorerfahrungen, die die Bewältigung des Übergangs Schule-Beruf beeinflussen, wird in derartigen Untersuchungen nicht gestellt. Dabei liefert gerade erst der ganzheitliche Fokus auf den schulbiographischen Rahmen, die familialen Erfahrungen und die peer-bezogenen Kontexte, die Möglichkeit, Fragen nach der biographischen Relevanz pädagogischer Fördermaßnahmen und darüber hinaus deren Nachhaltigkeit zu beantworten (vgl. Ecarius/Berg/Hößl 2011; Ecarius 2011). Die Ergebnisse des hier zugrundeliegenden DFG-Forschungsprojektes zeigen auf, dass die individuellen Biographien sehr unterschiedliche Anknüpfungspunkte für die jeweilige Maßnahme und deren konzeptionelle Bestandteile bieten. Dementsprechend ist die biographische Einbettung und Relevanz der Maßnahme von Fall zu Fall unterschiedlich. Der Erwerb eines Bildungszertifikates ist hier mitunter nur ein, wenn auch ein wichtiger, Aspekt neben inter- und intrapersonalen biographischen Lernprozessen. Deren Resultate werden zwar in den Konzeptionen der Maßnahmen mit Basiskompetenzen oder Schlüsselqualifikationen benannt, aber die Untersuchung ihrer Entwicklung erfolgt meist nicht unter subjektspezifischer Perspektive.

3. Das Forschungsprojekt „Sozial benachteiligte Jugendliche in pädagogischen Fördermaßnahmen am Übergang Schule-Beruf“

Im Folgenden werden Teilergebnisse eines von der Deutschen Forschungsgemeinschaft geförderten Forschungsprojektes vorgestellt. Es untersucht aus schülerbiographischer Perspektive die Verflechtung schulbiographischer Vorerfahrung mit dem individuellen Maßnahmenerfolg am Beispiel zweier im Bundesland Hessen installierter (schul-)pädagogischer Fördermaßnahmen. Dies sind einerseits das Praxisklassenkonzept „SchuB – Lernen und Arbeiten in Schule und Betrieb“ und andererseits das zum Übergangssystem zählende „FAuB – Fit für Ausbildung und Beruf“, deren konzeptionelle Charakteristika (siehe Abb. 1) weitgehend den oben erläuterten und für diesen pädagogischen Bereich üblichen Spezifika entsprechen.

Abbildung 1: Gegenüberstellung von SchuB und FAuB (vgl. HKM 2005, HSM 2008)

SchuB *Lernen und Arbeiten in Schule und Betrieb*	**FAuB** *Fit für Ausbildung und Beruf*
▪ Innerschulisch: Angebot der Regelschule (hauptsächlich an Hauptschulen) ▪ zweijährig (8./9. Klasse) ▪ Curriculum: allgemein und berufsbildender Unterricht (in Fächerverbünden) ▪ Langzeitpraktika (i.d.R. vier) ▪ Lernortkooperation: 3 Tage Schule – 2 Tage Betrieb ▪ Sozialpädagogische Unterstützung durch eine halbe Fachkraft pro Klasse	▪ Nachschulisch: Angebot vor allem von freien Bildungsträgern und Berufsschulen ▪ einjährig (10. Pflichtschuljahr) ▪ Curriculum: allgemein und berufsbildende Unterrichtsanteile ▪ Langzeitpraktika (eins und mehr) ▪ Lernortkooperation: 2 Tage Schule – 3 Tage Betrieb ▪ Sozialpädagogische Unterstützung durch Projektkoordinator/-in

Forschungsperspektive

Anders als in bisherigen Untersuchungen am Übergang Schule-Beruf, welche auf die Bewertung des Maßnahmenerfolgs abzielen, folgt das Forschungsprojekt explizit der Subjektperspektive, um den je individuellen (Miss-)Erfolg der Maßnahmen SchuB und FAuB im Kontext der Biographien der jugendlichen Teilnehmer/-innen einschätzen zu können. Als Forschungszugang wurde der Ansatz der erziehungswissenschaftlichen Biographieforschung gewählt. Der Forschungsgegenstand sind die Biographien und damit die subjektiven Lern- und Bildungsprozesse, die sich aus den Erfahrungen mit sich, Anderen und der Welt – an der „Schnittstelle von Subjektivität und gesellschaftlicher Objektivität" (Krüger/Marotzki 2006, 8) – entwickeln. Über den lebensgeschichtlichen Zusammenhang können damit die Kontextabhängigkeit, Komplexität und Prozesshaftigkeit von Lernen und Bildung eingefangen werden. Das biographische Subjekt steht also im Mittelpunkt unserer Untersuchung. Damit schließen wir zugleich an die Schüler/-innenbiographieforschung (Helsper/Bertram 2006) an, um uns den Lebenswelten und den darin eingeflochtenen spezifischen Problemkonstellationen zuwenden zu können (vgl. Berg/Hößl 2011, 117). Es wird davon ausgegangen, dass sich die „schulische Situation Jugendlicher […] nur im Zusammenspiel zwischen Herkunftsfamilie, Schule und Peers in Bezug auf die Verläufe und Transformationsprozesse der Jugendbiografie umfassend verstehen" (Helsper 2008a, 152) lässt, was auf den gesamtbiographischen Kontext verweist. Demnach lassen sich Sinn und Bedeutung der Schule und auch der (in die jugendlichen Bildungsbiographien eingebetteten) Fördermaßnahmen nur im Zusammenwirken aller jugendlichen Lebensbereiche verstehen und rekonstruieren (vgl. Helsper 2008a, 151; 2008b, 927). So kann die biographische Relevanz von Schule, SchuB und FAuB – auch hinsichtlich der Nachhaltigkeit der Förderung – untersucht werden. Im Forschungsprojekt interessiert, was die jugendlichen Maßnahmenteilnehmer/-innen bewegt, was sie beeinflusst und welche Hintergründe sie an ihre lebensgeschichtlichen (Bildungs-)Orte geführt haben.

Forschungsmethoden

Das narrative Interview nach Schütze (1983) und ein umfassendes an einer biographisch-narrativen Gesprächsführung (Rosenthal et al. 2006) orientiertes Leitfadeninterview, welche etwa zwei Jahre nach Beendigung der Maßnahme mit den Jugendlichen geführt wurden, ermöglichen den empirischen Zugang zu den in den biographischen Erfahrungen der Jugendlichen immanenten Lern- und Bildungsprozessen. Die zum größten Teil sehr umfangreichen Interviews wurden mit der Dokumentarischen Methode (Bohnsack 1997; Bohnsack/Nentwig-Gesemann/Nohl 2007; Nohl 2008) ausgewertet.

Zur Auswertung konnten ebenfalls die geführten Leitfadeninterviews mit einem Teil der Eltern hinzugezogen werden. Diese Triangulation dient „der Erweiterung der Erkenntnis über den untersuchten Gegenstand" (Flick 2007, 318) und den Einzelfall – sie stellt in diesem Sinne eine Verknüpfung der Perspektiven dar. Die themenzentrierten Leitfadeninterviews mit den Elternteilen enthielten gleiche, aber auch über die Leitfadeninterviews mit den Jugendlichen hinaus gehende Themenkomplexe.

Zur Stichprobe: Insgesamt konnten 52 Jugendliche – 2/3 männlich und 1/3 weiblich – interviewt werden. Das Durchschnittsalter beträgt knapp 19 Jahre – die ehemaligen SchuB-Jugendlichen sind jedoch im Durchschnitt ca. ein halbes Jahr jünger als die ehemaligen FAuB-Teilnehmer/-innen. Von den 29 interviewten ehemaligen SchuB-Jugendlichen sind 27 in Deutschland geboren. Neun von ihnen haben mindestens einen im Ausland geborenen Elternteil. Bei den FAuB-Jugendlichen ist, was den Migrationshintergrund betrifft, eine etwas höhere Quote zu verzeichnen: 17 der 23 befragten ehemaligen FAuB-Teilnehmer/-innen sind in Deutschland geboren. Von neun Jugendlichen ist mindestens ein Elternteil im Ausland geboren. Elterninterviews, die überwiegend mit Müttern geführt wurden, kamen im Bereich FAuB acht und bezüglich SchuB neun zustande.

4. Typologie der Biographien ehemaliger SchuB-Schüler/-innen und FAuB-Teilnehmer/-innen

Die im Forschungsprojekt auf Basis umfassender biographischer Fall-Portraits mittels des kontrastiven Vergleichs ausgearbeitete Typologie bildet einen kleinen gesellschaftlichen Realitätsausschnitt – die Lebensgeschichten von Jugendlichen im Kontext des sozialen Phänomens SchuB und FAuB – ab. Jeder der vier Typen ist gekennzeichnet durch je spezifische biographisch relevante Thematiken und lebensgeschichtliche Verläufe, welche im Zusammenhang mit der biographischen Relevanz der Maßnahme gelesen werden können. D.h. die (schul-)biographischen Hintergründe liefern zentrale Anhaltspunkte dafür, mit welchen persönlichen sowie sozialen Voraussetzungen und biographischen Vorerfahrungen in den Sozialisationsinstanzen Schule, Familie und Peers die Jugendlichen in die Maßnahme hineinkommen und inwiefern die Förderung in SchuB und FAuB daran anknüpfen kann.[2]

Typus elementarer biographischer Brüche (A)

Die Biographien der Jugendlichen dieses Typs sind gekennzeichnet durch massive Brüche mit schwerwiegenden Folgen. Der Tod zentraler Bezugspersonen oder die Trennung bzw. Scheidung der Eltern werden von den Jugendlichen als schlagartig über sie hereinbrechende Situationen erlebt und fortan als dauerhaft belastende Verletzungen empfunden. Diesen elementar verunsicherten Jugendlichen fehlt es an emotionalem Rückhalt, Selbstbewusstsein und einem positiven Selbstwertgefühl sowie den Alltag ordnenden und Sicherheit gebenden Strukturen, so dass ihnen die momentane Alltags- und Lebensbewältigung nur schwerlich gelingt. Schulisches Lernen und berufliche Bildung sind nur – ebenfalls problembehaftete – biographische Randthematiken.

Die Maßnahme kann diesen Jugendlichen des Typus (A) im besten Fall kurzfristigen und ihre Lebenslage stabilisierenden Halt geben. Die psychischen Problematiken stehen weiterführenden Lernprozessen, die über den Erwerb von

2 Die Ergebnisse der Typologie sind insofern auf andere berufsvorbereitende Maßnahmen übertragbar als deren konzeptionelle Bestandteile und Zielgruppen denen – und das ist eher Regel als Ausnahme – von SchuB und FAuB entsprechen. Der Blick für den Einzelfall geht jedoch, trotz des Abstraktionsgrades, nicht verloren.

grundlegenden Handlungskompetenzen hinausgehen, im Weg. Jedoch können vor allem die sozialpädagogische Begleitung und die individuelle Förderung in den Maßnahmen kurzzeitig motivationale Antriebe bewirken, im Zuge derer der Erwerb des Schulabschlusses möglich wird.

Typus latenter biographischer Beeinträchtigungen (B)

In den Biographien der Jugendlichen des Typus (B) sind Dynamiken zu finden, die strukturelle Ähnlichkeiten zu den Brüchen in den Lebensgeschichten des Typus (A) besitzen. Sie unterscheiden sich von diesen jedoch darin, dass die Problematiken als biographische Begleiter im Leben der Jugendlichen stets präsent sind und in ihrer Intensität nicht derart massiv wirken wie beim Typus (A). Es gibt keine plötzlichen Auslöser, sondern permanent vorhandene Beeinträchtigungen, die zeitweise und kontextabhängig zum Tragen kommen. Die Intensität der individuell erfahrenen Beeinträchtigungen ist entsprechend sehr heterogen. Hier können Aspekte aller Differenzkategorien benachteiligend und/ oder gefährdend wirken und sich dabei gegenseitig verstärken. Exemplarisch lassen sich hier als wirkmächtige Faktoren Migration (u.a. Diskriminierungen oder auch sprachliche Schwierigkeiten), Geschlecht- und Körperlichkeit, Lernbeeinträchtigungen, Erkrankungen oder häufige Operationen benennen. Es finden sich zahlreiche Formen der Ausgrenzung und von Anerkennungsentzügen, die die Jugendlichen in ihrem Werden beeinträchtigen, indem sie den Aufbau eines positiven Selbstwertgefühls, von Selbstbewusstsein und biographischen Handlungskompetenzen erschweren.

Ähnlich wie bei den Jugendlichen des Typus (A) können die Maßnahmen bestenfalls stabilisierend wirken. Dabei ist die Stärkung von Selbstkompetenzen von besonderer Relevanz. In den Maßnahmen gelingt es durch die konzeptionellen Spezifika häufig, Anerkennungsentzüge zu minimieren und eine positive Beziehung der Jugendlichen zu sich selbst zu ermöglichen. Auf diesem Wege lernen die Jugendlichen, mit den latent wirkendenden Beeinträchtigungen umzugehen und diese mit ihren (meist vorhandenen) schulischen und beruflichen Orientierungen zu vereinbaren.

Typus phasenweiser biographischer Gefährdungen (C)

Dieser Typus, dem sich der Beitrag im nächsten Kapitel ausführlich unter Darstellung einer Schülerbiographie widmet, weist zwei unterschiedliche Ausprägungen auf.

Die Biographien der Jugendlichen beider Subtypen lassen Dynamiken erkennen, die sich, im Unterschied zu den Problematiken der Typen (A) und (B), nur zeit- bzw. phasenweise entfalten und zu dieser Zeit zu prekären Lebens- und Schulsituationen führen. Die Auslöser sind vor allem im institutionellen Kontext verankert, treten oftmals schon in der frühen institutionellen Laufbahn auf und besitzen teilweise Verlaufskurvenpotential und sind vielfach auf der intersubjektiven Ebene zu finden. Die Jugendlichen belastende Beziehungen zu Lehrer/-innen (bspw. Etikettierungsprozesse) oder Mitschüler/-innen (bspw. Mobbing, aber auch eine starke Orientierung an Peergroups) wirken sich dann negativ auf das Lernverhalten aus, das in manchen Fällen noch zusätzlich durch eine Lernbeeinträchtigung belastet ist. In diesen Gefährdungsphasen unspezifischer Dauer laufen die Jugendlichen Gefahr, sich aufgrund sich manifestierender Verhaltensauffälligkeiten immer weiter vom schulisch geforderten Habitus zu entfernen, weil sie sich Problematiken ausgesetzt sehen, die sie trotz (meist vorhandener) familiärer sozialer Ressourcen nicht bearbeiten oder gar lösen können. Ihre Abschlussgefährdung führt sie schließlich in den pädagogischen Förderbereich.

Zunächst sieht es so aus, als können alle Jugendlichen dieses Typus gleichsam von den Maßnahmen profitieren, da sie dort sowohl auf der Seite der Pädagogen/-innen als auch der Mitschüler/-innen auf Anerkennung stoßen und sich aufgrund der intensiven (Lern-)Begleitung und der praktischen Tätigkeiten wieder in schulfachliche Lernprozesse integrieren. Die Phase der Gefährdung bzw. die Krise kann damit – anders als bei Typ (A) oder (B) – überwunden werden. Allerdings nutzt ein Teil der Jugendlichen die Entwicklungen nachhaltig wirkungsvoller als der andere. Deshalb kennzeichnen wir einen der Subtypen als *stabil* bleibend oder *nachhaltig* wirkend und den anderen mit *instabil* oder *rückfällig* werdend.

(C – instabil/rückfällig): Bei einem Teil der Jugendlichen – meist FAuB-Teilnehmer/-innen – können sich in der Maßnahme zwar Lern- und Bildungserfolge (bspw. der Schulabschluss) einstellen, sie scheitern dann aber an der Planung und Umsetzung langfristiger (berufs-)biographischer Ziele. Die in der Maßnahme angestoßenen Entwicklungen werden nach der Maßnahme wieder von Verhaltensweisen, Einstellungen und Orientierungen überlagert, die sich in den Gefährdungsphasen manifestierten. Die Jugendlichen werden sozusagen rückfällig.

(C – nachhaltig/stabil): Bei dem anderen Teil, zu dem überwiegend ehemalige SchuB-Schüler/-innen zählen, zeichnet sich langfristig eine deutlich positivere Entwicklung ab. Ihnen gelingt es durch die Maßnahme eine Motivation zu entwickeln, die es ihnen ermöglicht, an sich selbst und für ihre persönliche wie schulisch-berufliche Zukunft zu arbeiten. Sie legen frühere Verhaltensauffälligkeiten ab. Anders als Jugendliche des *Typus elementarer biographischer Brüche* verfügen diese Jugendlichen bereits über Kompetenzen der Alltags- und Lebensbewältigung, aber auch soziale Ressourcen, weshalb sie sich nun ihrer Zukunftsplanung widmen können und sich z.T. – aufgrund ihrer Entwicklungen in der Maßnahme – sogar Zugänge zu höherer Bildung erarbeiten. Ihre Verhaltens- und Einstellungsänderungen führen zu einer positiveren Sicht auf sich selbst, die Welt und andere Dinge. Diese jungen Erwachsenen sind davon überzeugt, ihre angestrebten neuen (beruflichen) Ziele realisieren zu können und wissen, was sie dafür aufbieten müssen. Aus den schulbiographischen Erzählungen dieser Jugendlichen, die ihre Gefährdungsphase(n) überwinden konnten, lässt sich rekonstruieren, dass sie die konzeptionellen Bedingungen im völligen Kontrast zu ihren vorherigen schulischen Erfahrungen wahrnehmen. In der Maßnahme können diese sich langfristig entwickelnden Jugendlichen die (sie in ihrem Selbstwertempfinden gefährdenden) negativen Schulerfahrungen nicht nur kompensieren, sondern ins Gegenteil umkehren und daraus langfristig kulturelles Kapital schlagen.

In diesen Fällen besitzt die Maßnahme besondere biographische Relevanz, die die Jugendlichen selbst wie in den folgenden Zitaten verbalisieren: *„ich hab mich äh innerhalb diesen zwei äh SchuB-Jahren (atmet ein) ähm so was von verändert"*, *„da hat ichs dann hat ischs dann eigendlisch begriffen so dass ich auch was machen muss"*, *„ab dem Zeitpunkt hat sich dann halt auch alles geändert"* oder *„und von da an is eigentlich äh alles wieder bergauf gegangn"*.

Um nachzuverfolgen, wie eine von den Jugendlichen absolvierte Maßnahme derartige biographische Relevanz erlangen und in diesem Sinne nachhaltig wirken konnte, wurde zur detaillierten Darstellung die Schülerbiographie von Sven ausgewählt, anhand derer eindrücklich sowohl das besondere Maß der Gefährdungen als auch die Reversionserfahrungen in der Maßnahme nachgezeichnet werden können, welche schließlich den individuellen Erfolg der Maßnahme ausmachen.

Zuvor gilt es jedoch denjenigen Typus zu erläutern, welcher sich gänzlich in Abgrenzung von den Typen (A), (B) und (C) darstellt.

Typus grenzenloser Selbstorientierung und Bedürfnisbefriedigung (D)

Diesen Typus bildet eine kleine Gruppe von Jugendlichen, die aufgrund ihrer biographischen (Lern-)Erfahrungen Lebensmodelle entwickeln, die nicht mit den schulischen und/oder beruflichen Anforderungen vereinbar sind. Vor allem im Zuge familien- und peersozialisatorischer Erfahrungen kommt es zu dieser Abkehr von transitorischen Modellen der Lebensführung und damit der Bewältigung des biographischen Projektes Übergang Schule-Beruf. Sie haben Dispositionen und Verhaltensweisen entwickelt, die auf das Leben symbiotischer Beziehungen und der grenzenlosen Befriedigung ihrer (Anerkennungs-)Bedürfnisse ausgerichtet sind. Damit sind sie gänzlich auf das Erleben der Gegenwart fixiert und beteiligen sich nicht an der Entwicklung realistischer Zukunftsperspektiven, die man ihnen in den und durch die Maßnahmen eröffnen möchte. Sie haben weitestgehend Einstellungen internalisiert, die in der Maßnahme kaum mehr beeinflussbar sind. Die Jugendlichen zeigen sich veränderungsresistent, verfügen aber über Handlungskompetenzen, die sie ausschließlich egozentrisch und auf die Unmittelbarkeit ihres Erlebens bezogen einsetzen.

5. Der Fall Sven – eine Schülerbiographie des *Typus phasenweiser biographischer Gefährdungen*

Der 19-jährige Sven wächst im Kreis seiner Familie auf, welche in einer mittelhessischen Großgemeinde verankert ist. Dort bewohnt er mit seinen Eltern und seinem jüngeren Bruder einen Altbau mit Garten. Das Haus, in dem auch die Großmutter Svens wohnt, ist im Besitz der Familie. Seine Eltern sind beide berufstätig – die Mutter arbeitet halbtags als Haushaltshilfe und der Vater als Vollzeitlagerist. Seinen Schulabschluss erwirbt Sven in der SchuB-Klasse, an die er im Anschluss eine Ausbildung zum Flachglasmechaniker[3] beginnt.

Kindheit

Sven beginnt seine biographische Erzählung im Alter von vier oder fünf Jahren, als er den *Kindergarten* besucht. Es ist sind *„schönen Erinnerungen" (32)*[4] an Freunde, mit denen er in- und außerhalb des Kindergartens *„alles Mögliche [mhm] was Kinder halt so tun" (34f.)* unternimmt. Er zeichnet ein Bild von einer glücklichen Kindheit, die einer Normalität ohne besondere Auffälligkeiten entspricht. Er verbringt seine Zeit meist sehr aktiv im Freien mit seinem festen kleinen Freundeskreis. Mit seinen Freunden/-innen tobt er sich aus und bleibt dabei immer im nahen Umfeld des eigenen oder benachbarten Gartens. Das *familiäre Leben* verläuft dagegen *„ziemlich ruhig" (40)*. Es wird zusammen gegessen, ferngesehen, *„mitn Eltern was gespielt" (45)* oder Sven beschäftigt sich allein mit einem Videospiel. Er wird von den Eltern nicht verwöhnt, aber sie beschäftigen sich mit ihm und ermöglichen ihm zu Hause Ruhepausen. Zu-

3 Zum Zeitpunkt des etwa zweieinhalbstündigen Interviews befindet sich Sven im zweiten Lehrjahr.

4 Die Ziffern in der Klammer beziehen sich auf die Zeilennummern des Interviewtranskripts.

dem ist Svens Oma immer präsent und verwöhnt ihren Enkel. Er findet es *„wunderbar" (2607)*, dass sie immer zur Stelle ist und ihn *„behandelt wie n Prinz" (2605).*

Grundschulzeit

In der *ersten Klasse* ist für Sven die schulische – genauso wie die außerschulische – Welt noch in Ordnung. Zu dieser Zeit beschreibt er sich als netten Jungen, der seiner Lehrerin höflich und zuvorkommend begegnet, und der sich freut, neue Mitschüler/-innen kennen zu lernen sowie mit ihm bereits bekannten Kindern in die Schule zu kommen.

Doch dann offenbart Sven die erste ihn biographisch gefährdende Phase, in der ihm *„schlimme Sachen" (84)* widerfahren, die er *„überwiegend alle verdrängt" (83)* hat: *„von der dritten ne zwoten Klasse bis ungefähr Mitte vierte Klasse war glaub ich die schlimmste Zeit da hatt äh die Lehrerin mich aufm Kicker gehabt und natürlich die ganze Klasse da hatt ich wirklich keine Freunde" (2585 ff.).*

Die schulische Harmonie ist in der *zweiten Klasse* plötzlich vorüber und Sven distanziert sich sowohl von seiner Lehrerin, als auch von seinen Mitschüler/-innen. Deren *„Spinnereien" (122)*, die Sven unmittelbar betreffen und zunehmend ausgrenzen, *werden „immer heftiger" (122).* Sven wird von seinen Grundschulkameraden/-innen gemobbt und kann dies gar nicht verstehen: *„ich weiß es net die ham irgendwas gegen mich gehabt also während der eine von vorne äh mich geärgert hat wo ich mich dann auf ihn konzentriert hab is der andere Kollege von ihm hinten mit den Füß mir in den Rücken gesprungen" (2567ff.).* Sven erinnert sich, dass er *„jeden Tag mit blauen Flecken" (123)* oder *„verwüsteten Schulsachen" (124)* nach Hause kommt. Zu wehren weiß er sich nicht, denn er ist *„viel zu nett viel zu nett und einfach nur viel zu hilfsbereit" (2566f.).* Er fühlt sich von seinen Freunden, von denen er *„ohne Ende" (127) „gehänselt" (ebd.)* wird, ausgenutzt.

In Reaktion auf diese Erfahrungen in und mit der Schule entwickelt Sven *Schulangst: „ich will nich mehr zur Schule ich (.) hab Angst davor ich will net keine Lust" (125).* Die Lehrerin *„hats auch net viel besser gemacht" (128)*, denn sie schenkt Sven kein Gehör und teilt ihm mit, dass seine Probleme sie nicht interessieren: *„kennste de wen wen intressierts" (130f.).*

Sven fühlt sich in der Schule auf sich *„allein gestellt" (131).* Er kann nicht verstehen, was da mit ihm passiert *(2588.: „keine Ahnung warum sies gemacht haben")* und vertraut sich seinen *Eltern* an. Diese erlebt Sven aber auch als ohnmächtig, da sie *„auch nix Großartiges machen" (132)* können, außer ihm den Ratschlag *„wehr dich" (133)* zu erteilen. Seine familiären Beziehungen sind demnach weiterhin stabil und vertrauensvoll. Sven kann mit seinen Eltern reden, sie hören ihm zu und nehmen ihn ernst: *„die ham schon immer wissen wolln was in der Schule losgeht" (2411).*

In dieser schulisch aussichtslosen Situation sieht sich Sven bis zur Mitte der vierten Klasse – dann wird er in die *dritte Klasse „zurück gestuft" (134).* Für Sven ist dies gleichbedeutend mit einer Erlösung. Die *„schlimmste Zeit" (85, 87)* ist nun vorbei: *„da ging alles wieder viel besser da hab ich neue Freunde kennen gelernt die Lehrerin mit der konnt ich mich besser unterhalten" (135f.).* Svens Schullaufbahn nimmt nun eine positive Wende. Er fühlt sich von der neuen Lehrerin und seinen neuen Mitschüler/-innen gleichermaßen anerkannt und verstanden. Von den neuen Freunden wird er endlich – so sagt er – *„so akzeptiert [.] wie ich bin" (93).* Auch die neue Lehrerin ist *„wesentlich netter" (137)* und er kann sich mit ihr *„besser unterhalten" (136).* Dieses psychische Wohlbefinden trägt dazu bei, dass Sven sich auch schulisch enorm weiterentwickelt: *„ich bin auf jeden Fall ein Schritt tierisch nach vorne gelaufen die Noten warn auf einmal grandios" (137f.).*

Im *familiären Bereich* ist nach wie vor alles in Ordnung. Auch die Geburt seines kleinen Bruders – Sven ist etwa zehn oder elf Jahre alt, als *„der Kleine" (2312)* zur Welt kommt – ändert hieran nichts. Außerhalb von Schule und Familie verfolgt Sven vielfältige *Aktivitäten mit Freunden* im Freien: *„irgendwelche Stunts" (60), „verrückte Sachen" (65), „mit m Fahrrad über irgendwelche Hügel" (61)* springen und *„Geheimagentensachen" (66)* spielen. So kommt es im frühen Jugendalter – etwa im elften Lebensjahr – bei Sven zur nach und nach stärker werdenden Peerorientierung, welche seinem schulischen Aufwärtstrend allmählich ein Ende setzt.

Frühe Jugendphase

Der Übergang von der vierten in die *fünfte Klasse* ist mit einem Schulwechsel verbunden, der Svens fünfjährige Grundschulzeit beendet. Die neue Schule bietet ihm zunächst völlig neue Eindrücke, so dass er die fünfte Klasse noch als *„ziemlich interessant" (140)* und *„cool" (141)* empfindet. Allerdings beginnt Sven nun mehr und mehr, sich gegenüber seinen Eltern zu verschließen *(2414f.: „nich mehr gesagt was ich am Tag so mache bei in der Schule"),* so dass diese ihm *„das Schulische aus der Nase ziehn" (2417)* müssen, wenn sie *„ab und zu mal" (2416)* nachfragen.

Nachdem er sich auf der neuen Schule zurechtgefunden hat, beginnt bereits das *sechste Schuljahr,* in dem Sven nun anfängt mit seinen neuen Klassenkameraden/-innen, die er ironisierend als die *„richtigen" (142)* Leute bezeichnet, *„Blödsinn" (143)* zu machen, die Lehrer/-innen zu ärgern und sogar selektiv den Unterricht zu schwänzen. Im Unterricht *„nich aufpassen" (148)*, *„schlafen" (148)* oder *„Lehrer veräppeln" (147f.)* gehört fortan zu seinem schulischen Alltag. Hausaufgaben erledigt er auch nicht mehr, weil es ihm wichtiger ist, *„gleich zu den Freunden" (1420)* zu gehen. So gerät Sven in einen Zyklus, aus dem er nicht mehr herauskommt und der ihn in eine prekäre schulische Lage bringt: *„ich hab mich daran so sehr gewöhnt an den Alltag dass ich äh das jeden Tag durchgezogen hab [mh] un irgendwie ja es war n Kreislauf ähm (.) ich hab die Hausaufgaben net gehabt un wollt se auch net nachmachen [mhm] und das hat dann immer so sehr in die Schlingen gezogen" (1421ff.).*

Auch im außerschulischen Bereich geht Sven neuartige Wege: *„ich hab angefang mit dem Rauchen (.) ähm mitm Alkohol ham wir natürlich auch rumexperimentiert sehr viel getrunken ähm (..) einige von denen ham zu Drogen gegriffen aber da war ich noch so der Meinung nee weg mit dem Zeug [...] ich war dabei (..) wenns irgendwelche Meinungsverschiedenheiten zwischen irgendwelchen Schülern gab dann war ich auch dabei [mhm] eigentlich bei fast jeder Aktivität war ich damit dabei mit den" (163 ff.).* Sven präsentiert sich hier als Mitläufer, der aber nicht zu Allem bereit ist. Er konsumiert bspw. keine Drogen, da er der Meinung ist, dass dies keine *„coole Sache" (168)* ist. Vielmehr beschränkt er sich auf Zigaretten. Auch bei *„Meinungsverschiedenheiten" (171)* hält Sven sich zurück. Er ist zwar immer *„dabei" (172, 173)*, aber nicht der Initiator der Unstimmigkeiten. Es scheint so, als versuche Sven seine Peerorientierung mit den zu Hause internalisierten Norm-/Wert-/Moralvorstellungen zu vereinen, indem er ein an Kompromissen orientiertes Verhalten – bspw. Rauchen, aber keine Drogen nehmen – entwickelt. Immer wieder steht er vor dem Dilemma, sich für eine Seite – den schulischen Habitus oder das in der Peergroup anerkannte Verhalten – entscheiden zu müssen.

Etwa in der *siebten Klasse* entwickeln sich besondere Probleme mit der Englischlehrerin. Von dieser fühlt sich Sven als Hauptschüler nicht mit genügend Respekt behandelt und herabgesetzt: *„hat sie die Meinung gehabt Hauptschüler sind es nicht wert unterrichtet zu werden" (184f.).* Seine Mutter ist ebenfalls entsprechend entsetzt von der Einstellung der Lehrerin, *„die dann sachte äh (.) dass die Hauptschüler ja nichts wert sind" (Mutter/34f.).* Die Lehrerin zeigt keinerlei Interesse an ihren Schüler/-innen und deren bzw. Svens Lernbedürfnissen. Er beklagt, dass diese sich niemals Zeit für außerunterrichtliche zusätzliche Nachhilfe nimmt, um die Schüler/-innen (und ihn selbst) in einem ‚zweiten Anlauf' doch noch zu erreichen: *„sie hat halt keinen Grund gefunden es zweimal zu erklären wenn irgendwas is oder halt äh Nachhilfe zu Unterricht zu geben oder irgendwas (.) das äh wir irgendwie ne zwote Chance* *ham" (188ff.).* Der mangelhafte Einsatz der Englischlehrerin wird aus Svens Sicht noch dadurch übertroffen, dass diese sogar *„die Eltern beleidigt" (192)* bzw. das Elternhaus, indem sie das aus ihrer Sicht ungebührende Schülerverhalten auf eine milieutypische schlechte Erziehung zurückführt. Sven versucht, sich mit seinen Sorgen dem neuen Direktor anzuvertrauen. Aber auch dieser schenkt ihm kein Gehör, so dass er sich als *„Rebelle" (2094)* aufspielt und mit Absicht *„fast gegen jede Regel" (2982)* verstößt. Er will den Direktor provozieren und am liebsten *„mal Klartext" (2097, 2128)* mit ihm reden. Aber seine Bemühungen, sich Gehör zu verschaffen, enden mit Bestrafung.

Diese subversive Phase wird nun dadurch zur biographischen Gefährdung, da sie schließlich zur *Abschlussgefährdung* führt und ihm der Schulleiter die Wiederholung der achten Klassen verweigert. Er möchte Sven aufgrund seines Verhaltens keine zweite Chance geben und ihn, weil er seine neun Pflichtschuljahre *„komplett voll" (200)* hat, ohne Zeugnis *„von der Schule komplett weg" (199)* gehen lassen. Allerdings wird seine Klassenlehrerin aktiv, die ihn prädestiniert für das SchuB-Klassenkonzept hält. Zusammen mit drei weiteren Schüler/-innen aus seiner Hauptschulklasse und seinen Eltern, die großes Interesse an den schulischen Belangen ihres Sohnes zeigen und deshalb stark in den Informations- und Entscheidungsprozess eingebunden sind, informiert sich der 15-Jährige über SchuB. Mit Zustimmung der Eltern *(2431f.: „ham gesagt wunderbar perfekt das is es")* meldet sich Sven für die Klasse an und durchläuft dann das Bewerbungsverfahren mit einem *„Vorstellungsgespräch" (205)* während dessen er seine *„Geschichte erzählt" (206)*. Aufgrund dieser wird er schließlich in die SchuB-Klasse der Gesamtschule aufgenommen. Schon bevor SchuB überhaupt beginnt, erfährt Sven hier Anerkennung seiner Person, seiner schulischen Erfahrungen und Probleme.

SchuB-Zeit: „und von da an is eigentlich äh alles wieder bergauf gegangn" (208f.)

Das unterschiedliche Lernen in der Schule und im Betrieb empfindet er als *„abwechslungsreich ohne Ende" (911)*. *„In der Schule jeden Tag den gleichn Trott" (905)* durchleben zu müssen, empfindet Sven als quälend. SchuB entspricht vielmehr seiner schulfernen Einstellung und Arbeitsorientierung: *„wollt immer arbeitn gehn hab gedacht für was Schule ich will arbeiten" (905f.)*. Aber durch die *„klasse Abwechslung" (910)* entwickelt er – trotz der Aberkennung schulischen Sinns – eine starke Lernmotivation, so dass er sich sogar bei schlechten Noten unzufrieden zeigt. Er nimmt seine eigene schrittweise *„Entwicklung nach oben" (1466)* und wie er sich *„von nem halben Jahr zu halben*

Jahr immer mehr verbessert" (1460) wahr und hakt seine schulische Vergangenheit *(1479f.: „die Saison mit den fünfern und sechsern")* ab.

Auch in den Betrieben zeigt sich Sven nun von seiner besten Seite: arbeitswillig *(664f.: „hab mich immer voll reingehängt in irgendwelche Arbeit egal welche Arbeit voll reingehängt und hab se auch gut ausgeführt")* und strebsam *(662f.: „ich wollt immer ich wollt sowieso lieber arbeiten gehn als in die Schule gehn")*, ordentlich, höflich und nett, er macht *„den Chefs keinen Ärger" (626)* und gibt keine *„Widerworte" (631)*, sondern erkennt dessen hierarchische Position an und fügt sich in den Betrieb ein. Für dieses Verhalten und seine Einstellung erhält er von den SchuB-Pädagoginnen Lob und Anerkennung: *„du [bist] n anständiger Junge" (627 – d. Verf.).*

Sein neues Lern- und Arbeitsengagement verdankt er auch dem emphatischen Pädagoginnen-Team aus Klassenlehrerin und Sozialpädagogin. Er lobt sie dafür, dass sie ihn *„zum Lernen gebracht" (1477)* haben bzw. es geschafft haben, ihm *„das Lernen äh beizubringen" (1476)*. Von den beiden fühlt sich der nun 16-Jährige anerkannt und er spürt deren Interesse an ihm und seinen Klassenkameraden/-innen: *„hat [.] n Gefühl gegeben als ob sich die Lehrer noch für uns interessiern" (259f.)*. Das an einem Strang ziehende *„Gespann" (552)* gewährleistet, dass Sven bei Fragen und Problemen *„sofort geholfn" (539)* wird. Und obwohl die beiden für Sven zum Teil wie Gleichaltrige *(554: „Jugendliche die nur am Lästern sind")* agieren, haben sie die Klasse *„gut im Griff" (539)*, sein Verhalten *„unter Kontrolle" (1474)* und sanktionieren bei Grenzüberschreitungen konsequent. Durch ihre Präsenz und ihre offene Art schaffen es die beiden, die Schüler/-innen auf ihre Fehler oder unangebrachtes Verhalten aufmerksam zu machen, ohne dass diese die Interventionen der Pädagoginnen als persönlich verletzend empfinden und sich verschließen. Kritik wird spaßig und zur Belustigung aller verpackt, so dass Lernprozesse über Selbstreflexion angeregt werden. Die Pädagoginnen wirken auf Sven damit weniger autoritär bestimmend und aufgrund ihrer zudem sehr nahbaren und empathischen Art besonders sympathisch. So kann er sich ihnen auch in Einzelgesprächen anvertrauen, in denen offen über Fehler bzw. Fehlverhalten, Probleme oder aber die Zukunft gesprochen wird. Auch außerunterrichtlicher Extra-Unterricht wird, wenn nötig, von den beiden erteilt. Sie sehen, wenn ihre Schüler/-innen Probleme – auch *„persönliche Sachen" (976)* oder *„Privatprobleme" (982)* – haben, ergreifen dann die Initiative *(976: „hat die Lehrerin uns geschnappt")* und führen ein ausgiebiges, Probleme beleuchtendes und lösendes, konstruktiv-kritisches und auch selbsthinterfragendes Gespräch: *„dann gabs Kompromisse was kann mer besser machen was kann [betont deutlich] ich+ machen damits dir besser geht" (979f.)*. Sie greifen aber nicht nur dann ein, wenn Probleme auftreten, sondern geben auch positive Rückmeldung, bestärken und motivieren die Jugendlichen. Auch bei der Berufsorientierung erfährt Sven motivierende und anerkennende Unterstützung: *„die Lehrer ham auch immer besonders darauf geachtet das zu machen was wir uns wünschen [mhm] was so unser Berufsziel is" (1068 ff.).*

Die beiden Pädagoginnen legen außerdem großen Wert auf gemeinschaftliche Unternehmungen und auf den Austausch in der Klassengemeinschaft. Fast täglich kommt die Klasse in einem *„Stuhlkreis" (247, 249)* zusammen, um Probleme und Erfahrungen *„offen in der ganzen Gruppe" (856)* zu bereden. Diese Offenheit und Ehrlichkeit – über positive wie negative Erfahrungen aller zu sprechen, um voneinander lernen zu können – empfindet Sven positiv, denn er fühlt sich so auch von den Mitschüler/-innen verstanden und anerkannt. Er spürt, dass er genauso wichtig bzw. von Wert ist, wie alle anderen auch. Mit der Klasse gehen sie auch mal Bowlen oder Schlittschuhlaufen – aber nur, wenn die Schüler/-innen den Ausflug gemeinschaftlich planen, organisieren und ihre Selbstständigkeit und -verantwortung unter Beweis stellen. Dabei zeigt sich, dass die Klassenmitglieder an einem Strang ziehen und über Teamfähigkeiten verfügen, die darüber hinaus auch in verschiedenen Gruppenarbeiten eingeübt werden. Untereinander verstehen sich die Schüler/-innen *„ganz gut" (312)*, sie können *„miteinander reden" (313, 318)* und *„Blödsinn miteinander" (318)* machen, so dass Sven sich in diese Klasse integrierter denn je fühlt.

Weg in die (berufliche) Zukunft

Sven legt schließlich ein sehr aktives Bewerbungsverhalten an den Tag, das darauf hinweist, dass er sehr um seine (berufliche) Zukunft bemüht ist und die Orientierung an der Unmittelbarkeit von Erfahrungen in Gleichaltrigen-Arrangements für ihn nicht *mehr* von zentraler Bedeutung sind. Er selbst weiß, in welchen Bereichen er tätig sein möchte und informiert sich diesbezüglich ausgiebig. In der näheren Umgebung wird Sven dahingehend aber nicht fündig, so dass er das Berufsspektrum flexibel ausweitet: *„dann hab ich mir gedacht ok den Wunsch den kannst du nich erfüllen [...] suchst dir jetzt etwas suchst einfach irgendwas (.) und äh ja hab ich die Zeitung durchgewühlt hab mich überall beworben" (1103 ff.).* Um etwas *„in der Nähe" (1125)*, *„was Handwerkliches" (1126)*, das ein *„bisschen Muskelarbeit" (1127)* erfordert, zu finden, entwickelt er eigeninitiativ *(1051ff.: „hab ich mich nich [stockend] auf aufs + Arbeitsamt verlassen sondern eher auf mich und dachte ja schaffst de")* eine Strategie: er vergleicht sich und seine ihm bewussten Fähigkeiten mit schulisch besser Ausgebildeten und betrachtet, was für ihn mit dem Hauptschulabschluss im Bereich des Möglichen liegt; er informiert sich in der Zeitung und sucht die Berufe aus, die in etwa seinen Vorstellungen entsprechen; er glaubt fest an seinen eigenen Erfolg. Die Bewerbung bei einer Glaserei führt schließlich zu einem Bewerbungsgespräch, bei dem Sven sich positiv präsentiert und fragt *„wies aussieht Praktikum damit ich den Betrieb halt mal kennen lerne damit ich mal weiß äh wie der Betrieb hier so funktioniert" (747ff.)*. Aufgrund dieses Vorschlags und des damit signalisierten Interesses beginnt Sven während SchuB dort *„sofort" (749, 750, 751, 753)* ein Praktikum. Nachdem er von einem Arbeiter, mit dem sich Sven *„auf Anhieb gut" (755)* versteht, in die Tätigkeiten des Betriebes eingewiesen wurde, darf er *„alles mal ausprobiern" (760)* und bald *„alleine" (757)* verschiedene Aufgaben übernehmen. Er erweist sich als geschickt, selbstständig und dauerhaft engagiert *(760: „der Chef hat gemerkt ja der kann gut arbeiten")*, so dass er seine Ausbildung zum Flachglasmechaniker *„direkt" (305)* im Anschluss an SchuB beginnen kann.

In der *Ausbildung* schafft es Sven, den im Betrieb und in der Berufsschule an ihn gestellten Anforderungen gerecht zu werden. Er arbeitet im Schichtdienst, hält Überstunden für selbstverständlich und besucht eine Berufsschule mit Blockunterricht. Er versteht sich mit Arbeitskollegen/-innen, Lehrer/-innen genauso wie mit Mitschüler/-innen. In der Berufsschule arbeitet Sven konzentriert, (zeitlich) organisiert, engagiert und selbstständig. Im Betrieb arbeitet er fleißig, sorgfältig und mit Spaß: *„das is eigentlich n [gedehnt] ziemlich + schöner Beruf also mir ham sehr viel Spaß da" (352f.)*. Er kennt die Arbeitsabläufe, die Anforderungen des Berufs und die Erwartungen seines Chefs genau. Die Arbeit erfordert Kraft, Voraussicht, Planung und logisches Denken: Kompetenzen, die ihn ebenso auszeichnen wie Durchhaltevermögen, Team- und Kritikfähigkeit, Pünktlichkeit, Konzentrations- und Lernfähigkeit u.v.m.

So ernst Sven die Ausbildung nimmt, so wichtig ist ihm aber auch die *familiäre Geborgenheit* und Einbettung wie auch seine *Freizeitaktivitäten mit Freunden*. Letztere genießt er sehr, agiert aber auch mit Blick auf seine private und berufliche Zukunft. Demnach ist Sven – auch aufgrund der pädagogischen Einflussnahme der Maßnahme bzw. der dort professionell Tätigen – im Sinne Reinders (2003, 2006) als ein integrierter Jugendlicher zu bezeichnen, der sowohl unter Gleichaltrigen wie Personen der älteren Generation Bezugspersonen hat. Er lebt seinen Alltag mit Freunden wie auch mit seiner Familie. Bei Problemen kann er sich an beide Personengruppen wenden. Generationale Andere, denen Sven vertraut und die er respektiert, sind in Svens Fall nicht nur die Eltern, sondern auch drei Großelternteile und auch Pädagogen/-innen.

6. Zusammenfassung

Der vorliegende Beitrag stellt Ergebnisse des Forschungsprojektes „Sozial benachteiligte Jugendliche in pädagogischen Fördermaßnahmen am Übergang Schule-Beruf" (Kurztitel) auf zwei verschiedenen Ebenen vor. Sowohl anhand der Darstellung der entwickelten Typologie, als auch der Rekonstruktion einer Schülerbiographie wird der Gewinn für Untersuchungen am Übergang Schule-Beruf durch die Einnahme einer subjektorientierten bzw. schülerbiographischen Perspektive deutlich. Unser Zugang der Biographieforschung vermag es im Rahmen der Jugendforschung über die z.T. oberflächlichen und stark deskriptiven Verlaufs- und Evaluationsstudien oder Kompetenzmessungen hinauszugehen und damit ein qualitativ anderes Wissen in die Diskussion um die Förderung benachteiligter Jugendlicher einzubringen. Der Übergang Schule-Beruf wird nämlich nicht als eine von der übrigen Biographie losgelöste und unbeeinflusste Phase betrachtet, sondern im komplexen lebensgeschichtlich gewachsenen Gefüge von Schullaufbahn-, familien- und peersozialisatorischen Erfahrungen. Auf dieser Ebene lassen sich die Verflechtungen und Bedeutungen der einzelnen Sozialisationsinstanzen, biographische Wendungen, Entwicklungen, Einstellungs- und Verhaltensänderungen in Form von Lern- oder auch Bildungsprozessen rekonstruieren. Insofern lässt sich die biographische Einbettung und Relevanz der Maßnahmen erkennen. So ist es möglich, herauszuarbeiten, inwiefern die konzeptionellen Spezifika wirken und woran diese in der Schüler/-innenbiographie anknüpfen konnten. Damit können nicht nur Fragen danach, *ob* die Maßnahmen wirken konnten, sondern auch solche nach dem *warum* und *wie* detailliert beantwortet werden. Damit lassen sich auch Aussagen über die Nachhaltigkeit der Maßnahmen treffen.

Am Beispiel Svens Schülerbiographie – stellvertretend für den langfristig erfolgreichen *Typus phasenweiser biographischer Gefährdungen* – offenbaren sich die biographischen Gefährdungen im institutionellen Kontext in Form von negativen Schulerfahrungen innerhalb von zwei Phasen. In SchuB konnten diese schulischen Erfahrungen dann aber kompensiert und ins Gegenteil gewendet werden. Die Maßnahme konnte in diesem Sinne enormen nachhaltigen Einfluss auf Svens Schülerbiographie und die Bewältigung des Übergangs Schule-Beruf entfalten. So verhinderten die biographischen Lernprozesse während und durch SchuB eine drohende Exklusionskarriere eines gemobbten, schulmüden, abschlussgefährdeten Klassenwiederholers. Die Reversionserfahrungen zeigen sich, wie in anderen Fällen auch, auf den folgenden (inter-)subjektiven Ebenen:

Schüler/-innen - Lehrer/-innen - Beziehung

Die Pädagoginnen zeigten außerordentliches Interesse an Svens schulischen (Lern-)Bedürfnissen, an privaten Problemen und beruflichen Wünschen. Es handelt sich um ein Interesse an seiner Person und um die Anerkennung dieser in einem ganzheitlichen Sinne, was Sven bis dato in der Schule nicht – sehr wohl aber in der Familie – erlebt hat. Die SchuB-Pädagoginnen nahmen ihn und seine Belange – anders als seine Grundschullehrerin oder der Direktor – ernst. Sie kamen ihm entgegen, lobten, motivierten und leiteten ihn an. Aber sie waren nicht bevormundend oder kontrollierend. Die beiden Pädagoginnen waren in der Lage, sich auf Augenhöhe mit ihm zu begeben und so einen besonderen Zugang zu seiner Lebenslage zu erlangen. Sven konnte sich ihnen offen und ehrlich anvertrauen. Beide Pädagoginnen zeigten sich aufgeschlossen, verständnisvoll und entgegenkommend. Auch nahmen sie sich – im Gegensatz zu Svens Englischlehrerin – Zeit für Gespräche oder die außerunterrichtliche Vermittlung von Lernstoff. Trotz dieser Nähe waren sie Respekts- und Autoritätspersonen, die die Schüler/-innen durch Kritik zum Nach- und Umdenken anregten und bei Verstößen auch konsequent sanktionierten. Sie beförderten darüber hinaus Lern- und Sozialkompetenzen bei den Jugendlichen und stellten so insgesamt – für die Bewältigung des Übergangs Schule-Beruf wichtige (siehe 1.) – verlässliche generationale Andere dar, die Sven in seiner Schullaufbahn bis hin zu SchuB – mit Ausnahme seiner Lehrerin, die ihn für SchuB gewinnen konnte – entbehren musste. Dank der „Pflege guter emotionaler Beziehungen" (Fend 2008, 111) von Seiten der Pädagoginnen wurde die SchuB-Klasse für Sven „zu einem Kontext der produktiven Entwicklung schulischer Erfahrungen" (ebd., 69), was sich im Sinne des Transitionsansatzes positiv – so auch bei Sven – auf die Entwicklung einer Zukunftsorientierung auswirkt (vgl. Reinders 2003, 96).

Schüler/-innen - Schüler/-innen - Beziehung

Svens Mitschüler/-innen kamen in Bezug auf seine biographischen Gefährdungen bis hin zu SchuB immer tragende Rollen zu. Entweder haben sie ihm, wie in der Grundschule, Anerkennung entzogen oder aber, wie in der Förderstufe und Hauptschule, solche entgegengebracht, weil sich Sven schulfernen Normen unterworfen hat und gemeinsam mit ihnen gegen Schule, Unterricht (und auch die Eltern) rebellierte. In der frühen Phase entwickelte Sven Schulangst und in der späten Phase Schulunlust. In SchuB aber gab es eine Klassengemeinschaft, in der sich alle untereinander gut verstanden, miteinander respektvoll interagierten und sich auch nicht gemeinsam gegen die Lehrer/-innenschaft verbündeten.

Sven war damit in einen friedvollen Klassenkontext integriert, in dem er sich so sozialkompetent verhalten konnte, wie er es zu Hause gelernt hat, ohne dafür – wie in der Grundschule – zum Opfer seiner Mitschüler/-innen zu werden. Die SchuB-Klasse wird in diesem Sinne zu einem Erfahrungsort „der Befriedigung von Grundbedürfnissen der Zugehörigkeit und Geltung" (Fend 2008, 74). Die Mitschüler/-innen stellen so eine wichtige soziale Ressource dar, auf die Sven zur Bewältigung von schulischen, beruflichen und anderen Entwicklungsaufgaben zurückgreifen kann.

Selbstfindung/Selbstwirksamkeit

Im Fall von Sven ist festzuhalten, dass dieser in starkem Maße von den umfassenden sozialen Ressourcen seines Elternhauses bzw. familialen Kontextes profitieren konnte. Die erfahrene Kohärenz und Kontinuität hinsichtlich des Rückhalts in der Familie und des elterlichen Erziehungsverhaltens (auch bzgl. der Vermittlung von Normen und Werten) war im Hinblick auf die Entwicklung von (Handlungs-)Kompetenzen bei Sven sehr förderlich. Im biographischen Werden Svens war die Entfaltung von Selbstbewusstsein und Lebens- wie (beruflicher) Zukunftsplanung aufgrund der phasenweisen Gefährdungen erschwert. Durch die Erfahrungen in der Fördermaßnahme SchuB konnten jedoch Reversionen herbeigeführt werden. Dies versetzte Sven wieder in der Lage, auf familial bereitgestellte Ressourcen zu rekurrieren und wieder an bereits in biographischen Lernprozessen erworbene Handlungskompetenzen anzuknüpfen. Zentral war hier die anerkennende pädagogische Grundhaltung der Klassenlehrerin und der Sozialpädagogin, die mit Einfühlungsvermögen, aber auch strukturgebend Sven dazu verhalfen, der zuverlässige und engagierte Jugendliche zu sein, als der er sich stets verstanden hat. Außerdem – und das wird auch im Interview mit Svens Mutter deutlich[5] – konnte Sven nun in SchuB durch die Betriebspraktika dem nachgehen, was ihm deutlicher liegt als schulfachliches Lernen – nämlich der praktischen Arbeit. SchuB bot ihm Abwechslung durch den konzeptionellen Wegfall schulfachlicher Zentrierung. Konnte Sven sich früher nur ausprobieren und Anerkennung finden, indem er gegen den schulisch geforderten Habitus verstieß, konnte er sich in SchuB nun in verschiedenen Berufsfeldern erproben, Neues und Interessantes, Abwechslungsreiches und ihn Forderndes erleben, und dies mit einem spezifischen Berufswunsch verknüpfen. Dadurch wurden Lern- und Bildungsprozesse angeregt, durch die er neben seiner Arbeits- auch Zukunftsorientierung, Zielstrebigkeit und Eigeninitiative ent-

5 Svens Mutter sagt im Interview zu ihrer eigenen Lern- und Arbeitseinstellung befragt: *„Schule macht keiner gerne aber es muss halt sein" (Mutter/1200)*.

wickelte: er wusste schließlich zu *„hundert Prozent" (953f.)*, dass er den Hauptschulabschluss erwerben und *„daraufhin [.] lernen" (954)* muss. So sah er auch wieder einen Sinn in der Schule und entwickelte schließlich Lernmotivation.

Literatur

Albert, M./Hurrelmann, K./Quenzel, G. (2010): Jugend 2010: Selbstbehauptung trotz Verunsicherung? In: Shell Deutschland Holding (Hrsg.): Jugend 2010. Eine pragmatische Generation behauptet sich. 16. Shell Jugendstudie. Frankfurt am Main: Fischer Taschenbuch Verlag, 37-51.

Andresen, S. (2005): Einführung in die Jugendforschung. Darmstadt: Wissenschaftliche Buchgesellschaft.

Autorengruppe Bildungsberichterstattung (Hrsg.) (2010): Bildung in Deutschland 2010. Ein indikatorengestützter Bericht mit einer Analyse zu Perspektiven des Bildungswesens im demografischen Wandel. Bielefeld: W. Bertelsmann Verlag.

Berg, A./ Hößl, S. E. (2011): Biografieforschung. In: Thielen, M. (Hrsg.): Pädagogik am Übergang. Arbeitsweltvorbereitung in der allgemeinbildenden Schule. Bad Heilbrunn: Verlag Julius Klinkhardt 115-123.

Bohnsack, R. (1997): Dokumentarische Methode. In: Hitzler, R./Honer, A. (Hrsg.): Sozialwissenschaftliche Hermeneutik. Eine Einführung. Opladen: Leske + Budrich, 191-212.

Bohnsack, R./Nentwig-Gesemann, I./Nohl, A.-M. (Hrsg.) (2007^2): Die dokumentarische Methode und ihre Forschungspraxis. Grundlagen qualitativer Sozialforschung. Wiesbaden: VS Verlag für Sozialwissenschaften.

Braun, F./Richter, U./Marquardt, E. (2007): Unterstützungsangebote in Deutschland für benachteiligte Jugendliche beim Übergang von der Schule in den Beruf. Expertise im Auftrag der Universität Luxemburg. München: Deutsches Jugendinstitut e.V..

Bundesministerium für Bildung und Forschung (Hrsg.) (2005): Berufliche Qualifizierung Jugendlicher mit besonderem Förderbedarf – Benachteiligtenförderung. Bonn/Berlin.

Christe, G. (2008): Übergänge in den Beruf für benachteiligte Jugendliche. In: Coelen, T./Otto, H.-U. (Hrsg.): Grundbegriffe Ganztagsbildung. Das Handbuch. Wiesbaden: VS Verlag für Sozialwissenschaften, 358-366.

Dreher, E./Dreher, M. (1985): Entwicklungsaufgaben im Jugendalter: Bedeutsamkeit und Bewältigungskonzepte. In: Liepmann, D./Stiksrud, A. (Hrsg.): Entwicklungsaufgaben und Bewältigungsprobleme in der Adoleszenz: Sozial- und entwicklungspsychologische Perspektiven. Göttingen: Verlag für Psychologie, 56-70.

Ecarius, J. (2011): Die Bedeutung sozialer Herkunft, Familie und Peers für die Schullaufbahn. In: Henry-Huthmacher, C./Hoffmann, E. (Hrsg.): Aufstieg durch (Aus-)Bildung – der schwierige Weg zum Azubi. Sankt Augustin/Berlin: Konrad-Adenauer-Stiftung e.V., 49-62.

Ecarius, J./Berg, A./Hößl, S. E. (2011): Die biographische Relevanz (schul-)pädagogischer Fördermaßnahmen am Übergang Schule-Beruf. In: *bwp@* Spezial 5 – Hochschultage Berufliche Bildung 2011, Workshop 01. Zugriff unter: http://www.bwpat.de/content/ht2011/ws01/ecarius-et-al/ [30.01.12]

Ecarius, J./Eulenbach, M./Fuchs, T./Walgenbach, K. (2011): Jugend und Sozialisation. Wiesbaden: VS Verlag für Sozialwissenschaften.

Ehmke, T./Jude, N. (2010): Soziale Herkunft und Kompetenzerwerb. In: Klieme, E./Artelt, C./Hartig, J./Jude, N./Köller, O./Prenzel, M./Schneider, W./Stanat, P. (Hrsg.): PISA 2009. Bilanz nach einem Jahrzehnt. Münster/New York/München/Berlin: Waxmann Verlag, 231-254.

Fend, H. (2005³): Entwicklungspsychologie des Jugendalters. Wiesbaden: VS Verlag für Sozialwissenschaften.

Fend, H. (2008²): Neue Theorie der Schule. Einführung in das Verstehen von Bildungssystemen. Wiesbaden: VS Verlag für Sozialwissenschaften.

Ferchhoff, W. (2007): Jugend und Jugendkulturen im 21. Jahrhundert. Lebensformen und Lebensstile. Wiesbaden: VS Verlag für Sozialwissenschaften.

Flick, U. (2007): Triangulation in der qualitativen Forschung. In: Flick, U./von Kardorff, E./Steinke, I. (Hrsg.) (2007⁵): Qualitative Forschung. Ein Handbuch. Reinbek bei Hamburg: Rowohlt Taschenbuch Verlag, 309-318.

Havighurst, R. J. (1948): Developmental Tasks and Education. New York/London: Longmans, Green.

Helsper, W. (2012): Der Strukturwandel des Aufwachsens im Horizont von Modernisierungsantinomien und die Bedeutung der Schule. In: Ecarius, J./Eulenbach, M. (Hrsg.): Jugend und Gesellschaft: Bildung, jugendliche Problematiken und soziale Ungleichheit. Wiesbaden, (im Erscheinen).

Helsper, W./Bertram, M. (2006): Biographieforschung und Schüler/-innenforschung. In: Krüger, H.-H./Marotzki, W. (Hrsg.): Handbuch erziehungswissenschaftliche Biographieforschung. Wiesbaden: VS Verlag für Sozialwissenschaften, 273-294.

Helsper, W. (2008a): Der Bedeutungswandel der Schule für Jugendleben und Jugendbiografie. In: Grunert, C./von Wensierski, H.-J. (Hrsg.): Jugend und Bildung. Modernisierungsprozesse und Strukturwandel von Erziehung und Bildung am Beginn des 21. Jahrhunderts. Opladen & Farmington Hills: Barbara Budrich, 135-163.

Helsper, W. (2008b): Schülerbiographie und Schulkarriere. In: Helsper, W./Böhme, J. (Hrsg.): Handbuch der Schulforschung. Wiesbaden: VS Verlag für Sozialwissenschaften, 927-944.

HKM – Hessisches Kultusministerium (Hrsg.) (2005): Neue SchuBkraft für abschlussgefährdete Schülerinnen und Schüler. Die Fördermaßnahme SchuB („Lernen und Arbeiten in Schule und Betrieb"). Wiesbaden.

HSM – Hessisches Sozialministerium (2008): Staatsanzeiger für das Land Hessen – 7. April 2008, Nr. 15. Zugriff unter: http://www.esf-hessen.de/upload/FG_FAuB_2008_Staatsanzeiger_07.04.2008_1622.pdf [12.05.2011].

Hurrelmann, K. (2007[9]): Eine Einführung in die sozialwissenschaftliche Jugendforschung. Weinheim und München: Juventa.

Jungmann, W. (2004): Der Übergang von der Schule in Ausbildung und Beruf. In: Schuhmacher, E. (Hrsg.): Übergänge in Bildung und Ausbildung. Gesellschaftliche, subjektive und pädagogische Relevanzen. Bad Heilbrunn/Obb.: Verlag Julius Klinkhardt, 171-188.

Konsortium Bildungsberichterstattung (Hrsg.) (2006): Bildung in Deutschland. Ein indikatorengestützter Bericht mit einer Analyse zu Bildung und Migration. Bielefeld: W. Bertelsmann Verlag.

Kreher, T. (2007): „Heutzutage muss man kämpfen" Bewältigungsformen junger Männer angesichts entgrenzter Übergänge in Arbeit. Weinheim und München: Juventa Verlag.

Krüger, H.-H./Grunert, C. (Hrsg.) (2010[2]): Handbuch Kindheits- und Jugendforschung. Wiesbaden: VS Verlag für Sozialwissenschaften.

Krüger, H.-H./Marotzki, W. (2006): Biographieforschung und Erziehungswissenschaft – Einleitende Anmerkungen. In: Krüger, H.-H./Marotzki, W. (Hrsg.): Handbuch erziehungswissenschaftliche Biographie-forschung. Wiesbaden: VS Verlag für Sozialwissenschaften, 7-9.

Lex, T./Geier, B. (2010): Übergangssystem in der beruflichen Bildung: Wahrnehmung einer zweiten Chance oder Risiken des Ausstiegs? In: Bosch, G./Krone, S./Langer, D. (Hrsg.): Das Berufsbildungssystem in Deutschland. Aktuelle Entwicklungen und Standpunkte. Wiesbaden: VS Verlag für Sozialwissenschaften, 165-187.

Nohl, A.-M. (2008[2]): Interview und dokumentarische Methode. Anleitung für die Forschungspraxis. Wiesbaden: VS Verlag für Sozialwissenschaften.

Pätzold, G. (2008): Übergang Schule – Berufsausbildung. In: Helsper, W./Böhme, J. (Hrsg.): Handbuch der Schulforschung. Wiesbaden: VS Verlag für Sozialwissenschaften, 593-610.

Pfaff, N. (2011): Stichwort: Aktuelle Entwicklungen in der Jugendforschung. In: Zeitschrift für Erziehungswissenschaft, 14, 4, 523-550.

Quenzel, G. (2010): Das Konzept der Entwicklungsaufgaben zur Erklärung von Bildungsmisserfolg. In: Quenzel, G./Hurrelmann, K. (Hrsg.): Bildungsverlierer. Neue Ungleichheiten. Wiesbaden: VS Verlag für Sozialwissenschaften, 123-136.

Quenzel, G./Hurrelmann, K. (2010): Bildungsverlierer: Neue soziale Ungleichheiten in der Wissensgesellschaft. In: Quenzel, G./Hurrelmann, K. (Hrsg.): Bildungsverlierer. Neue Ungleichheiten. Wiesbaden: VS Verlag für Sozialwissenschaften, 11-33.

Reißig, B./Gaupp, N./Lex, T. (Hrsg.) (2008): Hauptschüler auf dem Weg von der Schule in die Arbeitswelt. München: DJI Verlag Deutsches Jugendinstitut.

Reinders, H. (2006): Jugendtypen zwischen Bildung und Freizeit. Theoretische Präzisierung und empirische Prüfung einer differentiellen Theorie der Adoleszenz. Münster: Waxmann Verlag.

Reinders, H. (2003): Jugendtypen. Ansätze zu einer differentiellen Theorie der Adoleszenz. Opladen: Leske + Budrich.

Reinders, H./Wild, E. (2003): Adoleszenz als Transition und Moratorium. Plä00doyer für eine Integration gegenwarts- und zukunftsorientierter Konzeptionen von Jugend. In: Reinders, H./Wild, E. (Hrsg.): Jugendzeit – Time Out? Zur Ausgestaltung des Jugendalters als Moratorium. Opladen: Leske + Budrich, 15-36.

Rosenthal, G./Köttig, M./Witte, N./Blezinger, A. (2006): Biographisch-narrative Gespräche mit Jugendlichen. Chancen für das Selbst- und Fremdverstehen. Opladen: Verlag Barbara Budrich.

Schäfers, B./Scherr, A. (2005): Jugendsoziologie. Einführung in Grundlagen und Theorien. Wiesbaden: VS Verlag für Sozialwissenschaften.

Schütze, F. (1983): Biographieforschung und narratives Interview. In: Neue Praxis, 13, 3, 283-293.

Thielen, M. (2011): Pädagogik am Übergang. Einleitende Gedanken zu Übergängen, Übergangsgestaltung und Übergangsforschung. In: Thielen, M. (Hrsg.): Pädagogik am Übergang. Arbeitsweltvorbereitung in der allgemeinbildenden Schule. Bad Heilbrunn: Verlag Julius Klinkhardt, 8-18.

Walther, A./Stauber, B. (2007): Übergänge in Lebenslauf und Biographie. Vergesellschaftung und Modernisierung aus subjektorientierter Perspektive. In: Stauber, B./Pohl, A./Walther, A. (Hrsg.): Subjektorientierte Übergangsforschung. Rekonstruktion und Unterstützung biografischer Übergänge junger Erwachsener. Weinheim und München: Juventa Verlag, 19-40.

Stauber, B./Walther, A. (2004): Übergangsforschung aus soziologischer Perspektive: Entstandardisierung von Übergängen im Lebenslauf junger Erwachsener. In : Schuhmacher, E. (Hrsg.): Übergänge in Bildung und Ausbildung. Gesellschaftliche, subjektive und pädagogische Relevanzen. Bad Heilbrunn/Obb.: Verlag Julius Klinkhardt, 47-67.

Zimmer, K./Burba, D./Rost, J. (2004): Kompetenzen von Jungen und Mädchen. In: PISA-Konsortium Deutschland (Hrsg.): PISA 2003. Der Bildungsstandard der Jugendlichen in Deutschland - Ergebnisse des zweiten internationalen Vergleichs. Münster: Waxmann Verlag, 211-223.

Wat den Een sien Uhl, is den Annern sien Nachtigall – Über die Individualität der Selbstwertentwicklung

One Man's Meat Is Another Man's Poison – On the Individuality of Self-esteem Development

Matthias Reitzle

Zusammenfassung: Dieses Kapitel beinhaltet ein Plädoyer für die Wiederentdeckung des Individuums in der Forschung zum globalen Selbstwertgefühl. Dieses in vielen Bereichen menschlicher Entwicklung zentrale Konstrukt hat viele Facetten, die eine genauere Betrachtung verdienen. Dazu zählen interindividuell unterschiedliche Trajektorien des Selbstwertes, die variierende Bedeutung des Selbstwertes über die individuelle Lebensspanne und über Kohorten sowie die Situationsabhängigkeit und kurzfristige Variabilität des Selbstwertes. Vor diesem Hintergrund wird der Frage nachgegangen, ob das Konzept normativer Selbstwertentwicklung über die Lebensspanne dieser Vielschichtigkeit gerecht wird. An einem empirischen Beispiel zur Selbstwertentwicklung im Jugendalter wird demonstriert, dass die immense intraindividuelle und interindividuelle Variabilität des Selbstwertgefühls normative Aspekte dieses Konstrukts deutlich überschattet.

Schlüsselwörter: Selbstwert, Entwicklung, Lebensspanne, Wachstumskurven, intraindividuelle Variabilität, interindividuelle Variabilität

Abstract: This chapter contains a plea for rediscovery of the individual in research on global self-esteem. This construct, being central in many domains of human development, has many facets which deserve closer inspection. Examples are individually different self-esteem trajectories, the changing meaning of self-esteem across the individual life-span and across cohorts, as well as the situation-dependency and short-term variability of self-esteem. With this in mind, the chapter addresses the question of whether the concept of normative self-esteem development across the life-span embraces this complexity. Using an empirical example for self-esteem development in adolescence, it is demonstrated that the immense intraindividual and interindividual variability of self-esteem clearly dwarfs normative aspects of this construct.

Keywords: Self-esteem, development, life-span, growth curves, intraindividual variability, interindividual variability

1. Einleitung

Seit den 80er-Jahren des vorigen Jahrhunderts erfreut sich Forschung rund um den Selbstwert wachsender Beliebtheit (Huang 2010; Neiss/Sedikidis/Stevenson 2006; Twenge/Campbell 2001). Das globale Selbstwertgefühl ist einer jener Indikatoren, die für viele Bereiche menschlicher Entwicklung und Fehlentwicklung eine zentrale Rolle spielen. Besonders reichhaltig ist die Befundlage zu Korrelaten des Selbstwertgefühls im Jugendalter. Auf der Positivseite stehen Schulerfolg, soziale Kompetenz, Optimismus, aktive und konstruktive Bewältigung von Problemlagen und schließlich ganz allgemein Lebenszufriedenheit, die mit hohem Selbstwert in Zusammenhang stehen (s. zusammenfassend Huang 2010; Trzesniewski/Donnellan/Robins 2003). Ein geringer Selbstwert hingegen weist Verbindungen zu schulischem Misserfolg (Johnston/O'Malley 1986; Hawkins/Catalano/Miller 1992), Ängstlichkeit und sozialem Rückzug (Oosterwegel et al. 2001), legalem wie illegalem Drogengebrauch (z.B. Kaplan 1980; Kaplan/Martin/Robbins 1984; Scheier et al. 2000) und depressiven Symptomen (z.B. Block/Gjerde/Block 1991; Roberts/Gotlib/Kassel 1996) bis hin zur klinisch relevanten Depression auf (z.B. Franck/De Raedt 2007).

Weitgehend ungeklärt und mit der herkömmlichen kovarianzbasierten Methodik kaum zu entscheiden ist die Frage nach Ursache und Wirkung. Dem stehen technische wie epistemologische Gründe entgegen. Technische Einschränkungen bestehen insofern, als selbst Längsschnittdaten und die üblicherweise darauf angewandten Analysemethoden wie „cross-lagged path models" (vgl. Rogosa 1995) und „latent growth curve models" (McArdle/Nesselroade 2003) das dynamische Wechselspiel von Faktoren innerhalb des Systems Mensch nur unzureichend abzubilden vermögen (s. alternativ dazu Molenaar 1985, 2004; Musher-Eizenman/Nesselroade/Schmitz 2002). Ein epistemologisches Problem besteht darin, dass passive Felddaten in aller Regel nur Rückschlüsse auf „efficient causes" (Baltes/Reese/Nesselroade 1988) zulassen. Dabei handelt es sich um jenen Typus von Gründen, der zwar zu statistischen Effekten führt, aber offen lässt, warum dies so ist. Wenn man allerdings auf die traditionelle Trennung zwischen unabhängigen und abhängigen Variablen verzichtet und sich stattdessen eine systemische Sicht auf menschliche Entwicklung zu eigen macht, spielt die Frage nach Ursache und Wirkung eine untergeordnete Rolle. Man kann es dabei belassen, dass der globale Selbstwert ein maßgeblicher Wegbegleiter in vielen psychologischen Prozessen und Entwicklungssequenzen ist.

In diesem Zusammenhang interessieren vor allem Veränderungen des Selbstwerts innerhalb der Person im Hinblick auf ihre Begleiterscheinungen und längerfristigen Folgen. Kurzum, es geht um die intraindividuelle Variabilität des Selbstwertes, sei es in Form kurzfristiger Schwankungen oder längerfristiger Veränderungen (Nesselroade 1991, 2004). In der umfangreichen Forschungsliteratur erfährt die Analyse intraindividueller Selbstwertschwankungen und -veränderungen jedoch weniger Aufmerksamkeit als die Untersuchung punktueller Selbstwertunterschiede zwischen Personen und ihrer Korrelate, die Betrachtung der Rangreihenstabilität von Personen auf einer Selbstwertskala über die Zeit und letztlich die Suche nach normativen Selbstwertveränderungen in bestimmten Lebensaltern. Dabei haben die individuelle Dynamik des Selbstwertes wie auch die individuelle Konnotation des Begriffes Selbstwert wahrscheinlich eine größere prognostische Bedeutung für die weitere Entwicklung als der Rangplatz in einer Verteilung von Selbstwert-Scores.

2. Gibt es normative Selbstwertentwicklung?

Bei der Frage nach normativen Selbstwertveränderungen geht es nicht um intraindividuelle Veränderungen und deren Unterschiedlichkeit zwischen Personen, sondern um Mittelwertveränderungen in Stichproben. Insofern steht diese Forschungsrichtung abseits vom Leitparadigma der Entwicklungspsychologie, das sich dem Studium interindividueller Unterschiede in intraindividueller Entwicklung verschrieben hat (Baltes/Reese/Nesselroade 1988; Schulenberg/Maggs/O'Malley 2003). Sie erfreut sich jedoch ungebrochener Popularität. Ein Grund dafür mag sein, dass die Befundlage zu postulierten Entwicklungsuniversalien im Sinne von „in der Pubertät leidet der Selbstwert“, „im Erwachsenenalter verbessert sich der Selbstwert“ oder „im Alter nimmt der Selbstwert drastisch ab“ nach wie vor uneinheitlich ist und nach weiterer empirischer Evidenz verlangt.

2.1 Normative Trends und differenzielle Befunde im Jugendalter

Einige Autoren finden Selbstwerteinbrüche im Übergang von der Kindheit zur Adoleszenz (Eccles et al. 1989; Rosenberg 1986; Savin-Williams/Demo 1984), andere nicht (Dusek/Flaherty 1981; Hirsch/Rapkin 1987; Huang 2010). Bei ersteren werden neben potenziell verstörenden körperlichen Veränderungen vor allem Kontextwechsel beim Übergang in eine weiterführende Schule und damit verbundene Leistungsanforderungen für Selbstwertverluste verantwortlich gemacht (Orth/Trzesniewski/Robins 2010; Simmons et al. 1987). Unberücksichtigt bleiben dabei die nationale Spezifität von Schulsystemen wie auch kulturell und individuell unterschiedliche Haltungen zu den körperlichen Veränderungen der Pubertät. Der Schulwechsel findet nicht überall wie in den U.S.A. nach der sechsten Klasse statt und manche Jugendliche verarbeiten ihre sichtbare Frau- bzw. Mannwerdung wahrscheinlich mit einem gewissen Stolz. Insofern erscheint die Universalitätsannahme fragwürdig.

Bereits vor 20 Jahren sind Hirsch und DuBois (1991) abweichend von damals gängigen Forschungsdesigns der Individualität einen Schritt entgegen gekommen, indem sie vermittels Clusteranalyse Veränderungstypen identifizierten. Es fanden sich vier Muster: Jugendliche mit konstant hohem Selbstwert, solche mit ansteigendem Selbstwert, eine Gruppe mit abfallendem Selbstwert und letztlich ein Cluster, das durch konstant niedriges Selbstwertgefühl gekennzeichnet war. Diese Veränderungstypen standen in theoretisch plausibler Weise mit anderen selbstwertrelevanten Merkmalen in Zusammenhang. Zimmerman et al. (1997) konnten diese Veränderungsmuster an einer relativ großen Stichprobe von über 1.100 Sechstklässlern, die insgesamt viermal bis zur zehnten Klasse befragt wurden, replizieren. Auch sie arbeiteten theoretisch plausible Korrelate dieser Veränderungen heraus. Die Selbstwertgewinner und Jugendliche mit konstant hohem Selbstwert erwiesen sich als relativ resistent gegenüber dem Konformitätsdruck durch Gleichaltrige. Die Selbstwertverlierer hatten offenbar einen Grund für ihre Selbstwertverluste. Ihre Schulnoten verschlechterten sich kontinuierlich bis zur zehnten Klasse. Die Verschlechterung der Noten betraf zwar alle Cluster beim Schulwechsel zur Junior High School, die Gruppe mit konstant hohem Selbstwert kam jedoch vergleichsweise ungeschoren davon. Ein weiterer Zusammenhang zeigte sich zwischen der Selbstwertentwicklung und Alkoholgebrauch bzw. der Toleranz gegenüber Devianz. Zwar nimmt sowohl der Alkoholgebrauch als auch die Toleranz gegenüber Devianz im Jugendalter tatsächlich normativ zu, jedoch geht dies keineswegs Hand in Hand mit einer einheitlichen Selbstwertentwicklung. Jugendliche mit konstant hohem Selbstwert und Selbstwertgewinner wiesen die geringsten Anstiege in den Devianz- und Alkoholmaßen auf. Offenbar brachte es ihnen Selbstwertvorteile, sich dem normativen „band waggon" zumindest teilweise zu entziehen. Alles in allem sprechen diese Befunde eher für eine differenzielle als für eine normative Sichtweise der Selbstwertentwicklung im Jugendalter.

Für die vorliegenden Überlegungen bedeutsam sind aber nicht die einzelnen Zusammenhangsbefunde, die zum Teil sogar in Widerspruch zu anderen theoretischen Überlegungen und empirischen Befunden stehen (siehe z.B. Kaplan's Deviant Behavior in Defense of Self 1980; Kaplan/Martin/Robbins 1984), es ist vielmehr die grundlegende Einsicht, dass Menschen nicht nur unterschiedliche Ausprägungen auf psychologischen Merkmalen haben, sondern dass sie unterschiedlich funktionieren (Bergman/Magnusson/El Khouri 2003). In diesem Sinne schließen Zimmerman et al. (1997) aus ihrer Befundlage:

> "The results suggest that a single model to describe adolescent development may inhibit the discovery of meaningful differences among adolescents. Findings from youth whose self-esteem steadily declines over time may support a storm and stress model (Offer/Offer 1977) […] Youth with consistently low self-esteem appear to fit a problem behavior model (Jessor/Jessor 1977) in which adolescents exhibit multiple deleterious behaviors and beliefs (e.g., alcohol use and misuse, low grades, susceptibility to peer pressure). Youth with either consistently high or rising self-esteem may fit a resiliency model (Rutter 1987; Zimmerman/Arunkumar 1994) wherein they develop the skills and psychological resources necessary to cope with stressors experienced as part of their adolescence" (Zimmerman et al. 1997, 136f.).

Trotz der naheliegenden Annahme, dass individuelle Erfahrungen in spezifischen Kontexten die Selbstwertentwicklung wohl zu einem größeren Anteil beeinflussen als universelle Entwicklungsgesetzmäßigkeiten, wird der Suche nach *der* Selbstwertentwicklung über die Lebensspanne weiterhin viel Aufmerksamkeit gewidmet (Erol/Orth 2011; Huang 2010; Orth/Trzesniewski/Robins 2010; Robins et al. 2002). Die Widersprüchlichkeit bisheriger Befunde versucht man mit innovativen Befragungs- und Auswertungsmethoden zu überwinden. Robins et al. (2002) verwenden eine exorbitant große Internet-basierte Querschnittstichprobe über alle Altersgruppen (N = 326.641), Orth, Trzesniewski und Robins (2010) analysieren eine synthetisierte Längsschnittstichprobe mit Maximum Likelihood Schätzungen fehlender Werte, um die „wahre" Selbstwertentwicklung über die gesamte Lebensspanne zu ermitteln und dies mit dem angedeuteten Anspruch eines „Entscheidungsexperiments":

> "Although we predict that self-esteem will drop in old age, several theories of aging suggest an alternative hypothesis: Older individuals may maintain their self-esteem and well-being because they

> are buffered against the adverse effects of various life transitions by a host of coping processes (Baltes/Mayer 1999; Brandtstädter/ Greve 1994; Carstensen/Isaacowitz/Charles 1999). In the present research, we test these competing views about whether self-esteem drops in old age" (Orth/Trzesniewski/Robins 2010, 646).

Trotz des hohen methodischen Aufwandes erscheint zweifelhaft, ob der Nachweis des einen ontogenetischen Selbstwertverlaufs angesichts der Kulturabhängigkeit des globalen Selbstwertes (Markus/Kitayama 1991), angesichts von Koherteneffekten (Baltes/Cornelius/Nesselroade 1979), rapidem sozialem Wandel von Entwicklungskontexten, und nicht zuletzt den recht unterschiedlichen Konzepten und Operationalisierungen von Selbstwert gelingen kann. Hinzu tritt das Problem, dass verschiedene Lebensabschnitte in der bisherigen Forschung zum Selbstwertgefühl unterschiedlich „dicht" repräsentiert sind.

2.2 Spärliche Datenlage zum Erwachsenenalter und Alter

Während es zum Selbstwert in Kindheit und Jugendalter sehr viele Publikationen gibt (PsycINFO am 9. November 2011: „self-esteem and childhood" 1.934 Treffer; „self-esteem and adolescence" 1.706 Treffer), ist das Erwachsenenalter und Alter unterrepräsentiert („self-esteem and adulthood" 576 Treffer; „self-esteem and old age" 259 Treffer; s. auch Robins et al. 2002). Dies ist sicher kein Zufall, da es in diesem Alter ausgeprägte Veränderungen im Selbstwertgefühl gibt und diese sich zuweilen auch in Stichprobendurchschnitten deutlich abzeichnen.

Wie für viele andere Entwicklungsphänomene gilt auch für den Selbstwert, dass normative Trends umso eher zu erwarten sind, je enger psychologische Entwicklung an biologische Entwicklung gekoppelt ist. Der für den Übergang zwischen Kindheit und Jugendalter postulierte und teilweise gefundene Abfall des globalen Selbstwerts wird entsprechend mit biologischen Veränderungen in Zusammenhang gebracht. So werden einerseits die körperlichen Veränderungen in dieser Phase angeführt, die Heranwachsende ohne Kontrolle hinnehmen müssen und die sie in ihrem Selbstbild verunsichern. Des Weiteren ermöglicht die fortschreitende kognitive Entwicklung es ihnen, sich aus den Augen anderer zu betrachten („looking glass self"; Cooley 1902). Dies mag langfristig dazu verhelfen, ihre egozentrische Weltsicht zu überwinden, macht sie zunächst aber empfindlicher gegenüber Kritik von außen. In dieser Phase gehen Jugendliche reifere und tiefere Sozialbeziehungen ein, aber im Extremfall beziehen sie ihre gesamte Selbstdefinition aus diesen Beziehungen (Kroger 1992), was ihr

Selbstwertgefühl vulnerabler macht, sollten sie von Freunden enttäuscht werden oder Freundschaften gar scheitern.

In ähnlicher Weise wird auch der vermeintliche Selbstwertverlust im Alter an biologische Veränderungen geknüpft. Die körperlichen Einschränkungen und das unkontrollierbare Ausgeliefertsein an Krankheiten und Gebrechen sind Faktoren, die den Selbstwert unterminieren. Mit dem tatsächlichen oder von der Umwelt unterstellten physischen Abbau einher geht der Verlust an sozialen Rollen, an Einfluss und sozio-ökonomischem Status, der ein Übriges für die Erosion des Selbstwertgefühls tut. Ob dies ein normatives Schicksal ist, bleibt ähnlich fraglich wie der normative Selbstwertverlust im Jugendalter.

Dazwischen liegt das Erwachsenenalter, in dem der Selbstwert im Schnitt leicht zunehmen, zumindest aber auf einem vergleichsweise hohen Niveau verharren soll:

> „Self-esteem increases gradually throughout adulthood, peaking sometime around the late 60s. Over the course of adulthood, individuals increasingly occupy positions of power and status, which might promote feelings of self-worth. Many lifespan theorists have suggested that midlife is characterized by peaks in achievement, mastery, and control over self and environment (e.g., Erikson 1985)" (Robins/Trzesniewski 2005, 159).

Im Erwachsenenalter ist das Entwicklungsgeschehen weniger durch biologische als durch soziale Veränderungen gekennzeichnet. Dies dürfte ein wesentlicher Grund dafür sein, dass Erwachsene bis zum Aufkommen der „life span"- oder eher soziologisch „life course"-Perspektive kein nennenswerter Gegenstand entwicklungspsychologischer Forschung waren. Vielmehr vollzog sich Entwicklung, bis man körperlich und kognitiv „ausgewachsen" war und wurde bestenfalls mit den einsetzenden Abbauerscheinungen des Alters wieder zum Thema. Die wenigen Versuche, das Erwachsenenalter theoretisch in das Entwicklungsgeschehen einzubeziehen, waren von normativen Vorstellungen über Entwicklung getragen. Der von Robins und Trzesniewski (2005) zitierte Erikson (1985) steht prototypisch für die Vorstellung einer normativen ontogenetischen Entwicklung über die Lebensspanne:

> „The sequence of stages is assumed to be epigenetically prefigured, and the more or less successful resolution of the crisis is assumed to be within the capacity of each individual given an average expectable environment" (Marcia 1994, 68).

Mit anderen Worten, unter normalen Umständen durchläuft jeder die gleiche Entwicklung. Trotz der Lebensspannenperspektive kann Eriksons Modell seine Kopflastigkeit zugunsten von Kindheit und Jugend nicht verleugnen. Sechs der acht alterstypischen Identitätskonflikte bzw. -aufgaben entfallen auf diese Lebensperiode. Dem gesamten Erwachsenenleben sind lediglich zwei Stufen gewidmet. Darin geht es um die Lösung der Identitätsfrage zwischen den Polen Generativität und Stagnation/Selbstabsorption und im höheren Alter schließlich um jene zwischen Integration und Verzweiflung (über die Endlichkeit des Seins). Zu Eriksons (1950) normativer Entwicklungsvorstellung wurde kritisch angemerkt, dass sie (zu) stark vom Zeitgeist der 1950er-Jahre und den üblichen normbiographischen Übergängen dieser Epoche inspiriert ist (Noam 1999). Ferner spiegele sie im Jugend- und frühen Erwachsenenalter eher die Lebensthematiken gebildeterer und wohlhabenderer Schichten. Und letztlich stelle sie mit der großen Betonung eines autonomen (im Gegensatz zu einem sozialen) Selbstkonzepts eine sehr „männliche" Theorie dar (Gilligan 1982). Alle Kritikpunkte richteten sich in der Substanz gegen den Universalitätsanspruch des Modells. In ähnlicher Weise erscheinen Zweifel angebracht, ob die jenseits des Jugendalters einsetzende immense Variabilität individueller Biographien mit der Annahme einer normativen Entwicklung des Selbstwerts über die Lebensspanne vereinbar ist.

2.3 Uniformität des Erwachsenenalters und Alters oder biographische Variabilität?

Robins und Trzesnewski (2005) beschrieben passend zu dem von ihnen postulierten normativen Selbstwertverlauf ein normativ anmutendes Szenario des Erwachsenenalters, in dem Personen zunehmend macht- und statusträchtige Positionen einnehmen und das durch Höhepunkte von Erfolg, Meisterung und Kontrolle über die eigene Person und die Umwelt gekennzeichnet ist. Vermutlich waren diese Vorstellungen ähnlich wie bei Erikson von der eigenen Biographie inspiriert. Der Alltag der breiten Bevölkerung, zumal in Zeiten massiven sozialen Wandels, zeichnet ein vielschichtiges Bild. In ihm kommen Perioden von Arbeitslosigkeit und erzwungene Arbeitsplatzwechsel vor, Konflikte am Arbeitsplatz, berufliche Neuorientierungen, Trennungen und Scheidungen, Probleme mit dem eigenen Nachwuchs, finanzielle und existenzielle Sorgen. Burnout und eine steigende Rate von psychischen Erkrankungen betreffen nicht mehr nur kleine Minderheiten. Alle genannten Phänomene nehmen potenziell auf den Selbstwert und seine weitere Entwicklung Einfluss. Das Erwachsenenalter mit diesen Imponderabilien produziert eher Varianz in den Selbstwerttrajektorien als einen für alle einheitlichen Aufschwung. Entsprechende Forschungsfragen wären „Wie bewahrt man sich trotz widriger Umstände einen hohen Selbstwert?“ oder „Schützt ein hoher Selbstwert bei Krisen vor gesundheitlichen Beeinträchtigungen?“ In solchen Fällen ist eher eine personenorientierte als eine normative Herangehensweise an die Selbstwertthematik gefragt. Zu diesem Schluss kommt eine aktuelle Metaanalyse zu längsschnittlicher Selbstwertforschung:

> “Owing to their focus on change at the group level, differential and mean-level stability do not provide any information regarding change in self-esteem at the individual level. The issue of change in self-esteem at the individual level has seldom been addressed in the literature. Future research should examine change in self-esteem at the individual level and how unique life events affect change in self-esteem at the individual level across life span” (Huang 2010).

Ähnliches gilt auch für das Alter, obwohl vor allem im hohen Alter biologische Veränderungen zweifellos einen größeren und zugleich einheitlicheren Einfluss auf psychologische Entwicklungen haben dürften, als dies im mittleren Erwachsenenalter der Fall ist. Dennoch lässt sich daraus nur schwerlich ein normativer Abbau des Selbstwertgefühls ableiten. Die von Robins und Trzesniewski (2005) in den Current Directions in Psychological Science angeführten Belege lassen einige Fragen offen. Sie konstatierten, dass der Selbstwert ab einem Alter von rund 70 Jahren abnimmt und stellten dies mit der Kumulation negativer Veränderungen wie Rollenverlusten, dem Verlust von Partnern und Angehörigen, materiellen Einbußen und Abbauerscheinungen der physischen Funktionstüchtigkeit in Zusammenhang (Robins/Trzesniewski 2005, 159f.). Als empirische Belege führten sie eine unveröffentlichte Metaanalyse (Trzesniewski/Donnellan/Robins 2001), eine Querschnittstudie (Robins et al. 2002) und eine unveröffentlichte Kohortensequenzstudie (Trzesniewski/Robins 2004) an. In der einzigen zugänglichen Studie (Robins et al. 2002) beschrieben die Autoren die bislang widersprüchliche Befundlage:

> “Reflecting the lack of consistency in previous findings, researchers reviewing the literature on self-esteem and aging have failed to reach consensus on whether self-esteem increases, decreases, or remains stable in old age (Bengtson/Reedy/Gordon 1985; Brandtstaedter/Greve 1994; Demo 1992). Thus, further research is need-

> ed before any strong conclusions can be made about self-esteem change in adulthood and old age" (Robins et al. 2002, 424).

Um ultimativ Klarheit zu schaffen, interviewten sie 326.641 Personen via Internet und verwendeten ein einzelnes Item zur Messung des globalen Selbstwertes („I see myself as someone who has high self-esteem"), das mit einer fünfstufigen Zustimmungs-Skala verbunden war. Die Studie erbrachte den erwarteten Abfall des Selbstwertes ab rund 70 Jahren, wobei die Autoren die Möglichkeit eines Kohorteneffektes einräumten. Ein möglicherweise entscheidender empirischer Sachverhalt wurde jedoch nicht weiter diskutiert: Während die von ihnen gebildeten Altersgruppen 13 bis 17 Jahre, 18 bis 22 Jahre und 23 bis 29 Jahre jeweils mit mehr als 80.000 Personen besetzt waren, fanden sich in der Gruppe der 70- bis 90-Jährigen lediglich 400 Personen, die sich auf immerhin 21 einzelne Altersjahrgänge verteilten. Somit entfielen im statistischen Schnitt rund 20 Beobachtungen auf ein Jahr, de facto bei den 70-Jährigen wahrscheinlich mehr und bei den 90-Jährigen wahrscheinlich deutlich weniger. Als Folge der mit zunehmendem Alter massiv schwindenden Zellenbesetzung wuchs die Streuung der einzelnen Jahresmittelwerte (Robins et al. 2002, 428) um die Altersgruppenzentroide immens. Somit ist ausgerechnet jener Teil der Lebensspannenkurve, der die Kernfrage nach einem normativen Altersabfall beantworten sollte, mit der größten Variabilität behaftet.

2.4 Kohorteneffekte

Hinter querschnittlich gewonnenen Lebensspannenkurven dürften sich generell massive Kohorteneffekte verbergen (Twenge/Campbell 2001). Gleich alte Angehörige unterschiedlicher Kohorten unterscheiden sich wahrscheinlich nicht nur punktuell im Selbstwert, vielmehr werden gesamte Selbstwerttrajektorien zwischen Kohorten variieren (Baltes/Cornelius/Nesselroade 1979; Nesselroade/Baltes 1974). Twenge und Campbell (2001) fanden in ihrer Metaanalyse von Selbstwertstudien in einem Altersbereich von der Grundschule bis zum College, dass Selbstwertunterschiede zwischen Kohorten wesentlich bedeutsamer sind als Altersunterschiede im untersuchten Bereich, wiewohl dieser als besonders veränderungsträchtig für das globale Selbstwertgefühl gilt. Während Veränderungen über das Alter je nach Geschlecht (männlich, weiblich, insgesamt) zwischen zwei und sechs Prozent der Varianz in Selbstwert-Scores (Rosenberg Selbstwertskala; Rosenberg 1965) aufklärten, gingen bei College-Studenten zwischen 7 und 23 Prozent der Varianz zu Lasten der Kohorte, 31 Prozent bei Schülern der Junior High School (insgesamt) und sogar 40 Prozent bei Grundschülern (insgesamt). Die deutlicheren Kohorteneffekte bei den jüngeren Probanden führten die Autoren auf die in den 1970er-Jahren einsetzende gezielte Förderung des Selbstwertes durch Eltern und Schule zurück. Durch größere Kompetenzen in einer wachsenden Wissensgesellschaft sind die Zuwächse im Selbstwert nicht erklärbar, denn zwischen den 60er- und 90er-Jahren des vorigen Jahrhunderts sind die durchschnittlichen Leistungen im Scholastic Assessment Test (SAT) in den U.S.A. stetig gefallen. Vielmehr dürfte hinter dem gestiegenen Selbstwert ein zunehmend auf Konkurrenzfähigkeit und positive Selbstdarstellung orientierter Zeitgeist stehen („culture of self-worth"; Twenge/Campbell 2001, 325f.). Interessanterweise fand sich dieser Trend nur bei der Rosenberg-Skala, die auf Selbsteinschätzungen basiert, und weniger bei dem Fremdevaluationen abfragenden Coopersmith Self-Esteem Inventory (Coopersmith 1967, 1975). Für eine gewachsene Selbstdarstellungskultur spricht weiterhin ihr Befund, dass die Korrelation zwischen der Rosenberg-Skala und sozialer Erwünschtheit (Marlowe-Crowne Social Desirability Scale (MCSD); Crowne/Marlowe 1960, 1964) über die Jahre zunahm, sich bei der Coopersmith-Skala hingegen verringerte:

> "Second, the increasing correlation with social desirability measures suggests that students are now more likely to view self-esteem as a socially desirable trait. People "know what to say" when completing these measures, and some may want to report that they have high self-esteem (Gergen 1973)" (Twenge/Campbell 2001, 339).

2.5 Unterschiedliche Konzepte von Selbstwert

Die unterschiedlichen psychologischen Konzepte und entsprechenden Operationaliserungen von Selbstwert stellen ein weiteres Problem für den Nachweis eines normativen Selbstwertverlaufs über die Lebensspanne dar. Wie im letzten Abschnitt berichtet, messen unterschiedliche Instrumente nicht die gleichen Aspekte des globalen Selbstwertgefühls. Studien zur Selbstwertentwicklung haben bislang jedoch unterschiedliche Instrumente wie die Rosenberg-Skala, die Coopersmith-Skala und sogar Ein-Item-Messungen mit dem Wortlaut "I see myself as someone who has high self-esteem" (Robins et al. 2002) verwendet. Kwan, John und Thein (2007) schlugen eine weitere Operationalisierung des Selbstwertes vor, um bestehende Datensätze ohne direkte Selbstwertmessung für weitere längsschnittliche Analysen der Selbstwertentwicklung nutzbar zu machen. Dafür sollen Teile des California Psychological Inventory (CPI; Gough

1957, 1987; Gough/Bradley 1996) zu einer Art Selbstwert-Proxy zusammengefasst werden. Ihre so gewonnene Selbstwertskala korrelierte je nach Stichprobe zu r=.77 und r=.75 mit der Rosenberg-Skala und zu r=.62 bzw. r=.67 mit einer Ein-Item-Messung des globalen Selbstwertes (SISE; Robins/Hendin/Trzesniewski 2001; „I have high self-esteem"). Man beachte, dass der von Kwan, John und Thein (2007) zitierte Wortlaut von jenem in Robins et al. (2002) abweicht. Auch wenn die Autoren diese Korrelationen als Zeichen guter konvergenter Validität bewerteten, darf man nicht übersehen, dass ihr Instrument in Termini gemeinsamer Varianz zu rund 41 bis 62 Prozent etwas anderes misst als die verwendeten Kriteriumsmaße.

Selbst bei einheitlicher Verwendung der Rosenberg-Skala besteht nur eingeschränkte Vergleichbarkeit der Befunde. So wurden zuweilen nur wenige ausgewählte Items verwendet (z.B. Galambos/Barker/Krahn 2006; Orth/Trzesniewski/Robins 2010). Bei Verwendung der gesamten Skala wurden unterschiedliche Likert-Skalen mit den Items verknüpft. Erol und Orth (2011) verwendeten eine vierstufige Skala, Scheier et al. (2000) eine fünfstufige und Hayes, Harris und Carver (2004) eine siebenstufige, um nur einige Beispiele zu nennen. Das ist mehr als nur ein arithmetisches Problem, das sich durch Standardisierung lösen ließe. Die Differenziertheit der Likert-Skala beeinflusst nämlich auch das Antwortverhalten. Weil feinkörnige Skalen mehr Varianz produzieren (Eid/Diener 2004), fanden sie oftmals Verwendung, wenn es um die hochfrequente Erfassung des situativen Selbstwertes (States) und seiner Schwankungen ging (z.B. Hayes/Harris/Carver 2004).

3. Ausprägung und Schwankungen von Selbstwert

Der zu einem diskreten Zeitpunkt gemessene Selbstwert beinhaltet überdauernde wie situative Momente. Zwar unterscheiden sich Personen danach, ob sie grundsätzlich von sich überzeugt sind, eine kritische Haltung zu sich haben oder stetig zu Selbstzweifeln neigen, um diese Einstellungen herum gibt es jedoch erhebliche von Ereignissen und der persönlichen Tagesform abhängige Schwankungen. In diesem Sinne unterschied Rosenberg (1986) in ein „baseline self-esteem" und ein „barometric self-esteem". Ersteres unterliegt in seiner Vorstellung nur graduellen Veränderungen über lange Zeiträume, während letzteres in kurzen Zeitabständen bzw. zwischen verschiedenen situativen Bedingungen variieren kann. Die querschnittliche wie die längsschnittliche Erfassung des Selbstwertes in großen Zeitabständen (Trait-Messung), ist somit stets durch situative Ausschläge (State-Anteil) „kontaminiert". Die Hoffnung, diese Art Fehler würde sich wie ein Zufallsmessfehler im Mittel zu Null addieren, läuft fehl. Personen unterscheiden sich nämlich systematisch darin, wie anfällig sie für State-Schwankungen im Selbstwert sind (Harter/Whitesell 2003; Oosterwegel et al. 2001). Personen mit der Tendenz zu einer seismographischen Beobachtung der Selbstwertrelevanz situativer Hinweisreize in der sozialen Umwelt neigen eher zu State-Schwankungen im Selbstwert als Personen, deren Selbstbewertung sich relativ unabhängig von der Situation an festen verinnerlichten Standards orientiert. Zwar erreicht die Empfänglichkeit des Selbstwertes gegenüber tatsächlicher oder vermeintlicher Fremdbewertung in der Adoleszenz ihren Höhepunkt („looking glass self"), aber diese Neigung ist auch ein differenzielles Merkmal:

> "There is an emerging consensus (the research is reviewed below) that persons whose self-esteem varies greatly – high self-esteem variability – are different from people with low variability in self-esteem and that the former are generally at greater risk for emotion regulation problems than the latter" (Oosterwegel et al. 2001, 690).

Die intraindividuelle Variabilität im Selbstwert und ihre psychologischen Hintergründe bieten ein Paradebeispiel dafür, dass jenseits numerischer Ausprägungsunterschiede zwischen Personen Unterschiede im psychologischen Funktionieren in den Fokus entwicklungspsychologischer Forschung gehören. Ein wichtiger Aspekt unterschiedlichen Funktionierens ist die intraindividuelle Variabilität auf einem Merkmal (Nesselroade 1991, 2004). Was die intraindividuelle Variabilität des Selbstwerts anbelangt, haben Kernis und Kollegen (z.B. Kernis 2005; Kernis/Grannemann/Barclay 1989; Kernis/Grannemann/Barclay 1992; Kernis et al. 2000) Pionierarbeit geleistet. Sie erfassten Selbstwertvariabilität als Standardabweichung innerhalb der Person, die aus hochfrequenten, über eine Zeitspanne von nur wenigen Tagen oder Wochen erfolgten Selbstwertmessungen errechnet wurde. Dieser Variabilitäts- bzw. Stabilitätsindex wurde zusätzlich zum Selbstwertniveau z.B. mit depressiven Symptomen (Kernis et al. 1998) oder mit situativer Ärgerlichkeit und Feindseligkeit (Kernis/Grannemann/Barclay 1989) in Zusammenhang gebracht. Eine alternative Erfassung der Selbstwertvariabilität bietet die fünf Items umfassende Labile Self-Esteem Scale (LSES; Dykman 1998; Beispielitem: „I'm often feeling good about myself one minute, and down on myself the next minute"). Selbstwertschwankungen sagen über das psychologische Funktionieren von Menschen potenziell mehr aus, als die globalen Selbstwert-Scores, wie an einigen ausgewählten Studien verdeutlicht werden soll.

Hayes, Harris und Carver (2004) beispielsweise nahmen an, dass Personen mit einer begrenzten Anzahl von Selbstwertquellen eher Schwankungen im Selbstwert unterliegen. Wem nur die Arbeit Selbstwert stiften kann, ist auf beruflichen Erfolg angewiesen. Rückschläge wirken sich unmittelbar auf das Selbstwertgefühl aus, weil es keine alternativen Selbstwertquellen gibt, die einen Misserfolg kompensieren könnten. Eine hohe Variabilität nahmen die Autoren auch bei Personen an, die ein negatives, auf eigene Schwächen fokussierendes Selbstschema haben („defectiveness schema"). Ein solches Schema lässt den Selbstwert fluktuieren, weil es selbst bei positiven Erfahrungen aktiviert wird und kurzfristig erlangte Selbstwertgewinne recht bald wieder zunichtemacht. Darüber hinaus produzieren Personen mit einem negativen Selbstschema im Sinne einer sich selbst erfüllenden Prophezeiung gehäuft negative Erfahrungen, die ebenfalls zu einem Wechselbad des Selbstwertes beitragen. Ein weiterer destabilisierender Mechanismus ist die Übergeneralisierung negativer Erfahrungen. Jedwede Niederlage in einer begrenzten Lebensdomäne wird verallgemeinert und schlägt unmittelbar auf das Selbstwertgefühl durch. Und letztlich trägt die schiere Anzahl negativer Ereignisse in besonders selbstwertrelevanten Domänen wie jener der Partnerschaft und der akademischen Leistung potenziell zur Sprunghaftigkeit des Selbstwertes bei. Die untersuchten Studierenden waren aufgefordert, über einen Zeitraum von zwei Wochen zweimal täglich den Rosenberg-Fragebogen auszufüllen. Die intrapersonale Standardabweichung dieser Messungen wurde als Variabilitätsmaß verwendet. Neben der Anzahl der Selbstwertquellen korrelierten alle anderen Faktoren mit der Selbstwertvariabilität. Besonders interessant waren die Interaktionseffekte dieser Faktoren. Eine große Anzahl negativer Partnerschaftsereignisse ging vor allem in Kombination mit Generalisierungstendenzen bzw. einem negativen Selbstschema mit einer hohen Selbstwertvariabilität einher.

Oosterwegel et al. (2001) ließen 109 Studierende an sieben aufeinander folgenden Tagen in jedem Zwei-Stunden-Block zwischen 8 Uhr morgens und 10 Uhr abends per elektronischem Signal eine Reihe offener und geschlossener Fragen beantworten, u.a., ob sie sich gerade über die eigene Person Gedanken machten. Dies war im Schnitt neun Mal während der Studie der Fall. Wenn dem so war, sollten die Probanden auf einer fünfstufigen Likert-Skala beantworten, wie positiv oder negativ gefärbt ihre aktuellen Gedanken über sich selbst waren. Aus diesen Angaben wurden für jede Person ein mittlerer Wert („self-esteem average") und die Standardabweichung („self-esteem variability") berechnet. Zusätzlich füllten die Probanden zu Beginn der Studie den Rosenberg-Fragebogen aus. Alle drei Selbstwertmaße wurden als Prädiktoren verwendet, um eine Reihe von Persönlichkeits- und Verhaltensmerkmalen vorherzusagen. Der mit der Rosenberg-Skala erfasste Selbstwert schnitt als Prädiktor insgesamt besser ab als die gemittelten State-Messungen. Die Selbstwertvariabilität allerdings sagte soziale Ängstlichkeit, über Situationen gemittelte öffentliche Selbstaufmerksamkeit („public self-consciousness“) und soziale Vermeidungstendenzen vorher. Darüber hinaus fand sich ein Interaktionseffekt von durchschnittlichem Selbstwert („self-esteem average“) und seiner Variabilität im Hinblick auf Depressivität (Beck Depression Inventory; Beck/Steer 1987). Ein niedriger Selbstwert korrespondierte mit Depressivität, insbesondere bei volatilem Selbstwert.

Dieser Befund stand in Einklang mit früheren Studien (Butler/Hokanson/Flynn 1994; Kernis et al. 1998; Roberts/Kassel/Gotlib 1995). Eine neuere Untersuchung (Franck/De Raedt 2007), in der die Selbstwertvariabilität klinisch Depressiver, remittierter Patienten und Nichtdepressiver verglichen wurde, zeichnete ein ähnliches Bild von der Selbstwertvariabilität bzw. -instabilität als ernst zu nehmendem Risikofaktor:

> “Our analysis indicates that currently depressed individuals exhibit a significantly lower level of self-esteem during an episode of depression, but this lower level of self-esteem returns to normal levels with symptom remission. The cross-sectional findings in the present study indicate that self-esteem instability—and not level of self-esteem—seems to be an enduring vulnerability marker that differentiates depression prone individuals from never-depressed controls. One might assume that it is this unstable self-esteem that makes formerly depressed individuals vulnerable to relapse” (Franck/De Raedt 2007, 1538).

Ähnlich wie Hayes, Harris und Carver (2004) sahen die Autoren in der Gemengelage aus einer erhöhten Reaktivität gegenüber Stressoren, einer damit einhergehenden Instabilität des emotionalen Grundtones und der Neigung, latente negative Selbstschemata zu aktivieren, den Ursprung der Selbstwertinstabilität, der ihrerseits den Grundstein zur Depression legte. Wie bereits erwähnt, dürfte es sich weniger um eine kausale Kette als um einen komplexen dynamischen Prozess unter Einschluss aller genannten Faktoren handeln, der sich auf der Oberfläche des zugänglichen Verhaltens und Erlebens als Depression manifestiert.

Alle drei berichteten Studien erfassten situatives Selbstwertgefühl gewissermaßen in seiner Aktualgenese. Um Variabilität abbilden zu können wurde die situative Einschätzung entweder mit einer kurzen prägnanten Aussage erfasst wie im Falle von Oosterwegel et al. (2001) oder die Einschätzungen der Probanden erfolgten auf differenzierten Skalen, siebenstufigen bei Hayes, Harris und Carver (2004) oder gar zehnstufigen bei Franck und De Raedt (2007), da sie sensibler für Schwankungen sind als pauschalisierende Aussagen (z.B. „Alles in Allem glaube ich, dass ich ein wertvoller Mensch bin“) und kurze Antwortskalen (Eid/Diener 2003).

Hochfrequente Messungen versus Trait-State-Modelle

Hochfrequente Messungen und daraus abgeleitete intraindividuelle Variabilitätsmaße des Selbstwertes dürfen nicht mit klassischen Trait-State-Modellen des Selbstwerts (z.B. Eid/Diener 2003) verwechselt werden. Während erstere situative Variabilität von Selbstwert direkt für jede Person erfassen und ihr Selbstwertniveau durch ihren ipsativen Mittelwert bestimmen, zerlegen letztere auf der Stichprobenebene die Kovarianzen längsschnittlicher Selbstwertmessungen in eine zeitübergreifende latente Selbstwertvariable, situative latente Selbstwertvariablen pro Messzeitpunkt und einen Zufallsmessfehler pro Messzeitpunkt (Y = T(rait) + O(ccasion) + E(rror); Eid/Diener 2003). State-Variabilität in solchen Modellen ist zunächst einmal kein individuelles Variabilitätsmaß, sondern vielmehr ein Varianzparameter für die Stichprobe. Zumindest theoretisch könnte die Schätzung individueller Faktorwerte aus den State-Variablen und deren Schwankungen über die Messzeitpunkte etwas über intraindividuelle Variabilität aussagen. Solche Schwankungen, wenn sie aus vergleichsweise weit auseinander liegenden Messungen üblicher Längsschnittstudien berechnet werden, sind nicht identisch mit den direkten Variabilitätsmaßen aus mehrmals täglich erfolgten Messungen und zeitigen u.U. sogar gegenläufige Effekte, wie jene von Kim und Cicchetti (2009) berichteten:

> „Interestingly, higher intraindividual variability was related to lower levels of depression among nonmaltreated children. In contrast, although equivocal, previous studies of young adults have suggested that unstable self-esteem (e.g., higher variability or instability) may be a vulnerability factor associated with high levels of depression (e.g., Kernis et al., 1998; Roberts et al., 1995). The discrepancy in findings may be due to the fact that the current investigation measured year-to-year intraindividual variability whereas previous studies assessed day-to-day fluctuations“ (Kim/Cicchetti 2009, 212).

Fazit dieses Abschnittes ist, dass nicht nur das individuelle Niveau des globalen Selbstwertgefühls, sondern auch die kurzfristigen Schwankungen im komplexen

System des psychologischen Funktionierens im Laufe der menschlichen Entwicklung eine bedeutsame Rolle spielen. Intraindividuelle Variabilität im Selbstwert, obwohl relativ selten Gegenstand von Selbstwertstudien, bietet zusätzliche Informationen jenseits der konventionellen Selbstwertmessung. Interessanterweise haben Niveau und Variabilität des Selbstwertes zumindest zum Teil unterschiedliche genetische Wurzeln (Neiss/Sedikidis/Stevenson 2006). Es erscheint daher theoretisch unangemessen, wenn nicht gar empirisch irreführend, den Aspekt intraindividueller Variabilität im Selbstwert zu ignorieren, sich auf die Analyse längsschnittlicher Rangreihenstabilität zu beschränken oder Mittelwertverläufe unter Ausblendung interindividueller Verlaufsvarianz in den Rang vermeintlich normativer Selbstwertentwicklung zu erheben. Diese vielleicht provokant anmutende Aussage soll zum guten Schluss anhand eines eigenen Datenbeispiels verdeutlicht werden.

4. Beispiel: Selbstwertverläufe Jugendlicher in unterschiedlichen Schulkontexten

Unter Verwendung einer Verlaufsstichprobe aus dem Berliner Jugendlängsschnitt (Silbereisen/Eyferth 1986; zu Einzelheiten siehe im Anhang den Kasten „Info“) verglich Oelsner (2008) in ihrer Diplomarbeit die Selbstwertverläufe von 209 Haupt- bzw. Realschülerinnen und -schülern mit jenen von 173 Gymnasiastinnen und Gymnasiasten. Von diesen Schülerinnen und Schülern wurden die Selbstwertdaten aus der letzten Grundschulklasse, im damaligen West-Berlin war dies die sechste Klasse, sowie jene aus der siebten, achten, neunten und zehnten Klasse der weiterführenden Schule verwendet. Somit standen Verlaufsdaten von einem Durchschnittsalter von 11,9 Jahren bis zu einem Alter von 15,9 Jahren zu insgesamt fünf Messzeitpunkten zur Verfügung.

Die erste Hypothese dieser Studie war, dass nach dem Wechsel von der Grundschule zu einer weiterführenden Schule das Selbstwertgefühl abfallen sollte, da sich die neue ungewohnte Umgebung, die größere Anonymität, die gestiegenen schulischen Anforderungen und die damit verbundenen Leistungseinbußen in Verbindung mit einsetzenden körperlichen Veränderungen negativ auf den Selbstwert auswirken sollten (Simmons et al. 1987).

Wie es mit dem globalen Selbstwertgefühl auf den unterschiedlich anspruchsvollen Schularten weitergehen sollte, war theoretisch nicht eindeutig einzuordnen. Im Sinne eines Kompetenzmodells von Selbstwert (James 1890; s. dazu Twenge/Campbell 2001) sollten gute Schulleistungen positive Effekte auf den Selbstwert zeitigen. Nun gibt es aber innerhalb eines jeden Schultyps Leistungsvarianz und die Einordnung der eigenen Leistung dürfte sich am Maßstab der Mitschüler bemessen. Dieser Mechanismus sagt somit nichts über kollektive Unterschiede zwischen Gymnasiasten und Nichtgymnasiasten aus. Man könnte darüber spekulieren, ob der gymnasiale Kontext kompetitiver und gute Leistungen daher schwerer zu erwerben sind als in der Haupt- bzw. Realschule. Insgesamt könnte dies im Schnitt die selbstwertrelevanten Erfolgserlebnisse in Grenzen halten und die normative Selbstwertkurve der Gymnasiasten dämpfen, weil es viele „kleine Fische im großen Teich" gibt (vgl. Köller et al. 2006). Schulische Kontexte mit reduzierten Anforderungen indessen mögen im Schnitt mehr Erfolgserlebnisse zulassen. Es gäbe eben verhältnismäßig viele „große Fische im kleinen Teich". Genau gegenläufige Effekte auf der Aggregatebene könnten daraus erwachsen, dass sich für Real- und besonders für Hauptschüler das Stigma der „Residualschule" negativ auf ihren Selbstwert auswirkt, während der „Korpsgeist" des Eliteschultyps trotz aller Leistungsanforderungen den Selbstwert der Gymnasiasten im Schnitt hebt (Basking-In-Reflected-Glory; Marsh/Kong/Hau 2000). Oelsner (2008) sympathisierte eher mit diesem Ansatz und nahm an, dass sich der Selbstwert der Gymnasiasten kontinuierlich verbessern, jener der Haupt- und Realschüler jedoch bis zur zehnten Klasse stagnieren würde. Darüber hinaus wurde auch innerhalb der beiden Schultypen Variabilität in den Verläufen vermutet. Schülerinnen und Schüler mit besseren Noten, mit gelungenerer Peerintegration und schließlich männliche Jugendliche sollten günstigere Entwicklungsverläufe im Selbstwert aufweisen.

Selbstwert wurde in dieser Studie mit drei Items als Selbstabwertungstendenz erfasst („Ich möchte vieles an mir ändern", „Manchmal wünsche ich mir, ich wäre anders" und „Ich bin mit mir zufrieden"). Die Items wurden auf einer vierstufigen Skala von „stimmt nicht" bis „stimmt völlig" beurteilt, wobei das Rating des positiv formulierten Items invertiert wurde. Für beide Schultypen wurden Wachstumskurvenmodelle nach McArdle und Nesselroade (2003) mit dem Strukturgleichungsprogramm LISREL 8.30 in Form von Zweigruppenmodellen berechnet, um die Modellparameter zwischen den Schultypen auf Gleichheit testen zu können.

Noch in der Grundschule unterschieden sich spätere Haupt- bzw. Realschüler von späteren Gymnasiasten. Letztere hatten geringere Selbstabwertungstendenzen, was verständlich erscheint, da sie in der letzten Klasse der Grundschule die Leistungsstärkeren waren. Am Ende in der zehnten Klasse waren die Mittelwerte der Angehörigen beider Schultypen gleich. Somit hatten sich unterschiedliche (durchschnittliche) Entwicklungen des Selbstwerts in den beiden Schultypen vollzogen. Während die Gymnasiasten in ihren Selbstabwertungstendenzen im Durchschnitt stagnierten (keine signifikante lineare oder quadratische Veränderung als Gruppe), nahmen die Selbstabwertungstendenzen der Nichtgymnasiasten mit einem signifikanten quadratischen Trend ab.

Zwar blieb der Selbstwert der Gymnasiasten als Gruppe gleich, d.h. die latenten Variablen für lineare und quadratische Veränderung hatten einen Mittelwert von 0, jedoch wies die lineare Veränderungsvariable interindividuelle Varianz auf (t=3,26; p<0,01). Es gab also Personen mit steigender und fallender Selbstabwertung, nur hoben diese sich in der Summe gegenseitig auf. Auch jene latente Variable, die das Niveau der Selbstabwertung in der zehnten Klasse repräsentierte, verfügte über signifikante Varianz (t=7,34; p<0,001). Dies war auch in der Gruppe der Nichtgymnasiasten der Fall (t=8,12; p<0,001). Bei ihnen variierte darüber hinaus der insgesamt abnehmende quadratische Trend der Selbstabwertung interindividuell (t=4,11; p<0,001).

Diese interindividuelle Variabilität innerhalb der Schulformen ließ sich durch die verwendeten Prädiktoren nur in geringem Maße aufklären. Das Geschlecht wies keinerlei Zusammenhang zu den latenten Variablen des Wachstumsmodells auf. Bei den Gymnasiasten kovariierte das Endniveau des Selbstwertes mit den über die Jahre gemittelten Noten in Deutsch und Mathematik. Wie erwartet, gingen bessere Noten mit geringerer Selbstabwertung einher (p<0,05). Unter den Haupt- und Realschülern wiederum spielte die soziale Integration eine Rolle. Je häufiger die Schülerinnen und Schüler über die Studiendauer angaben, einen besten Freund bzw. eine beste Freundin zu haben, desto geringer fiel ihre Selbstabwertung in der zehnten Klasse aus. Die mit Varianz versehenen Veränderungsvariablen (linear im Gymnasium, quadratisch in der Haupt-/Realschule) standen in keinerlei Verbindung zu den Prädiktoren.

Da sowohl Noten als auch Freundschaften selbst eine gewisse Entwicklungsdynamik aufweisen, wären sie als zeitabhängige Kovariaten statt als statische Größen u.U. ergiebigere Prädiktoren gewesen. Abgesehen von diesem Detail birgt diese Art von Wachstumskurvenmodellen ein grundsätzlicheres Problem. Das starre „Modellkorsett" mit den konfektionierten Elementen Y-Achsenabschnitt (Konstante; im vorliegenden Fall das Endniveau der Selbstabwertung), linearer und quadratischer Veränderung wird u.U. der Individualität der Selbstentwicklung nicht gerecht, weil es dieser an Normativität mangelt. Die in den letzten Jahren recht populär gewordenen Wachstumskurvenmodelle lassen zwar interindividuelle Unterschiede im Wachstum zu, aber nur in der zuvor modellhaft festgelegten Form. Inwieweit lineare und quadratische Anteile die Individualität der Selbstwertentwicklung im vorliegenden Fall repräsentierten, lässt sich bereits per Augenschein ermessen, wenn man nun die Fehlervarianzen der wiederholten Messungen (Var_{ε_i}) mit den Varianzen der latenten Wachstumsvariablen für das Niveau, die lineare und quadratische Veränderung ($Var_{\eta_1}, Var_{\eta_2}, Var_{\eta_3}$) vergleicht. Das Hauptaugenmerk liegt dabei auf den eigentlichen Veränderungsvariablen η_2 und η_3. Die absolute Anpassungsgüte solcher Modelle sagt wenig darüber aus, wie gut das Modell die Form individueller

Trajektorien repräsentiert. Alle ideosynkratischen Abweichungen von der Standardform schlagen sich in den frei geschätzten Fehlervarianzen nieder und fügen somit dem Modell keinen Schaden zu.

In der vorliegenden Studie überwogen diese Fehlervarianzanteile deutlich. Unter den Gymnasiasten summierten sie sich über die fünf Messzeitpunkte zu 0,36 auf, während die Varianz der linearen Veränderung nur 0,01 und jene der Konstanten 0,18 betrug. Auch in der Gruppe der Nichtgymnasiasten lag die Summe der Fehlervarianzen mit 0,35 um ein Vielfaches höher als die noch unter 0,01 liegende Varianz der quadratischen Veränderungsvariablen und jene der Konstanten mit 0,18. Also ging nur ein ausgesprochen geringer Anteil der Variabilität zu Lasten „konfektionierter“ Veränderungsmuster. In beiden Gruppen wurde der weitaus größte Teil der Variabilität von Selbstwertentwicklung durch das Modell nicht erklärt und landete in den Fehlervarianzen der Indikatoren.

Dieser Sachverhalt lässt sich eindrücklich visualisieren, indem man die individuellen Daten plottet. Eine visuelle Inspektion des Wachstums anhand der Rohdaten, am besten vor der mathematischen Formalisierung des Modells, ist ein überaus sinnvoller erster Schritt:

> „Given the long history of elegant formulations from mathematics and statistics in this area, it is somewhat humbling to note that major aspects of the most insightful growth curve analyses have been based on careful visual inspection of the growth curves. The insight gained from visual inspection of a set of growth curves is not in dispute now; in fact, obvious visual features should be highlighted and emphasized in future research (e.g., Pinherio/Bates 2000; Wilkinson 1999). Much as in the past, the best future growth curve analyses are likely to be the ones we can all see most clearly” (McArdle/Nesselroade 2003, 477).

In beiden Schultypen fanden sich Veränderungsmuster jeglicher Art und zwar in weit größerer Vielfalt als es die clusteranalytischen Pionierarbeiten von Hirsch und DuBois (1991) oder Zimmerman et al. (1997) erahnen ließen (siehe Abbildung 1).

Es ist offensichtlich, dass die eingezeichneten Gruppenwachstumskurven („fixed effects“) nur unzureichend über die Vielfalt der individuellen Verläufe des Selbstwertgefühls informieren. Das gilt nicht nur im Hinblick auf die Höhenlage der einzelnen Kurven im Koordinatensystem, vielmehr lässt das Wirrwarr der Einzelkurven erkennen, dass sich die Formen der individuellen Verläufe deutlich voneinander unterscheiden. Um auch diesen Sachverhalt greifbar zu machen, wurden einzelne Verläufe mit Hilfe des Programms HLM 6.06 (Raudenbush/Bryk/Congdon 2008) geplottet (Abbildung 2).

Abbildung 1: Individuelle Verläufe von Selbstabwertung und geschätzte Wachstumskurven („fixed effects“) von der sechsten Klasse Grundschule zur zehnten Klasse der weiterführenden Schule von Gymnasiasten und Haupt-/Realschülern

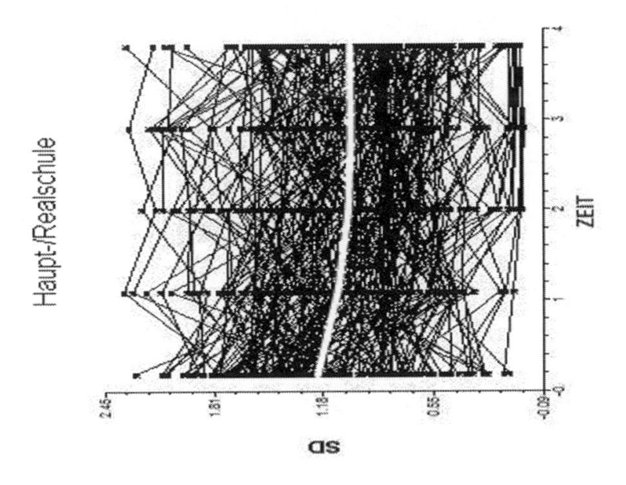

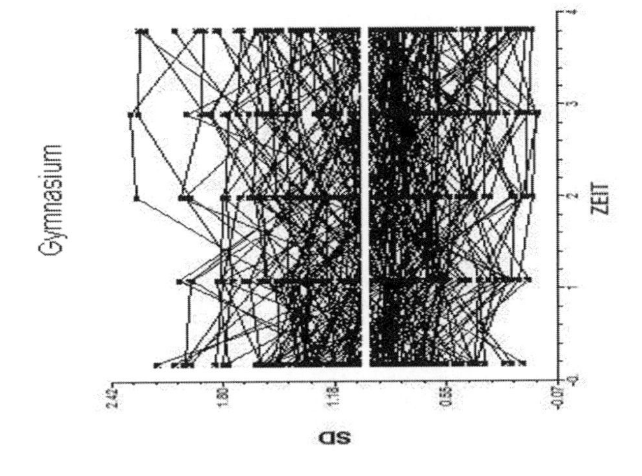

Abbildung 2: Ausgewählte individuelle Verläufe von Selbstabwertung von der 6. Klasse Grundschule zur 10. Klasse einer weiterführenden Schule

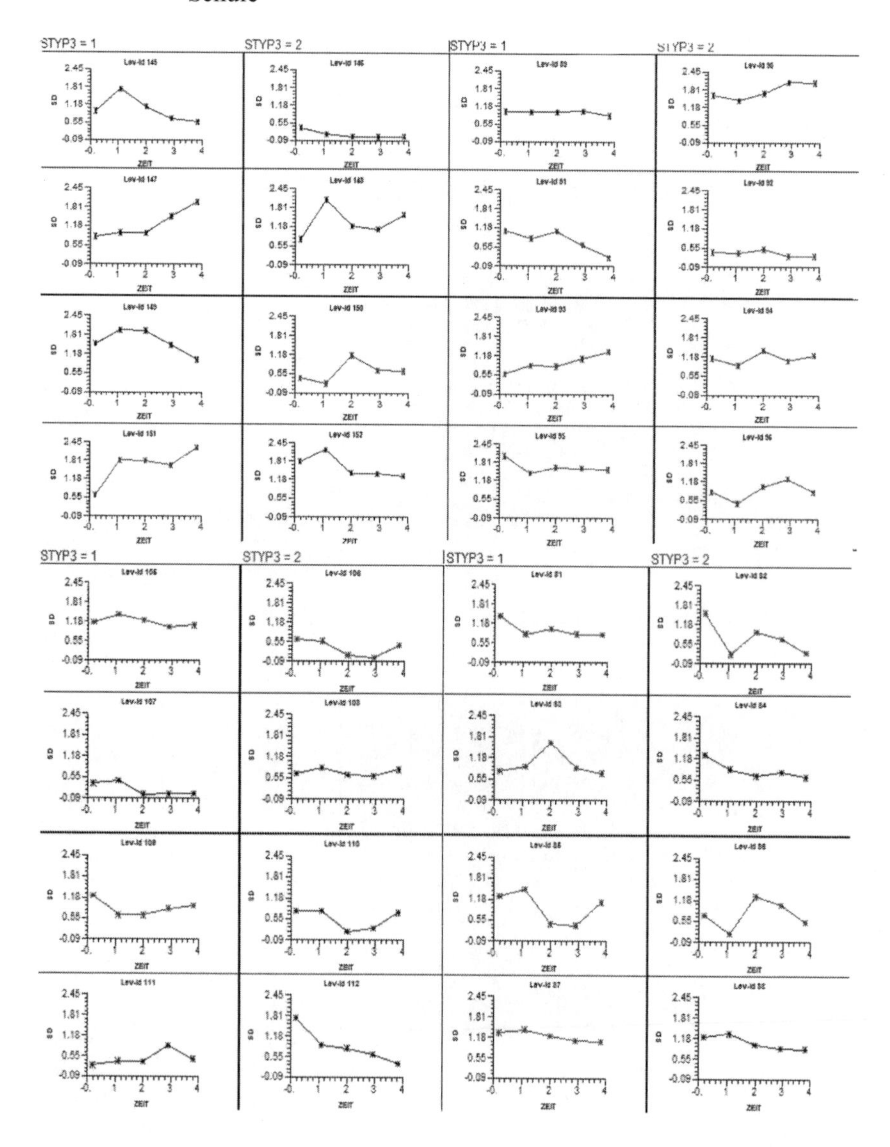

In diesen wenigen Beispielen finden sich alle erdenklichen Verlaufsformen der Selbstabwertung: linearer Anstieg, linearer Rückgang oder Kontinuität, Rückgang mit Wiederanstieg, Anstieg mit Plateau und späterem Rückgang, Zick-Zack-Muster, dies alles in unterschiedlichen Variationen.

5. Schlussbetrachtung: Universalität versus Individualität des Selbstwertes

Es ist sicher kein leichtes Unterfangen, Universalität von Entwicklung in solchen Merkmalen zu entdecken, die wie das globale Selbstwertgefühl eine hohe interindividuelle und zugleich hohe intraindividuelle Varianz aufweisen. Hinter diesen statistischen Kenngrößen steht der psychologische Sachverhalt, dass der Selbstwert zugleich Trait-artige Anteile wie situationsspezifische Anteile aufweist, dass sich Menschen je nach Kultur, Wertesystem und Persönlichkeit in den Quellen ihres Selbstwertes unterscheiden und dass sich über die Lebensspanne die Quellen und Referenzsysteme für das Selbstwertgefühl verändern können, und zwar je nach Persönlichkeit und Erfahrungshintergrund in unterschiedlicher Weise. Über diesen komplexen Hintergrund seiner Genese gibt der gemessene Selbstwert-Score keine Auskunft. Daher lässt bereits die Messreihe eines einzelnen Individuums recht unterschiedliche Interpretationen zu. Eine Messreihe von Mittelwerten über die Zeit als normative Selbstwertentwicklung über die Lebensspanne zu deuten, erscheint angesichts der immensen, im Verborgenen verbleibenden Komplexität nicht sehr erkenntnisträchtig.

Es ist denkbar, dass es bei bestimmten normativen Übergängen im Durchschnitt einer Stichprobe zu sichtbaren Veränderungen des Selbstwertes kommt, weil die meisten diesen Übergang im gleichen Lebensabschnitt absolvieren und die meisten die psychologischen Implikationen dieses Übergangs in ähnlicher Weise erleben. Dies mag u.U. bei der Einschulung der Fall sein, dem Wechsel auf eine weiterführende Schule, der oftmals in Zusammenhang mit Selbstwertverlusten gebracht wird (z.B. Simmons et al. 1987) oder bei markanten Rollenwechseln wie der ersten Elternschaft oder der Pensionierung (Robins/Trzesniewski 2005). Aber bereits unter diesen wenigen Beispielen ist nur die Einschulung ein Übergangsereignis, das alle zum gleichen Alter betrifft. Der Wechsel auf eine weiterführende Schule und das Ausscheiden aus dem Berufsleben betreffen zwar auch fast jeden, aber abhängig von Schulsystem, Beruf und Arbeitsmarktlage nicht im gleichen Alter. Die Elternschaft wiederum betrifft keineswegs jeden, und jene, die es betrifft, ebenfalls in unterschiedlichem Alter (s. auch Bergman/Magnusson/El Khouri 2003). Kurzum, Ereignisse oder Übergänge, die im normativen Sinne den Selbstwert vieler beeinflussen könnten, sind heterogen verteilt. Die zuweilen immer noch unterstellte Normbiographie ist einer individualisierten Biographie mit unterschiedlich verteilten Chancen und Risiken gewichen (Beck 1992). Wie heterogen mag erst die psychologische Verarbeitung normativer wie nichtnormativer Ereignisse im Hinblick auf den Selbstwert sein? Alle diese Überlegungen stehen der Annahme eines normativen Selbstwertverlaufs über die Lebensspanne entgegen. Natürlich lässt sich durch jede längsschnittliche oder nach Alter geordnete Datenmenge eine Mittelwertkurve legen, aber sind nicht gerade die intraindividuelle wie interindividuelle Variabilität um diese Kurve und ihre Quellen für den Entwicklungsforscher der faszinierendere Gegenstand (s. dazu auch Molenaar 2004)?

Es gibt durchaus Entwicklungsbereiche, in denen sich quantitative Veränderung in normativer Weise vollzieht. Das Paradebeispiel bietet die Entwicklung kognitiver Fertigkeiten („verbal/nonverbal abilities", Bradway Longitudinal Growth Study; McArdle et al. 2000). Entwicklung im kognitiven Leistungsbereich wird deshalb so gern als Lehrbuchbeispiel für Wachstumskurvenmodelle bemüht (McArdle/Epstein 1987; McArdle/Nesselroade 2003), weil alle untersuchten Personen Entwicklungsgradienten der gleichen Form aufweisen, wenngleich auf unterschiedlichem Niveau mit unterschiedlicher Beschleunigung und unterschiedlichen Maxima. Bis zum Alter von rund 20 Jahren steigt die Leistungsfähigkeit steil an, danach flacht sie ab und geht in ein Plateau über, bevor sie jenseits der 60 zunächst fast unmerklich abfällt. Varianz ist überwiegend systematische Varianz um die Konstante und um den beschriebenen Wachstumskurventypus herum, aber nur in sehr geringem Maße auf individuelle Entwicklungsbesonderheiten gegründete „Fehlervarianz". Kognitive Entwicklung ist deutlich enger als die Entwicklung des Selbstwertes an biologische Entwicklung geknüpft. Natürlich spielen soziale Faktoren wie Bildung, kognitive Anregung, die Nutzung von Ressourcen und Kompensationsstrategien etc. eine Rolle. Diese Einflussfaktoren modulieren offenbar nur die Höhenlage oder Steilheit der individuellen Entwicklungskurven. Sie greifen nicht in ihre grundsätzliche Form ein. Diese Form hat tatsächlich normativen Charakter und ist wohl weitgehend universell.

Der Leitgedanke universeller Entwicklung entspringt einem organismischen Weltbild (im Kontrast zu einem mechanistischen Weltbild; s. Baltes/Reese/Nesselroade 1988). Prototyp der daraus abgeleiteten „cognitive developmental theories" (Overton/Ennis 2006) ist Piagets Theorie der kognitiven Entwicklung. Entwicklung innerhalb dieses Paradigmas ist qualitativ, vollzieht sich in der Transformation von Struktur und Organisation in einer irreversiblen Richtung (teleologisch) und hat einen endogenen Motor, der dem menschlichen Wesen inhärent ist (Overton 1998). In diesem Deutungsrahmen könnte man die von McArdle und Nesselroade (2003) dargestellte quantitative Veränderung kognitiver Fähigkeiten als Reflexion einer qualitativen Transformation ansehen, die sich lediglich in quantifizierten Testergebnissen niederschlägt. Aber wie bereits an Eriksons (1985) Theorie der Identitätsentwicklung deutlich wurde, haben die universellen Entwicklungstheorien ihren offenbar größten Erklärungswert bis zum Ausklang des Jugendalters. In dieser Zeitspanne liegen der psychologischen Entwicklung vielfach biologische Veränderungen, Impulse und Taktgeber zugrunde, die trotz kultureller und sozialer Überformung Entwicklung in vielen Bereichen recht gleichförmig erscheinen lassen. Der Eindruck von Universalität, Zielgerichtetheit und stufenartiger Entwicklung wird durch getaktete Entwicklungseinflüsse wie das Schul- und Ausbildungswesen (z.B. Unterstufe, Mittelstufe, Oberstufe), Jugendschutz, Volljährigkeit, Straf- und Geschäftsmündigkeit unterstützt. Biologie und Kontext wirken in dieser Hinsicht synergistisch.

Einem mechanistischen Weltbild zugehörig ist ein Entwicklungsbegriff, der Adaptation an Herausforderungen der Umwelt, instrumentelle Handlung und Reversibilität in den Mittelpunkt des Entwicklungsgeschehens stellt. Nicht strukturelle und stufenartig/diskret erfolgende Transformation (unidirektional), sondern kontinuierliche quantitative Variation (reversibel) ist in diesem Kontext der Leitgedanke von Entwicklung (Overton 1998):

> „Similarly, the variational/instrumental-communicative dimension can be thought of as focusing inquiry on variational changes in action that result in procedures—again whether affective, emotional, physical, cognitive, and so on—which the subject employs in adjustment and adaptation" (Overton 1998, 113).

Ein jüngerer Abkömmling dieser „behavior-analytic theories" ist der Kontextualismus, der eine Brücke zwischen seinen behavioristischen Wurzeln und Elementen des organismischen Weltbildes zu schlagen versucht (Overton/Ennis 2006). So wird beispielsweise die qualitative Natur kognitiver Entwicklung und der zugrunde liegenden neuronalen Prozesse nicht infrage gestellt. Die daraus resultierenden Verhaltenskompetenzen werden jedoch in dynamischer Interaktion mit dem Kontext eingesetzt, und zwar je nach Person und Kontext in unterschiedlicher Weise. Die spezifische Person-Kontext-Konstellation ist die Analyseeinheit für Entwicklung und die maßgebliche Quelle interindividueller Variation (Lerner 1991):

> „Moreover, because the organismic and contextual components of the causal, dynamic interactions constituting the basis of human development will not occur in the same way or at the same exact ontogenetic time across all people, lawful individual differences

in developmental pathways, and not a generic developmental trajectory, characterize human life" (Lerner 1991, 29).

Im Erwachsenenalter büßen die Entwicklungsprinzipen des organismischen Weltbildes deutlich an Erklärungskraft ein. Statt Zielgerichtetheit und Irreversibilität von Entwicklung sind in diesem Lebensabschnitt viele unterschiedliche und gleichermaßen adaptive Entwicklungspfade denkbar (Ford/Lerner 1992). Entwicklung entfaltet sich aus einer schier unendlichen Menge von Möglichkeiten, die sich aus individuell einzigartigen Interaktionen biologischer, kontextueller und volitionaler Faktoren ergeben (Levenson/Crumpler 1996). Biologie und endogene Strukturtransformation sind nicht mehr die dominanten Entwicklungsmotoren.

Die Suche nach der normativen Entwicklung des Selbstwertes über die Lebensspanne wirkt so widersprüchlich, weil sie sich anscheinend aus beiden Weltbildern recht inkompatible Versatzstücke entlehnt. Der mit dem organismischen Weltbild verwandte Anspruch von Normativität und Universalität wird auf ein unglaublich schillerndes quantitatives Entwicklungsphänomen projiziert, das eine viel größere Nähe zu kontextualistischen Konzepten wie Adaptivität, Kontextspezifität und Variabilität aufweist. Nur auf den ersten Blick kompatibel mit kontextualistischen Ideen ist, dass die Forschung zu normativer Selbstwertentwicklung zugleich biologische wie kontextuelle Einflussfaktoren berücksichtigt. Die meistgenannten biologischen Einflüsse auf die Selbstwertentwicklung sind die kognitive und psychosexuelle Reifung im Übergang zum Jugendalter und körperlicher Abbau, Krankheit und Handlungseinschränkungen im Alter. Diese Faktoren stehen aber keineswegs in Interaktion mit kontextuellen Gegebenheiten, schon gar nicht mit individuell variierenden Kontexten. Vielmehr scheinen Individuen den Synergien biologischer und kontextueller Veränderungen auf einer normativen Flugbahn ihrer Selbstwertentwicklung über die Lebensspanne ausgesetzt zu sein („The normative trajectory of self-esteem across the lifespan"; Robins/Trzesniewski 2005, 158f.), die sich gemäß der Autoren wie folgt liest:

Der unrealistisch hohe Selbstwert des Vorschulkindes wird durch die zunehmende Fähigkeit, externes Feedback in sein Selbstkonzept aufzunehmen und soziale Vergleiche anzustellen, unterminiert. Gleichzeitig erfährt das Kind durch den Wechsel vom Kindergarten zur Grundschule mehr negatives Feedback durch Eltern, Lehrer und Gleichaltrige. Beide Umstände zusammen führen zu einem Absinken des Selbstwertgefühls. Durch die körperlichen Veränderungen während der Pubertät und daraus resultierender Probleme mit dem Körperselbstbild setzt sich der Abwärtstrend fort. Zugleich sind Jugendliche an der Schwelle zur Junior High School kognitiv imstande, sich abstrakt ihre Zukunft vorzustellen und verpasste Gelegenheiten und verfehlte Erwartungen zu erkennen. Der schulische Kontextwechsel, verbunden mit höheren Leistungsanforderungen und einer größeren sozialen Komplexität, tut sein übriges.

Über das gesamte Erwachsenenalter geht es nun bis zum Alter von rund 60 Jahren graduell aber stetig aufwärts, da Personen abgeklärter und reifer werden. Parallel dazu wächst die Kontrolle über das eigene Leben und persönlicher Erfolg erreicht ein Maximum. Personen haben es „zu etwas gebracht". Ab dem Alter von rund 70 fällt der Selbstwert wieder ab und zwar aufgrund eines dramatischen Zusammenspiels („dramatic confluence"; Robins/Trzesniewski 2005, 159) biologischer und kontextueller Altersveränderungen. Einbußen in der physischen Leistungsfähigkeit und Krankheit sind gepaart mit Verlusterlebnissen durch Verrentung, den Tod des Partners und letztlich der Abfall des sozioökonomischen Status.

Das so umrissene normative Modell einer Selbstwertentwicklung über die Lebensspanne vernachlässigt jegliche kulturelle, gesellschaftliche, institutionelle und individuelle Unterschiede, seien sie nun dispositioneller Natur oder dem unmittelbaren Kontext geschuldet (s. dazu Bronfenbrenner 1989). In dieser Hinsicht bietet es ähnliche Angriffspunkte wie Eriksons (1950, 1985) Stufenmodell der Identitätsentwicklung. Die Kritik an Eriksons Modell versuchte zu überzeugen, indem exemplarisch Ausnahmen benannt wurden, für die bestimmte Entwicklungsthemen nicht salient erschienen. So sind zumindest vordergründig Intimität oder Generativität in ihrer ursprünglichen Bedeutung für Mönche und Nonnen kein Entwicklungsthema (Levenson/Crumpler 1996). Im vorliegenden Fall der quantitativen Selbstwertentwicklung kommt die Kritik am Normativitätsanspruch fast ohne intellektuelle Spitzfindigkeit aus. Die interindividuelle Varianz in Niveau und Verlauf ist offensichtlich, messbar und kann ins Verhältnis zum normativen Anteil, zum Gruppen- bzw. Stichprobenverlauf, gesetzt werden.

Jenseits dieser statistischen Evidenz dürfte die Normativität der Selbstwertentwicklung auch aufgrund qualitativer Variabilität eingeschränkt sein. Selbstwert mag für unterschiedliche Menschen, in unterschiedlichen Kulturen, Epochen und Lebensabschnitten eine unterschiedliche Bedeutung haben. In individualistischen Gesellschaften scheint Selbstwert eher die Konnotation von Kompetenz („self-competence"), in kollektivistischen eher die Konnotation von Selbstakzeptanz („self-liking") zu haben (Taforodi/Lang/Smith 1999). Bereits erwähnt wurde der Befund des wachsenden Zusammenhangs zwischen dem globalen Selbstwertgefühl und sozialer Erwünschtheit in jüngeren Kohorten (Twenge/Campbell 2001). In ähnlicher Weise dürften sich auch Individuen darin unterschieden, zu welchen Anteilen ihre Antwort auf ein Selbstwertitem durch genuine Selbstakzeptanz oder bewusste wie unbewusste Selbstdarstellung generiert werden. So deutete sich in einem Beitrag des Autors zum Jahrbuch Jugendforschung 2/2002 (Reitzle 2002) an, dass ein konstant hoher Selbstwert über das Jugendalter im Einzelfall auch Elemente von Selbstüberschätzung und Selbstdarstellung beinhalten kann. Dass es eine Verschiebung der Bedeutung des Selbstwertes von „self-competence" hin zu „self-liking" im Alter geben könnte, gestehen auch die Protagonisten einer normativen Selbstwertentwicklung (Robins/Trzesniewski 2005) implizit zu:

> „The old-age decline may also reflect a shift toward a more modest, humble, and balanced view of the self in old age (Erikson, 1985). That is, older individuals may maintain a deep-seated sense of their own worth, but their self-esteem scores drop because they are increasingly willing to acknowledge their faults and limitations and have a diminished need to present themselves in a positive light to others. Consistent with this interpretation, narcissism tends to decline with age (Foster/Campbell/Twenge 2003)" (Robins/Trzesniewski 2005, 160).

In Würdigung aller genannten Aspekte von Variabilität zum Thema Selbstwert drängt sich das Sprichwort auf: Wat den Een sien Uhl, is den Annern sien Nachtigall. In diesem Sinne ist die Verschiebung von einer normativ-statischen zu einer individualisiert-dynamischen Betrachtung des globalen Selbstwertgefühls sehr vielversprechend. So verstanden hat Selbstwert das Potenzial zu einem, wenn nicht dem, primären Indikator für mehr oder weniger gelungene Entwicklung von der Kindheit bis ins hohe Alter.

Literatur

Baltes, P. B./Mayer, K. U. (Eds.) (1999): The Berlin Aging Study: Aging from 70 to 100. Cambridge, England: Cambridge University Press.

Baltes, P. B./Cornelius, S. W./Nesselroade, J. R. (1979): Cohort effects in developmental psychology. In: Nesselroade, J. R./Baltes, P. B. (Eds.): Longitudinal research in the study of behavior and development. New York: Academic Press.

Baltes, P. B./Reese, H. W./Nesselroade, J. R. (1988): Life-span developmental psychology: Introduction to research methods. Hillsdale, NJ: Lawrence Erlbaum.

Beck, A. T./Steer, R. A. (1987): Manual for the revised Beck Depression Inventory. San Antonio, TX: The Psychological Corporation.

Beck, U. (1992): Risk society: Towards a new modernity. London: Sage.
Bengtson, V. L./Reedy, M. N./Gordon, C. (1985): Aging and selfconceptions: Personality processes and social contexts. In: Birren, J. E./Schaie, K. W. (Eds.): Handbook of the psychology of aging. 2nd edition. New York: Van Nostrand Reinhold, 544-593.
Bergman, L. R./Magnusson, D./El Khouri, B. M. (2003): Studying individual development in an interindividual context. A person-oriented approach. Mahwah, NJ: Lawrence Erlbaum.
Block, J. H./Gjerde, P. F./Block, J. H. (1991): Personality antecedents of depressive tendencies in 18-year-olds: A prospective study. Journal of Personality and Social Psychology, 60, 726-738.
Brandtstädter, J./Greve, W. (1994): The aging self: Stabilizing and protective processes. In: Developmental Review, 14, 52-80.
Bronfenbrenner, U. (1989): Ecological systems theory. In: Vasta, R. (Ed.): Six theories of child development: Revised formulations and current issues. In: Annals of Child Development. Greenwich, CO: JAI Press, 6, 187-249.
Butler, A. C./Hokanson, J. E./Flynn, H. A. (1994): A comparison of self-esteem lability and low trait self-esteem as vulnerability factors for depression. In: Journal of Personality and Social Psychology, 66, 166-177.
Carstensen, L. L./Isaacowitz, D. M./Charles, S. T. (1999): Taking time seriously: A theory of socioemotional selectivity. In: American Psychologist, 54, 165-181.
Cooley, C. H. (1902): Human nature and the social order. New York: Charles Scribner's Sons.
Coopersmith, S. (1967): The antecedents of self-esteem. New York: Freeman.
Coopersmith, S. (1975): Coopersmith Self-Esteem Inventory, technical manual. Palo Alto, CA: Consulting Psychologists Press.
Crowne, D. P./Marlowe, D. (1960): A new scale of social desirability independent of psychopathology. In: Journal of Consulting Psychology, 24, 349-354.
Crowne, D. P./Marlowe, D. (1964): The approval motive. New York: Wiley.
Demo, D. H. (1992): The self-concept over time: Research issues and directions. In: Annual Review of Sociology, 18, 303-326.
Dusek, J. B./Flaherty, J. F. (1981): The development of the self-concept during the adolescent years. In: Monographs of the Society for Research in Child Development, 46, 1-61.
Dykman, B. J. (1998): Integrating cognitive and motivational factors in depression: Initial tests of a goal-orientation approach. In: Journal of Personality and Social Psychology, 74, 139-158.

Eccles, J. S./Wigfield, A./Flanagan, C. A./Miller, C./Reuman, D./Yee, D. (1989): Self-concepts, domain values, and self-esteem: Relations and changes at early adolescence. In: Journal of Personality, 57, 283-310.

Eid, M./Diener, E. (2004): Global judgments of subjective well-being: Situational variability and long-term stability. In: Social Indicators Research, 65, 245-277.

Erikson, E. (1950): Growth and crisis of the healthy personality. In: Psychological Issues, 1, 50-100.

Erikson, E. H. (1985): The life cycle completed: A review. New York: W. W. Norton.

Erol, R. Y./Orth, U. (2011): Self-esteem development from age 14 to 30 years: A longitudinal study. In: Journal of Personality and Social Psychology, 101, 607-619.

Ford, D. H./Lerner, R. M. (1992): Developmental systems theory: An integrative approach. Newbury Park, CA: Sage.

Foster, J. D./Campbell, W. K./Twenge, J. M. (2003): Individual differences in narcissism: Inflated self-views across the lifespan and around the world. In: Journal of Research in Personality, 37, 469-486.

Franck, E./De Raedt, R. (2007): Self-esteem reconsidered: Unstable self-esteem outperforms level of self-esteem as vulnerability marker for depression. In: Behaviour Research and Therapy, 45, 1531-1541.

Galambos, N. L./Barker, E. T./Krahn, H. J. (2006): Depression, self-esteem, and anger in emerging adulthood: Seven-year trajectories. In: Developmental Psychology, 42, 350-365.

Gergen, K. J. (1973): Social psychology as history. In: Journal of Personality and Social Psychology, 26, 309-320.

Gilligan, C. (1982): In a different voice: Psychological theory and women's development. Cambridge, MA: Harvard University Press.

Gough, H. G. (1957): Manual for the California Psychological Inventory. Palo Alto, CA: Consulting Psychologists Press.

Gough, H. G. (1987): California Psychological Inventory: Administrator's guide. Palo Alto, CA: Consulting Psychologists Press.

Gough, H. G./Bradley, P. (1996): The California Psychological Inventory manual, 3nd edition. Palo Alto, CA: Consulting Psychologists Press.

Harter, S./Whitesell, N. R. (2003): Beyond the debate: Why some adolescents report stable self-worth over time and situation, whereas others report changes in self-worth. In: Journal of Personality, 71, 1027-1058.

Hawkins, J. D./Catalano, R. F./Miller, J. Y. (1992): Risk and protective factors for alcohol and other drug problems in adolescence and early adulthood: Implications for substance abuse prevention. In: Psychological Bulletin, 112, 64-105.

Hayes, A, M./Harris, M. S./Carver, C. S. (2004): Predictors of self-esteem variability. In: Cognitive Therapy and Research, 28, 369-385.

Hirsch, B. J./DuBois, D. L. (1991): Self-esteem in early adolescence: The identification and prediction of contrasting longitudinal trajectories. In: Journal of Youth and Adolescence, 20, 53-72.

Hirsch, B. J./Rapkin, B. D. (1987): The transition to junior high school: A longitudinal study of self-esteem, psychological symptomatology, school life, and social support. In: Child Development, 58, 1235-1243

Huang, C. (2010): Mean-level change in self-esteem from childhood through adulthood: Meta-analysis of longitudinal studies. In: Review of General Psychology, 14, 251-260.

James, W. (1890): The principles of psychology, (1). New York: Holt.

Jessor, R./Jessor, S. L. (1977): Problem Behavior and Psychosocial Development: A Longitudinal Study of Youth. Academic Press, New York.

Johnston, L. D./O'Malley, P. M. (1986): Why do the nation's students use drugs and alcohol: Self-reported reasons from nine national surveys. In: Journal of Drug Issues, 16, 29-66.

Kaplan, H. B. (1980): Deviant behavior in defense of self. New York: Academic Press.

Kaplan, H. B./Martin, S. S./Robbins, C. (1984): Pathways to adolescent drug use: Self-derogation, peer influence, weakening of social controls, and early substance use. In: Journal of Health and Social Behavior, 25, 270-289.

Kernis, M. H. (2005): Measuring self-esteem in context: The importance of stability of self-esteem in psychological functioning. In: Journal of Personality, 73, 1-37.

Kernis, M. H./Grannemann, B. D./Barclay, L. C. (1989): Stability and level of self-esteem as predictors of anger arousal and hostility. In: Journal of Personality and Social Psychology, 56, 1013-1022.

Kernis, M. H./Grannemann, B. D./Barclay, L. C. (1992): Stability of self-esteem: Assessment, correlates, and excuse making. In: Journal of Personality, 60, 621-644.

Kernis, M. H./Paradise, A. W./Whitaker, D. J./Wheatman, S. R./Goldman, B. N. (2000): Master of one's psychological domain? Not likely if one's self-esteem is unstable. In: Personality and Social Psychology Bulletin, 26, 1297-1305.

Kernis, M. H./Whisenhunt, C. R./Waschull, S. B./Greenier, K. D./Berry, A. J./Herlocker, C. E. et al. (1998): Multiple facets of self-esteem and their relations to depressive symptoms. In: Personality and Social Psychology Bulletin, 24, 657-668.

Kim, J./Cicchetti, D. (2009): Mean-level change and intraindividual variability in self-esteem and depression among high-risk children. In: International Journal of Behavioral Development, 33, 202-214.

Köller, O./Trautwein, U./Lüdtke, O./Baumert, J. (2006): Zum Zusammenspiel von schulischer Leistung, Selbstkonzept und Interesse in der gymnasialen Oberstufe. In: Zeitschrift für Pädagogische Psychologie, 20, 27-39.

Kroger, J. (1992): Intrapsychic dimensions of identity during late adolescence. In: G. R. Adams, T. P./Gullotta/Montemayor, R. (.): Adolescent identity formation. Newbury Park, CA: Sage, 123-144.

Kwan, V. S. Y./John, O. P./Thein, S. M. (2007): Broadening the research on self-esteem: A new scale for longitudinal studies. In: Self and Identity, 6, 20-40.

Lerner, R. M. (1991): Changing organism-context relations as the basic process of development: A developmental-contextual perspective. In: Developmental Psychology, 27, 27-32.

Levenson, M. R./Crumpler, C. A. (1996): Three models of adult development. In: Human Development, 39, 135-149.

Marcia, J. E. (1994): The empirical study of ego identity. In: Bosma, H. A./ Graafsma, T. L. G./Grotevant, H. D./de Levita, D. L. (Eds.), Identity and development. An interdisciplinary approach.Thousand Oaks, CA: Sage, 67-80.

Markus, H. R./Kitayama, S. (1991): Culture and the self: Implications for cognition, emotion, and motivation. In: Psychological Review, 98, 224-253.

Marsh, H. W./Kong, C.-K./Hau, K.-T. (2000): Longitudinal multilevel modeling of the big fish little pond effect on academic self-concept: Counterbalancing social comparison and reflected glory effects in Hong Kong high schools. In: Journal of Personality and Social Psychology, 78, 337-349.

McArdle, J. J./Epstein, D. (1987): Latent Growth Curves within developmental Structural Equation Models. In: Child Development, 58, 110-133.

McArdle, J. J./Nesselroade, J. R. (2003): Growth Curve Analysis in contemporary psychology research. In: Schinka, J. A./Velicer, W. F. (Eds.): Handbook of psychology (2). Hoboken, NJ: Wiley & Sons, 447-480.

McArdle, J. J./Hamagami, F./Meredith, W./Bradway, K. P. (2000): Modeling the dynamic hypotheses of Gf-Gc theory using longitudinal life-span data. In: Learning and Individual Differences, 12, 53-79.

Molenaar, P. C. M. (1985): A dynamic factor model for the analysis of multivariate time series. In: Psychometrika, 50, 181-202.

Molenaar, P. C. M. (2004): A manifesto on psychology as ideographic science: Bringing the person back into scientific psychology, this time forever. In: Measurement, 2, 201-218.

Musher-Eizenman, D. R./Nesselroade, J. R./Schmitz, B. (2002): Perceived control and academic performance: A comparison of high- and low performing children on within-person change patterns. In: International Journal of Behavioural Development, 26, 540-547.

Neiss, M. B./Sedikides, C./Stevenson, J. (2006): Genetic influences on level and stability of self-esteem. In: Self and Identity, 5, 247-266.

Nesselroade, J. R. (1991): Interindividual differences in intraindividual change. In: Collins, L. M./Horn, J. L. (Eds.): Best methods for the analysis of change. Washington, DC: American Psychological Association, 92-105.

Nesselroade, J. R. (2004): Intraindividual variability and short-term change. In: Gerontology, 50, 44-47.

Nesselroade, J. R./Baltes, P. B. (1974): Adolescent personality development and historical change, 1970-1972. Monographs of the Society for Research in Child Development, 39, 1, Serial No. 154.

Noam, G. (1999): The psychology of belonging: Reformulating adolescent development. In: Esman, A. H./Flaherty, L. T./Horowitz, H. A. (Eds.): Adolescent psychiatry: Development and clinical studies, 24, Hillsdale, NJ: The Analytic Press. 49-68.

Oelsner, J. (2008): Selbstwertentwicklung im Jugendalter. Differentielle Verläufe der Selbstwertentwicklung in unterschiedlichen Schultypen des deutschen Schulsystems. Friedrich-Schiller-Universität Jena: Unveröffentlichte Diplomarbeit.

Offer, D./Offer, J. (1977): From Teenage to Young Manhood. New York, Basic Books.

Oosterwegel, A./Field, N./Hart, D./Anderson, K. (2001): The relation of self-esteem variability to emotion variability, mood, personality traits, and depressive tendencies. In: Journal of Personality, 69, 689-707.

Orth, U./Trzesniewski, K. H./Robins, R. W. (2010): Self-esteem development from young adulthood to old age: A cohort-sequential longitudinal study. Journal of Personality and Social Psychology, 98, 645-658.

Overton, W. F. (1998): Developmental psychology: Philosophy, concepts, and methodology. In: Damon. W./Lerner, R. M. (Eds.): Handbook of child psychology, 1, New York: Wiley, 107-188.

Overton, W. F./Ennis, M. D. (2006): Cognitive-developmental and behavior-analytic theories: Evolving into complementarity. In: Human Development, 49, 143-172.

Pinherio, J. C./Bates, D. M. (2000): Mixed-effects models in S and S-PLUS. New York: Springer.
Raudenbush, S. W./Bryk, A. S./Congdon, R. (2008): HLM6: Hierarchical linear and nonlinear modeling. Lincolnwood, IL: Scientific Software International.
Reitzle, M. (2002): Ein gutes Selbstwertgefühl im Jugendalter - Garant für eine erfolgreiche Biographie? In: Merkens, H./Zinnecker, J. (Hrsg.): Jahrbuch Jugendforschung, 2, 2002, Opladen: Leske + Budrich, 145-171.
Roberts, J. E./Gotlib, I. H./Kassel, J. D. (1996): Adult attachment security and symptoms of depression: The mediating roles of dysfunctional attitudes and low self-esteem. In: Journal of Personality and Social Psychology, 70, 310-320.
Roberts, J. E./Kassel, J. D./Gotlib, I. H. (1995): Level and stability of self-esteem as predictors of depressive symptoms. In: Personality and Individual Differences, 19, 217-224.
Robins, R. W./Trzesniewski, K. H. (2005): Self-esteem development across the lifespan. In: Current Directions in Psychological Science, 14, 158-162.
Robins, R. W./Hendin, H. M./Trzesniewski, K. H. (2001): Measuring global self-esteem: Construct validation of a single-item measure and the Rosenberg Self-Esteem Scale. In: Personality and Social Psychology Bulletin, 27, 151-161.
Robins, R. W./Trzesniewski, K. H./Tracy, J. L./Gosling, S. D./Potter, J. (2002): Global self-esteem across the life span. In: Psychology and Aging, 17, 423-434.
Rogosa, D. (1995): Myths and methods: „Myths about longitudinal research“ plus supplemental questions. In: Gottman, J. M. (Ed.): The analysis of change, Mahwah, NJ: Lawrence Erlbaum. 3-65.
Rosenberg, M. (1965): Society and the adolescent self-image. Middletown, CT: Wesleyan University Press.
Rosenberg, M. (1986): Self-concept from middle childhood through adolescence. In: Suls, J./Greenwald, A. G. (Eds.), Psychological perspectives on the self (3). Hillsdale, NJ: Erlbaum. 107-135.
Rutter, M. (1987): Psychosocial resilience and protective mechanisms. In: American Journal of Orthopsychiatry, 57, 316-331.
Savin-Williams, R. C./Demo, D. H. (1984): Developmental change and stability in adolescent self-concept. In: Developmental Psychology, 20, 1100-1110.
Scheier, L. M./Botvin, G. J/Griffin, K. W./Diaz, T. (2000): Dynamic growth models of self-esteem and adolescent alcohol use. In: Journal of Early Adolescence, 20, 178-209.

Schulenberg, J. E./Maggs, J. L./O'Malley, P. M. (2003): How and why the understanding of developmental continuity and discontinuity is important. In: Mortimer, J. T./Shanahan, M. J. (Eds.), Handbook of the life course. New York: Plenum Press, 413-436.

Silbereisen, R. K./Eyferth, K. (1986): Development as action in context. In: Silbereisen, R. K./Eyferth. K./Rudinger, G. (Eds.): Development as action in context: Problem behavior and normal youth development. New York: Springer, 3-16.

Simmons, R. G./Burgeson, R./Carlton-Ford, S./Blyth, D. A. (1987): The impact of cumulative change in early adolescence. In: Child Development, 58, 1220-1234.

Taforodi, R. W./Lang, J. M./Smith, A. J. (1999): Self-esteem and the cultural trade-off: Evidence for the role of individualism-collectivism. In: Journal of Cross-Cultural Psychology, 30, 620-640.

Trzesniewski, K. H./Robins, R. W. (2004): A cohort-sequential study of self-esteem from age 25 to 96. Poster presented at the Society for Personality and Social Psychology. Austin, Texas.

Trzesniewski, K. H./Donnellan, M. B./Robins, R. W. (2001): Self-esteem across the life span: A meta-analysis. Poster session presented at the biennial meeting of the Society for Research on Child Development, Minneapolis, MN.

Trzesniewski, K. H./Donnellan, M. B./Robins, R. W. (2003): Stability of self-esteem across the life span. In: Journal of Personality and Social Psychology, 84, 205-220.

Twenge, J. M./Campbell, W. K. (2001): Age and birth cohort differences in self-esteem: A cross-temporal meta-analysis. In: Personality and Social Psychology Review, 5, 321-344.

Wilkinson, L. (1999): Graphics. New York: Springer.

Zimmerman, M. A/Arunkumar, R. (1994): Resiliency research: Models, issues, and policy implications. In: Social Policy Report, 8, 1-18.

Zimmerman, M. A./Copeland, L. A./Shope, J. T./Dielman, T. E. (1997): A longitudinal study of self-esteem: Implications for adolescent development. In: Journal of Youth and Adolescence, 26, 117-141.

Anhang

Infokasten „Berliner Jugendlängsschnitt“

Der Berliner Jugendlängsschnitt (Projektleiter: Prof. Dr. R. K. Silbereisen, Prof. Dr. K. Eyferth; DFG-Projekt „Jugendentwicklung und Drogen“, Si 296/ff.) hatte primär zum Ziel, ein theoretisches Modell zu entwickeln und zu überprüfen, das jugendlichen Drogengebrauch als eine mögliche Strategie versteht, mit der Heranwachsende die Entwicklungsaufgaben ihrer Jugendzeit zu bewältigen trachten. Die Bewältigung jugendtypischer Entwicklungsaufgaben und die Teilhabe an der Jugendkultur bildeten deshalb einen Schwerpunkt der Analyse. Darüber hinaus wurden ein breites Spektrum jugendlicher Verhaltensweisen, Freizeitaktivitäten, Devianz sowie etliche Persönlichkeitsmerkmale wie Selbstwertgefühl, Selbstaufmerksamkeit und Bewältigungsdispositionen im Umgang mit Alltagsstress erfasst. Die schulbasierte Fragebogenerhebung folgte einem Kohortensequenz-Design und richtete sich an drei Kohorten aus der Normalpopulation im Altersbereich von 11 bis 17 Jahren. Die schriftlichen Befragungen fanden von 1982 bis 1988 im jährlichen Abstand statt. Sie wurden ergänzt durch umfangreiche Feldbeobachtungen an jugendtypischen Freizeitorten und Interviews mit Besuchern dieser Settings.

Schwerpunkt B – Erfolgreiche Jugend

Vorwort

Der zweite Schwerpunkt des vorliegenden Jahrbuchs möchte einen expliziten Kontrapunkt zu der ansonsten teilweise sehr einseitig geführten Diskussion um die Risiken und Probleme des Jugendlebens – wie wir sie etwa in der Diskussion um Jugendgewalt sehen können – setzen. Die hier versammelten Beiträge beziehen sich auf Jugendliche (bzw. auf Jugenden), die sich alles in allem als ‚erfolgreiche' Jugendliche bezeichnen lassen, sei es, dass sie als Jugendliche mit Migrationshintergrund den Bildungsaufstieg schaffen, oder sei es, dass sie über eine spezifische Hochbegabung verfügen. In jedem Fall geht es um erfolgreiche biografische Trajektorien in der Jugendphase – eine wichtige Facette für ein umfassendes Bild heutiger Jugend.

Karin Schittenhelm geht im ersten Beitrag dieses Schwerpunkts der Frage nach, welche unterschiedlichen Wege des Bildungserwerbs sich bei Jugendlichen und jungen Erwachsenen mit Migrationshintergrund nachzeichnen lassen. Ihr Fokus liegt dabei auf denjenigen Jugendlichen mit Migrationshintergrund, die erfolgreiche – wenngleich teils verschlungene – Bildungswege gehen.

Werner Georg und *Tim Heyne* untersuchen in ihrem Beitrag inwieweit die Akkumulation kulturellen Kapitals mit Blick auf hochkulturelle Aktivitäten den Schulerfolg von Kindern und Jugendlichen beeinflusst. Dabei zeigen sie, dass hochkulturelle Aktivitäten einerseits von der sozialen Lage wesentlich mit beeinflusst werden, andererseits solcherart Aktivtäten signifikant mit dem Schulerfolg verbunden sind. Kulturelles Kapital zeigt sich damit einmal mehr als ein wichtiger Erfolgsfaktor in der Jugendphase.

Im dritten Beitrag setzen sich *Jörn R. Sparfeldt* und *Detlef H. Rost* mit hochbegabten und hochleistenden Jugendlichen auseinander. Sie zeigen, dass Jugendliche, die im Bereich von (schulischen und fachlichen) Leistungen als erfolgreich gelten können, sich auch in anderen Lebensbereichen häufig positiver entwickeln als andere Jugendliche. Die These vom Zusammenhang zwischen Hochbegabung/Hochleistung und damit einhergehenden Entwicklungsproblemen lässt sich auf der Basis der in diesem Beitrag zusammengetragenen Befunde nicht aufrechterhalten.

Heinz Reinders und *Gabriela Christoph* zeigen schließlich wie sich das Engagement von Jugendlichen im Bereich gemeinnütziger Tätigkeit auf deren Entwicklung auswirkt und dass sich eine sozialisatorische Wirkung des Ehrenamts bei den Jugendlichen je deutlicher nachweisen lässt, je mehr sie dabei in unmittelbaren Kontakt mit hilfsbedürftigen Menschen kommen. Ehrenamtliche Tätigkeiten sind damit ein wichtiger Baustein erfolgreicher Sozialisation im Jugendalter und am Beginn des jungen Erwachsenenalters.

Mit Migrationshintergrund zum Abitur. Heterogene Wege des Erwerbs von Bildung und Wissen[1]

Achieving A-Levels from a Migration Background – Heterogeneous Ways of Acquiring Education and Knowledge

Karin Schittenhelm

Zusammenfassung: Die Wege zu Abitur und Studium sind auch für Jugendliche mit Migrationshintergrund vielfältig und werden nicht nur über den Besuch des Gymnasiums, sondern auch über indirekte Laufbahnen, wie z.B. über eine vorherige Berufsausbildung, beschritten. Der Beitrag interessiert sich für die jeweiligen Voraussetzungen und Umstände des Bildungserfolgs, der sich – je nach Laufbahn – zu einem früheren oder späteren Zeitpunkt der Biographie einstellt. Dabei kommen die institutionellen Rahmenbedingungen der jeweiligen Laufbahnen wie auch deren Bedeutung für Schülerinnen und Schüler mit Migrationshintergrund zur Sprache. Die zur Diskussion gestellten empirischen Ergebnisse beruhen auf einer Auswertung qualitativer Interviews mit Frauen und Männern, die über einen Migrationshintergrund verfügen und in Deutschland ihre Bildungsabschlüsse erworben haben. Die wissenssoziologisch fundierte Analyse zeigt die Strategien und handlungsleitenden Orientierungen der Jugendlichen bzw. jungen Erwachsenen auf. Sie fragt nach konstitutiven Bedingungen des erfolgreichen Bildungsverlaufs, insbesondere auch dann, wenn der Weg zum Abitur weder durch die Stellung und das Bildungskapital der Eltern, noch durch die zu Beginn der Laufbahn besuchten Bildungsinstitutionen vorgegeben ist.

Schlüsselwörter: Migration, Bildungsbiographien, Wissenssoziologie, qualitative Interviews

1 Einige der im Beitrag präsentierten empirischen Befunde wurden auf dem Kongress „Chancen eröffnen – Begabungen fördern: Bildung gerecht gestalten“ der Bundeszentrale für Politische Bildung am 19. Mai 2011 in Berlin vorgestellt. Dem dortigen Fachpublikum danke ich für eine Diskussion der Befunde. Für hilfreiche Anmerkungen zu einer früheren Fassung des vorliegenden Textes danke ich außerdem Arnd-Michael Nohl sowie Ludwig Stecher.

Abstract: For young people with a migration background there are several ways to achieve A-Levels and university degrees besides attending a Gymnasium including indirect careers such as previous vocational training. This contribution considers the respective preconditions and circumstances of the educational success that – depending on the respective career – is achieved at an earlier or a later stage of one's biography. In this context both the prevailing institutional conditions of the respective careers and their meaning for students with a migration background will be discussed. The empirical results presented are based on the evaluation of qualitative interviews with women and men with a migration background who had completed their educational degrees in Germany. The knowledge sociological-based analysis reveals strategies and action-guiding orientations of youths or young adults. It looks at constitutive conditions for successful educational careers, particularly if achieving A-Levels is predetermined neither by the parents' social position and educational capital nor by the educational institutions attended at the beginning of the school career.

Keywords: Migration, educational biographies, sociology of knowledge, qualitative interviews

1. Einleitung

Neben Töchtern und Söhnen von Akademikern aus dem Ausland besuchen mittlerweile auch Jugendliche und junge Erwachsene, deren Eltern als Arbeitsmigranten aus den ehemaligen Anwerbeländern nach Deutschland kamen, das Gymnasium und die Universität. Nach der 19. Sozialerhebung des Deutschen Studentenwerkes stellen im Jahr 2009 Frauen und Männer mit Migrationshintergrund 11 Prozent der Studierenden dar (Isserstedt et al. 2010, 500).[2] Dem dritten Bildungsbericht zufolge hatten im Jahr 2008 von den Studierenden zwischen 20 bis unter 30 Jahren bereits knapp 17 Prozent einen Migrationshinter-

2 Dabei gelten – ungeachtet ihrer derzeitigen Staatsangehörigkeit – diejenigen als Personen mit Migrationshintergrund, die selbst oder deren Eltern oder Großeltern nach 1949 nach Deutschland einwanderten und als Bildungsinländer/-innen diejenigen mit ausländischer Staatsangehörigkeit, die in Deutschland ihre Hochschulzugangsberechtigung erworben haben (Isserstedt et al. 2010, 501). Von den Bildungsinländer/-innen hat der weitaus größte Teil (25%) die türkische Staatsangehörigkeit (ebd., 504). Bei 34 Prozent der Studierenden mit Migrationshintergrund wird die soziale Herkunft als niedrig eingestuft, während dies bei den Einheimischen nur für 13 Prozent gilt (ebd., 506).

grund (Arbeitsgruppe Bildungsberichterstattung 2010, 124).[3] Ihre Bildungslaufbahnen und damit einhergehende biographische Erfahrungen wurden in neueren qualitativen Untersuchungen ebenfalls zur Kenntnis genommen (Badawia 2002; Hummrich 2002; Pott 2002; Ofner 2003; Raiser 2007; Schittenhelm 2007; Tepecik 2011). Dabei kritisieren einige Autoren/-innen auch die Verengung des bisherigen Blicks auf die zweite Migrationsgeneration und treten für eine Erweiterung der bisherigen Debatte ein, die auch die Bildungserfolgreichen zur Kenntnis nimmt (Pott 2002; Raiser 2007; Tepecik 2011).

Die Wege zu Abitur und Studium sind hierzulande jedoch vielfältig; dies gilt für Jugendliche mit Migrationshintergrund ebenso wie für diejenigen aus einheimischen Familien. Der folgende Beitrag hat das Ziel, Such- und Orientierungsprozesse Jugendlicher bzw. junger Erwachsener mit Migrationshintergrund auf verschiedenen Wegen zum Abitur aufzuzeigen und mögliche Varianten ihrer „Bildungserfolge" zur Diskussion zu stellen. Mit einer solchen Fragestellung richtet sich die Aufmerksamkeit auch auf solche Jugendliche, deren Bildungserfolge sich später, vielleicht sogar „nachträglich" herstellen, nachdem sie mit eher ungünstigen und nicht unbedingt selbst gewählten schulischen Voraussetzungen von der allgemein bildenden Schule abgingen (vgl. hierzu auch den Beitrag von Berg/Ecarius/Hößl in diesem Band). Unter Bildungserfolgen verstehe ich dabei den erfolgreichen Erwerb eines seitens der Absolventinnen und Absolventen erwünschten Bildungstitels. Neben einer Darstellung der Heterogenität der Bildungswege einer erst seit kurzem beachteten Personengruppe wird auch zu fragen sein, welche Erkenntnisse daraus für die sozialwissenschaftliche Jugend- und Bildungsforschung zu ziehen sind.

Die in diesem Beitrag aufgezeigten Wege zum Abitur unterscheiden sich zunächst darin, in welcher zeitlichen Phase die Weichen für den höheren Bildungsabschluss gestellt werden, d.h. ob dies früher oder später in einer Bildungslaufbahn geschieht. Neben der zeitlichen Dimension sind die institutionellen und sozialen Rahmenbedingungen des Zugangs zum Abitur bei einer Gegenüberstellung der unterschiedlichen Laufbahnen zu beachten. Lassen sich besondere Umstände oder Entstehungsbedingungen aufzeigen, die für die Absolventen/-innen der Laufbahnen jeweils charakteristisch sind und inwiefern zeichnen sich auch übergreifende Parallelen ab?[4]

---

3 Dies ist Ergebnis einer Sonderauswertung des Mikrozensus, die auf alle Studierenden hochgerechnet wurde (AG Bildungsberichterstattung 2010, 124 und Tab. F2-5A).

4 Allerdings ist fraglich, ob von Gemeinsamkeiten bildungserfolgreicher Jugendlicher mit Migrationshintergrund gesprochen werden kann. Die Debatte, dass für Jugendliche mit Migrationshintergrund ebenfalls eine Ausdifferenzierung von Lebensstilen und Orientierungen zu beachten ist, wurde bereits für die über das Berufsbildungssystem vermittelten Laufbahnen zur Diskussion gestellt, s. Granato (1999), Granato und Schittenhelm (2003).

Mein Beitrag interessiert sich für die Voraussetzungen des Bildungserfolgs von Jugendlichen mit Migrationshintergrund, d.h. er fragt nach hierfür konstitutiven Bedingungen einschließlich der handlungsleitenden Orientierungen auf Seiten der Schülerinnen und Schüler. Diese sind Bestandteil eines alltagsweltlichen Wissens, das – im Sinne der Wissenssoziologie und ihrem Verständnis einer ‚Seinsverbundenheit' des Wissens[5] – an einen sozialen Raum bzw. an soziale Lagen gebunden ist. Der Migrationshintergrund ist hierbei nicht für sich genommen ausschlaggebend, sondern spielt in Verbindung mit der Klassenlage oder auch der Geschlechtszugehörigkeit eine Rolle. Jugendliche, deren Eltern nach Deutschland einwanderten und hier aufgewachsen sind, haben auch Anteil an geschlechts- und generationsspezifischen Erfahrungsräumen[6] im Ankunftsland sowie an Bildungsmilieus, die durch vergleichbare soziale Lagen gekennzeichnet sind (Schittenhelm 2005a, b). Wenn über den Migrationshintergrund ein sozialer Raum noch nicht eindeutig bestimmt ist, folgt daraus auch, dass eine potentielle Heterogenität der Bildungswege und Orientierungen von ‚Jugendlichen mit Migrationshintergrund' zu beachten ist. Selbst wenn sie einen vergleichbaren Bildungstitel wie das Abitur oder Fachabitur erwerben, haben sie dafür durchaus unterschiedliche Bedingungen, wie im Folgenden noch weiter ausgeführt wird.

Mit dem Interesse an einem Orientierungswissen fragt der Beitrag nicht allein nach dem institutionell vermittelten Wissen, das über Bildungstitel zertifiziert wird, sondern darüber hinaus nach biographisch erworbenen Wissensbeständen, die als handlungsleitende Orientierungen für einen Bildungsverlauf relevant werden und für den Erwerb wie auch die Verwertung von Bildungstiteln eine Rolle spielen. Die Bedeutung eines biographisch erworbenen, inkorporierten Wissens wird in den Sozial- und Erziehungswissenschaften auch mit Blick auf den Begriff des kulturellen Kapitals von Bourdieu (1979, 1983) zur Diskussion gestellt. Doch geht es dabei nicht allein darum, über welche Kenntnisse und Fähigkeiten Personen mit Migrationshintergrund verfügen und wie sie sich damit beispielsweise in bestehenden Institutionen orientieren und präsentieren. Entscheidend ist auch, welche Anerkennung oder Entwertung die Bestandteile ihres kulturellen Kapitals durch Dritte erfahren. Der Begriff des kulturellen Kapitals von Bourdieu entspricht also dem, was Norbert Elias (1996) einmal als

5 Eine ‚Seinsverbundenheit' des Wissens im Sinne einer Rückbindung mentaler Strukturen an soziale Lebensverhältnisse ist ein zentrales Thema der Arbeiten Karl Mannheims (1964, 1980). Siehe zu den theoriegeschichtlichen Hintergründen dieser wissenssoziologischen Tradition Šuber (2006, 253ff.) und zur theoretischen Grundlegung für Methoden einer rekonstruktiven Sozialforschung Bohnsack (2006).

6 Zu mehrdimensionalen Erfahrungsräumen mit Bezug auf Generation, Geschlecht und Klassenlage siehe Bohnsack und Nohl (1998).

einen Begriff der Relationen diskutierte.[7] Der Wert eines kulturellen Kapitals, d.h. der betreffenden Bildungstitel und sämtlicher Kenntnisse und Fähigkeiten über die Personen verfügen, besteht nach diesem Verständnis nicht für sich genommen, sondern ist in Relation zu einem sozialen Umfeld und den dort gegebenen Voraussetzungen für eine Realisierung der entsprechenden Kenntnisse und Fähigkeiten zu sehen (vgl. Schittenhelm 2007). Insofern gibt es nicht ein Wissensrepertoire, das für alle gleichermaßen gültig und nützlich ist. Wer in einem gegebenen Umfeld dem Risiko einer Nichtanerkennung des eigenen Bildungstitels oder des eigenen Wissens und Könnens ausgesetzt ist, benötigt unter Umständen andere Wissensvorräte und Strategien als diejenigen Trägerinnen und Träger eines Bildungstitels, deren soziale Anerkennung gesichert ist. Je nachdem, welche Wege zum Abitur beschritten werden, finden Jugendliche mit Migrationshintergrund außerdem ganz unterschiedliche Umstände und Bedingungen für ihren Erwerb von Bildung im engeren Sinne sowie von ‚Wissen' im hier ausgeführten umfassenden Sinne vor.

Die im Weiteren vorgestellten empirischen Befunde beruhen auf einer qualitativen Untersuchung zu sogenannten Bildungsinländer/-innen[8], die Teilprojekt einer größer angelegten Untersuchung war.[9] Entscheidend für die Fallauswahl waren die im Ankunftsland erworbenen Bildungsvoraussetzungen.[10] Das Her-

---

7 Elias, der für einen „Beziehungsbegriff" plädiert (Elias 1996, 125), wendet sich dagegen, gesellschaftliche Phänomene als statischen Zustand oder als eine vom gesellschaftlichen Ganzen losgelöste Einheit zu denken. Stattdessen betont er Prozesscharakter und Interdependenz derselben, was er z.B. anhand seines Figurationsbegriffs hervorhebt. Anders als interaktionssoziologische Perspektiven betont er jedoch eine Strukturiertheit der interdependenten Beziehungen, die er auch als „Verflechtungszusammenhänge" mit Blick auf ihre Einbindung in (gesamt-) gesellschaftliche Entwicklungen diskutiert (Elias 1996, 146ff.).

8 Der bekanntermaßen wenig eindeutige Begriff des Migrationshintergrundes bezieht sich hier also auf Personen, die entweder als Kinder von Zugewanderten bereits in Deutschland geboren sind und damit im engeren Sinne der zweiten Migrationsgeneration angehören, oder noch während ihres Bildungsverlaufs nach Deutschland kamen. Damit gehören diejenigen, die von manchen Migrationsforscher/-innen nochmals als 1,5 Generation (als Kinder nach Deutschland gekommen) oder als „Spät Zugereiste" differenziert werden, mit zu den hier als „Bildungsinländer/-innen" Befragten.

9 Die Befragung fand in der von der VolkswagenStiftung geförderten Untersuchung „Kulturelles Kapital in der Migration" statt. In den diversen Teilprojekten waren mehrere Vergleiche eingeplant. Ich spreche im Folgenden von Bildungsinländer/-innen in Deutschland, die im Teilprojekt an der Universität Siegen befragt wurden. Außer der Autorin waren hier Steffen Neumann und Regina Soremski als wissenschaftliche Mitarbeiter/-innen sowie Hülya Akkas, Thorsten Hummerich, Kathrin Klein, Stefan Kohlbach und Antje Winkler als studentische Mitarbeiter/-innen beteiligt. Zur Anlage der Gesamtuntersuchung siehe Nohl, Schittenhelm, Schmidtke und Weiß (2006).

10 Siehe hierzu auch Ansätze aus der Migrationsforschung, die sich mit Blick auf die zweite Generation explizit auf Bedingungen des Aufnahmelandes (‚immigrant reception contexts') beziehen (Gualda 2007; Portes/Rumbaut 2001).

kunftsland der Eltern wurde bewusst variiert, um anhand vergleichender Analysen die Reichweite und Gültigkeit der Befunde überprüfen zu können.[11] Insgesamt liegen 56 Interviews vor, die befragten Frauen und Männer verfügen über einen Migrationshintergrund und haben ihre Abschlüsse (30 akademische und 26 beruflich qualifizierte) hierzulande in drei Berufssparten erworben: Medizinische Berufe, naturwissenschaftlich-technische Berufe und Berufe im Bereich Management und Verwaltung. Bei der Auswahl der Befragten wurden die Zugangswege variiert, um nicht durch einen selektiven Feldzugang Befragte aus bestimmten Laufbahnen zu begünstigen und andere eher auszuschließen (Schittenhelm 2009a). Die qualitative Befragung ging mit Hilfe narrativer Interviews im Sinne von Schütze (1983) vor, die Datenanalyse mit dem wissenssoziologisch fundierten Auswertungsverfahren der dokumentarischen Methode (Bohnsack 2010). Es wurde in einer kombinierten Anwendungsform (Maschke/Schittenhelm 2005) verwendet, indem die dokumentarische Interviewanalyse Elemente der Narrationsanalyse einbezog (vgl. Nohl 2009).

Meine weitere Darstellung beginnt mit einem Überblick über verschiedene – direkte und indirekte – Wege hin zum Abitur und stellt dar, welche institutionellen und sozialen Implikationen mit Blick auf Jugendliche mit Migrationshintergrund eine Rolle spielen (Abschnitt 2). Anschließend erhalten „spätere Bildungserfolge" auf indirekten Wegen zum (Fach-)Abitur anhand von empirischen Befunden eine besondere Aufmerksamkeit (Abschnitt 3). Die Bedeutung alltagsweltlicher Wissensbestände für praktische Bildungsprozesse ist weiterhin auf der Grundlage einer ausführlichen empirischen Analyse und damit einhergehenden theoretischen Überlegungen ein Thema (Abschnitt 4). Abschließend werden mit Blick auf sozialwissenschaftliche Erklärungsansätze konstitutive Bedingungen für die Such- und Orientierungsprozesse Jugendlicher mit Migrationshintergrund auf ihren Wegen zum Abitur erörtert und mögliche Folgerungen für die sozialwissenschaftliche Jugend- und Bildungsforschung diskutiert (Abschnitt 5).

---

11 Es handelt sich insofern um einen Forschungsansatz, der Zuschreibungen national-kultureller Besonderheiten vermeidet und sich für die sozialisierenden Bedingungen im Ankunftsland interessiert. Eine bewusste Varianz der Herkunftsländer der Familien ermöglicht, wie sich im Weiteren noch zeigen lässt, eine vergleichende Untersuchung dieser Bedingungen. Eine weitere Möglichkeit wäre, bewusst mit zwei Vergleichsgruppen zu arbeiten und beispielsweise Personen aus zwei Herkunftsländern einzubeziehen s. Raiser (2007).

2. Wege zum Abitur und ihre sozialen Voraussetzungen für Jugendliche mit Migrationshintergrund

Im Verlauf der Untersuchung stellte sich heraus, dass die gewählten Vergleichsgruppen von Akademiker/-innen einerseits und Personen mit Ausbildungsberufen andererseits nicht in jedem Fall eine strikte Trennung erlauben. Von den Befragten mit einer berufspraktischen Ausbildung waren einige – teilweise auch berufsbegleitend – dabei, weiterführende Abschlüsse zu erwerben. D.h. ein Teil der Befragten aus der Vergleichsgruppe mit akademischen Abschlüssen hatte den Weg zum Abitur „regulär" über das Gymnasium beschritten. Anhand der Auswertung zeichneten sich außerdem „indirekte Wege" ab, die auch bei einer Fallgruppe[12] der Befragten mit Berufsausbildung zu beobachten waren. Insgesamt lassen sich die Wege zum Abitur folgendermaßen unterscheiden[13]:

Direkter Weg zum Abitur über den Besuch des Gymnasiums. Entscheidend ist hier, inwiefern während des Übergangs in die Sekundarstufe, sei es aufgrund der Gymnasialempfehlung des Lehrpersonals, der Unterstützung seitens der Eltern oder einer bereits vorhandenen weiterführenden Bildungsorientierung der Schülerinnen und Schüler die Wahl für die höhere Laufbahn getroffen wird.[14]

Indirekte Wege zum Abitur nach dem Verlassen der Schule mit Haupt- oder Realschulabschluss. Hier gibt es einen rein schulischen Werdegang, d.h. direkt nach dem ersten Schulabschluss wird eine Verbesserung der schulischen Voraussetzungen über den Besuch einer Handelsschule oder eines Aufbaugymnasium angestrebt. Weiterhin gibt es einen Weg, der über eine berufliche Ausbildung führt, indem meist über verschiedene Zwischenstationen (Phasen der Berufsausübung, der vorübergehenden Arbeitslosigkeit o. ä.) das Abitur oder Fachabitur nachgeholt wird.

Die Laufbahnen unterscheiden sich für Jugendliche mit Migrationshintergrund nicht allein über ihre institutionelle Rahmung, sondern ebenso anhand informeller Einbindungen bzw. anhand des potentiellen Zugangs zu sozialen Netzwerken von Gleichaltrigen, den sie jeweils eröffnen. Die direkten Wege

12 Die Bildung von Fallgruppen dient zunächst einer Diskussion von Merkmalen, die sich während der Auswertung als relevant herausstellen bzw. ihrer Verteilung innerhalb des vorhandenen Samplings; im weiteren Verlauf kann dies auch mit einer Typenbildung einhergehen (s. a. Schittenhelm 2005a, 134f. und 296f.).

13 Betrachtet man den Werdegang längerfristig, indem Studium und Berufseinstieg berücksichtigt werden, lässt die Aufteilung direkter und indirekter Wege noch mehr Varianten zu (vgl. Schittenhelm et al. 2009; Schittenhelm 2011). Auch vernachlässige ich angesichts der notwendigen Einschränkungen für diesen Beitrag den Weg über die Gesamtschule, der für bildungserfolgreiche Migrantenkinder sicher von erheblicher Bedeutung sein dürfte.

14 Der Vollständigkeit halber soll hier darauf hingewiesen werden, dass dieser Übergang in einzelnen Bundesländern – z.B. Berlin – nach der sechsten Klasse erfolgt.

zum Abitur waren für die Befragten mit einer frühen Vereinzelung als Person mit Migrationshintergrund verbunden.[15] Sie waren die einzigen oder einige der wenigen Schüler/-innen aus eingewanderten Familien in ansonsten überwiegend von Einheimischen besuchten Schulen. Diese Vereinzelung beinhaltete das Risiko einer sozialen Ausgrenzung aus dem Klassenverband, das allerdings nicht zwingend eintreten muss. Im Fallvergleich ließ sich jedoch zeigen, dass dieses Risiko nicht an eine spezifische interkulturelle Beziehung gebunden war und z.B. im Fall von Personen mit türkischem und rumänischem Hintergrund zu beobachten war, ohne dass es für alle Personen mit entsprechendem Migrationshintergrund zutraf (Schittenhelm 2007). Ein Vergleich ermöglichte hier, kulturalistische Deutungen auszuschließen. Das Ausgrenzungsrisiko ließ sich über eine spezifische interkulturelle Konstellation hinweg als Wahrnehmung von Fremdheitsrelationen im Verhältnis zwischen einer etablierten Mehrheit und vereinzelten Neuankömmlingen ermitteln. Dabei zeigt sich ein Verhältnis, das Norbert Elias (Elias/Scotson 1993) in seinem Etablierten-Außenseiter-Modell darstellt: Die Abgrenzung verläuft nicht nach formalen, institutionell vorgegebenen Regeln. Sie zeigt sich vielmehr im alltäglichen Umgang wie in der Häufigkeit und in der sozialen Nähe der Kontakte, z.B. in Pausen, bei Treffen außerhalb der Schule und Geburtstagseinladungen. Auf einer informellen Ebene, die regelt, wer dazu gehört und wer nicht, werden Unterschiede hergestellt – selbst dann, wenn Personen vom institutionell festgelegten Status her gleich gestellt sind (vgl. Schittenhelm 2007). Doch musste dieses Risiko – auch bei Fällen mit vergleichbarem Migrationshintergrund – nicht notwendigerweise auftreten. Es gab auch Befragte, die zwar von einer Vereinzelung als Personen mit Migrationshintergrund, aber von keinen vergleichbaren Erfahrungen einer sozialen Ausgrenzung berichteten. Wie sich Jugendliche in einem solchen Umfeld orientieren und welche Anforderungen damit verbunden sind, ist für ein Verständnis dieser Bildungslaufbahnen von besonderem Interesse.[16] Die höhere Bildungslaufbahn ist hier Teil eines institutionell vermittelten Erwartungshorizonts und im Kreis der Gleichaltrigen ein weithin akzeptiertes Bildungsziel.

15 Hier sind mögliche Veränderungen der letzten Jahre zu bedenken; im Vergleich mit dem zeitlich zurückliegenden Schulbesuch der Befragten können zumindest in städtischen Gebieten mit einem hohen Anteil an zugewanderten Populationen mittlerweile andere prozentuale Anteile bestehen.

16 Ich konzentriere mich an dieser Stelle auf die Konstellation im Peer-Umfeld, da diese für die Gegenüberstellung der Bildungslaufbahnen eine zentrale Bedeutung hat. Doch soll hier nicht vorenthalten werden, dass anderen Studien zufolge auch das Verhalten des Lehrpersonals eine besondere Selbstbehauptung erfordern kann, siehe z.B. für die Schulsituation generell Raiser (2007, 112) und mit Blick auf das vereinzelte Auftreten einer türkischstämmigen Schülerin auf dem Abendgymnasium Tepecik (2011, 154f.).

Im Unterschied zu den Gymnasiasten/-innen sind Befragte auf indirekten Wegen zum Abitur, d.h. über den anfänglichen Besuch der Haupt- oder Realschule, über einen längeren Zeitraum in Schulklassen eingebunden, die einen höheren bis überwiegenden Anteil von Jugendlichen mit Migrationshintergrund aufweisen. Formen der sozialen Vereinzelung als Person mit Migrationshintergrund und deren mögliche Folgen lernten sie nicht bereits in frühen Phasen ihres Bildungsverlaufs kennen, wie dies bei den Gymnasiasten/-innen mit Migrationshintergrund zu beobachten war. Doch war der Weg hin zu höherer Bildung in ihrem Fall weder über die institutionelle, noch über die informelle Einbindung in sozialen Netzwerken von Gleichaltrigen mit ähnlichen Bildungsinteressen vorgegeben. Die Frage, woher „wissen" Jugendliche bzw. junge Erwachsene, wie sie sich in Übergangsprozessen orientieren und welche Optionen für sie wünschenswert und erreichbar sind, ist angesichts ihrer Bildungswege, die schließlich über verschiedene Zwischenstationen zum Abitur führen, von besonderem Interesse.

Zwar ist bereits eine gewisse Heterogenität berücksichtigt, wenn von Bildungserfolgen Jugendlicher mit Migrationshintergrund die Rede ist, die sich – wie einige neuere Studien besonders hervorheben – eben nicht durchgehend auf den ungünstigen Laufbahnen des hiesigen Bildungssystems befinden (vgl. z.B. Raiser 2007; Tepecik 2011). Doch ist darüber hinaus zu beachten, dass es auch in ihren Reihen heterogene Wege zum Abitur gibt:
Sind es bei den einen die Übergänge in die Sekundarstufe, die den Ausschlag geben für den weiteren Bildungsverlauf, wird über den Werdegang der anderen zu einem späteren Zeitpunkt nochmals neu entschieden. Verbunden damit unterscheiden sich neben den institutionellen auch die sozialen Rahmenbedingungen, insbesondere das Verhältnis zwischen Jugendlichen aus einheimischen und aus zugewanderten Familien.

In dieser Hinsicht sind das Bildungssystem wie auch die je unterschiedlichen Übergangssysteme in den Arbeitsmarkt als Kontextbedingungen des Aufnahmelandes zu betrachten, die für die Stellung der Zugewanderten und ihrer Familien von Einfluss werden.[17] Die jeweiligen Laufbahnen sind für die betreffenden Jugendlichen mit einem je spezifischen Anforderungsspektrum verbunden. Während der direkte Weg den Umgang mit einer sozialen Vereinzelung als Person mit Migrationshintergrund und den damit potentiell verbundenen Risiken erfordert, ist bei den indirekten Wegen eine Orientierung an höheren Bildungsabschlüssen erforderlich, ohne dass diese zum Erwartungshorizont der besuchten Bildungseinrichtung, noch des dort überwiegenden Peer-Umfeldes gehört.

---

17 Siehe zu 'immigrant reception contexts' auch Fn. 6.

Von der Frage, welche handlungsleitenden Orientierungen auf Seiten der Jugendlichen diesen Werdegang begünstigen, soll im Folgenden die Rede sein. Meine weiteren Überlegungen richten sich insofern auf die Befragten, die das Abitur auf indirekten Wegen erworben haben, ehe ich in meiner abschließenden Diskussion nochmals auf einen Vergleich der Laufbahnen zu sprechen komme.

3. Verlaufsprozesse indirekter Wege zum Abitur

In der Analyse der indirekten Wege zum Abitur sind die Neu- und Umorientierungen von Interesse, die mit dem Einschlagen einer neuen Bildungslaufbahn einhergehen. An diesen Wendepunkten wird eine andere als die zunächst begonnene Bildungslaufbahn eingeleitet, der Weg hierfür aber möglicherweise bereits über frühere Phasen vorbereitet. Woher resultiert das Interesse an weiterführenden Laufbahnen, nachdem zunächst andere Wege beschritten wurden und worauf beruht das Wissen um diese anderen Optionen? In der folgenden empirischen Analyse wird zu fragen sein, welche Umstände einschließlich der damit einhergehenden Handlungs- und Bewältigungsmuster für das Gelingen eines keinesfalls selbstverständlichen Bildungsaufstiegs[18] eine Rolle spielen. Der Migrationshintergrund wird dabei in Verbindung mit weiteren Dimensionen betrachtet, die sich für die Bildungsgeschichte im Ankunftsland als relevant erweisen.

Im Unterschied zu den bisher aufgezeigten, durch institutionelle und soziale Rahmenbedingungen charakterisierten Wege zum Abitur, interessieren für die nun folgende Unterscheidung der Verlaufsprozesse der indirekten Bildungswege auch die Handlungsstrategien einschließlich der handlungsleitenden Orientierungen der betreffenden Jugendlichen. Anhand komparativer Fallanalysen wurden solche Verlaufsmuster ermittelt, die als über den Einzelfall hinaus übertragbar gelten und bei einer Reihe von Fällen bzw. bei Fallgruppen zu beobachten waren.[19] Ich beschränke mich im Folgenden auf eine Skizzierung von zwei Verlaufsprozessen, von denen einer, den ich als ‚sukzessiven Aufbau weiterführender Bildungsorientierungen' bezeichne, später noch einer weitergehenden Analyse unterzogen wird. Die dargestellten indirekten Wege zum Abitur haben

18 Bildungsaufstieg bezieht sich hier auf die Verbesserung der eigenen Stellung im Verhältnis zum Status der Eltern, diese kann auch bei Jugendlichen aus einheimischen Familien nicht als selbstverständlich gelten (siehe Geißler 2005).

19 Zur Typenbildung in der dokumentarischen Methode siehe Bohnsack (2010, 129ff.) und Nohl (2012), zur Typisierung von Übergangsprozessen siehe Schittenhelm (2005a, 301f.).

jeweils den erfolgreichen Abschluss der Haupt- oder Realschule zum Ausgangspunkt und gehen außerdem mit einer beruflichen Bildung einher.[20]

3. 1 Das Wiederaufgreifen akademischer Optionen

Indirekte Wege zum Abitur zeigen sich bei einer Fallgruppe innerhalb des Samples als ein Wiederaufgreifen akademischer Optionen. Diese spielten bei den betreffenden Personen bereits in einer früheren Phase der Biographie eine Rolle, indem der höhere Bildungsabschluss zunächst angestrebt wurde, aber nicht realisiert werden konnte. Wichtig ist hier, dass der Vergleichshorizont der höheren Schullaufbahn durch Erfahrungen in einer früheren Bildungsphase erworben wurde und bereits für das eigene Handeln relevant war. Dies war der Fall bei Personen, die zuvor das Gymnasium besucht und abgebrochen haben. Nachdem Abitur und weiterführende Laufbahnen danach phasenweise keine vordergründigen Ziele mehr waren, wird diese Option später, nach Erfahrungen in praktischen Ausbildungsberufen, wieder aufgegriffen.

Ein solcher Werdegang ließ sich bei Personen beobachten, die noch in ihrer Schulzeit mit der Familie einwanderten. Der mit der Migration verbundene Schulwechsel auf ein hiesiges Gymnasium brachte erhebliche Anforderungen mit sich: Veränderungen der Unterrichtssprache und der schulischen Lerninhalte, der Schulklasse und des Freundeskreises. Zwar wird der Schulwechsel nicht immer auf derselben Klassenstufe fortgeführt, in den betreffenden Fällen wurden die Schülerinnen und Schüler beim Einstieg in die Schule des Ankunftslandes zurückgestuft. Doch selbst wenn unmittelbare Anfangsschwierigkeiten bewältigt werden, ist ein erfolgreicher Besuch der zunächst eingeschlagenen Bildungslaufbahnen nicht immer möglich.[21] Dies schließt spätere Bildungserfolge jedoch nicht aus, wie der folgende Fall zeigt:

In Deutschland angekommen, musste Jana Schilling[22] das bereits in Rumänien absolvierte neunte Schuljahr aufgrund von sprachlichen Barrieren und fehlender Kenntnisse in bestimmten Schulfächern wiederholen. Bemerkenswert

---

20 Betrachtet man den gesamten Bildungs- und Berufsverlauf lassen sich weitere indirekte Wege in die Hochschule beobachten, z.B. das Absolvieren einer Berufsausbildung nach dem Abitur, ehe dann doch noch der Weg zu einem Studium eingeschlagen wird, siehe Schittenhelm et al. (2009, 37f.).

21 Zurückstufungen betreffen nicht allein Schüler/-innen auf dem gymnasialen Zweig, sondern ebenfalls solche, die der hiesigen Realschule vergleichbare Schulformen im Herkunftsland besuchten, vgl. Schittenhelm (2009b); zur Situation von spät zugereisten Jugendlichen, die im Verlauf ihrer Schulzeit mit ihren Familien nach Deutschland einwandern, siehe auch Seibert (2003).

22 Alle im Beitrag verwendeten Namen sind anonymisiert.

erscheint zunächst, dass sie in Deutschland ihre Bildungslaufbahn – zwar mit einer Wiederholung des Schuljahres, aber auf dem Leistungsniveau eines Gymnasiums – zunächst fortsetzen konnte. Doch die Leistungsanforderungen, insbesondere im Fach Englisch, erfährt sie als Diskrepanz zu ihren in Rumänien erlangten Vorkenntnissen. Als Schwierigkeit stellt sich auch der Bruch mit ihrem bisherigen sozialen Netzwerk heraus. Zwar kann sie trotz der vielfältigen Barrieren eines Schulwechsels im Zuge einer Migration dem Leistungsniveau auf dem Gymnasium bis zur elften Klasse folgen. In der zwölften Klasse kommt es jedoch zum Abbruch ihrer höheren Schullaufbahn, womit sie die Chance auf ein Abitur vergibt und die Aussicht auf ein späteres Studium dabei zur Sprache kommt: „weil ich ja dann eh′ nich studieren will“. Die akademische Laufbahn wurde zwar verworfen, war aber als Option präsent und kann als Bestandteil ihres biographisch erworbenen Wissensrepertoires gelten. Nach dem Schulabbruch rückt zunächst die Suche nach Ausbildungs- und Arbeitsmöglichkeiten in den Vordergrund. In einer Phase der Orientierungssuche („und wusste überhaupt nich mehr, was ich will“) und einer gewissen Überbrückung, in der sie einen Nebenjob in einer Computer-Firma ausübt, beginnt sie schließlich eine Ausbildung zur Krankenschwester.

Nach der erfolgreich abgeschlossenen Ausbildung löst Jana Schilling sich von ihrem bisherigen Wohnort, ihrem sozialen Umfeld einschließlich Partner und Familie, um in der nächstgelegenen Großstadt einen Arbeitsplatz zu suchen. Sie bewirbt sich auf eine Festanstellung als Krankenschwester und findet eine Beschäftigung, die sie als zufriedenstellend beschreibt. Der Neubeginn beinhaltet für Jana Schilling nicht nur den erfolgreichen Übergang von der Ausbildung in den Beruf, sondern auch das Wiederaufgreifen einer weitergehenden Bildungsorientierung. Um die Zugangsvoraussetzung für den Eintritt in die Hochschule zu erreichen, besucht sie parallel zur Vollzeit-Tätigkeit als Krankenschwester eine Berufsoberschule mit dem Ziel, das Fachabitur nachzuholen. In dieser Zeit ist sie einer hohen Doppelbelastung ausgesetzt, doch schließt sie die Schule mit dem Fachabitur erfolgreich ab.

Eine akademische Laufbahn wurde verworfen, nachdem sie als unerreichbar erfahren wurde. Die Option war aber bereits in ihrer Bildungsbiographie relevant und ein möglicher Vergleichshorizont für den später eingeschlagenen Weg. Sie wird wieder aufgegriffen und schließlich realisiert nach Erfolgen auf der berufspraktischen Laufbahn, d.h. nach einer abgeschlossenen Ausbildung und einer erfolgreichen Suche nach einem Arbeitsplatz.

Im Fall von Jana Schilling spielen die über die Migration vermittelten Diskontinuitäten eine Rolle dafür, dass die zunächst eingeschlagene Laufbahn Brüche erfahren hat und schließlich nicht mehr weiter geführt wurde. Im Interview lässt sich eine Anhäufung von Belastungssituationen aufzeigen, wobei neben schulischen Anforderungen auch der Bruch mit dem bisherigen sozialen Netzwerk und dem im Herkunftsland zurückgelassenen Jugendfreund eine Rolle spielen. Eine Relevanz des Migrationshintergrundes zeigt sich hier insofern anhand der Umstände, die zum Abbruch der höheren Laufbahn geführt haben. Dies schließt jedoch nicht aus, dass ein vergleichbarer Verlaufsprozess nach dem Schulabbruch, d.h. ein späteres Wiederaufgreifen akademischer Optionen nach dem erfolgreichen Absolvieren der berufspraktischen Laufbahn, auch für einheimische Jugendliche relevant ist, die aus anderen Gründen das Gymnasium abgebrochen haben. Der von Jana Schilling beschrittene Werdegang ist insofern nicht allein durch die Migration im Schulalter, sondern auch durch die Gegebenheiten des Bildungssystems im Ankunftsland geprägt. Es bietet für migrationsbedingte Schulwechsel geringe Fördermöglichkeiten und ermöglicht ein späteres Nachholen des Abiturs.

3. 2 Der sukzessive Aufbau weiterführender Bildungsorientierungen

Im Unterschied zum oben genannten Verlaufstypus wurde von den Befragten, die der jetzt vorgestellten Fallgruppe zugerechnet werden, die Option des weiterführenden Bildungsabschlusses *sukzessive* im Verlauf von aufeinander aufbauenden Bildungs- und Lernerfahrungen entwickelt. In diesen Fällen bilden Personen schrittweise mit jedem erfolgreich absolvierten Bildungsabschluss weiterführende Handlungsentwürfe aus, die jedoch nicht notwendigerweise durch institutionelle Vorgaben der einmal eingeschlagenen Laufbahn bestimmt sind. D.h. der Entschluss, das Abitur zu erwerben, entstand beispielsweise während des Absolvierens der berufspraktischen Laufbahn und im Unterschied zum o.g. Typus auch ohne dass die weiterführende Bildungsorientierung über den früheren Besuch des Gymnasiums erworben wurde. Der hier vorgestellte Typus ist außerdem bei Personen zu beobachten, deren Eltern nicht über akademische Abschlüsse verfügen, womit der Status der Herkunftsfamilie nicht bereits eine höhere Laufbahn vermittelte. Weiterführende Bildungsorientierungen sind vielmehr das Resultat der mit der Bildungsbiographie einhergehenden Such- und Orientierungsprozesse. Wie sich ein solcher indirekter Weg zum Abitur letztendlich herausbildet, wird im Folgenden anhand des Falls einer jungen Frau deutlich, die ich hier Afife Sezer nenne.

Afife Sezer kam als Kind türkischer Arbeitsmigranten nach Deutschland. Nach dem Übergang in die Sekundarstufe besucht sie die Hauptschule, strebt jedoch den Realschulabschluss an. Gute schulische Leistungen sowie Anerkennung von Seiten des Lehrpersonals und des sozialen Umfeldes fördern die Verstetigung ihrer Bildungsorientierung und den anschließenden erfolgreichen

Abschluss der höheren Handelsschule. An den Erhalt des Fachabiturs ist die Bedingung einer abgeschlossenen Ausbildung geknüpft. Diesen Schritt kann sie ebenfalls erfolgreich absolvieren. Afife Sezer verfolgt einen sukzessiv aufsteigenden Bildungsverlauf, der schließlich berufspraktische und akademische Optionen kombiniert: von der Grundschule zur Hauptschule mit Erwerb des Realschulabschlusses, bis hin zum Fachabitur mit vorheriger Ausbildungsphase. Die Orientierung an einer akademischen Hochschullaufbahn ist zwar in ihrem Handlungsentwurf präsent, aber nicht explizit als ein weiterer Schritt vorgesehen („wer weiß (.) ob ich überhaupt studiere"). Sie versucht stattdessen, den Ausbildungsabschluss beruflich umzusetzen, was ihr zunächst zu gelingen scheint.

Es folgt nun eine Phase im beruflichen Verlauf von Afife Sezer, in der sich Beschäftigungsverhältnisse als Industriekauffrau bei verschiedenen Unternehmen als auch wiederholte Phasen der Arbeitslosigkeit abwechseln. Zwischendurch absolviert sie auf die Forderung des Arbeitsamtes hin eine Umschulung als Callcenter-Agentin, die ihr eine berufliche Neuorientierung inklusive Stellenangebot ermöglicht. Innerhalb dieser Umschulung wird ihr Bildungsinteresse erneut geweckt und sie fasst wieder Vertrauen in ihre eigene Leistungsfähigkeit. Nach einer Anstellung in einem Telekommunikationsunternehmen und einer erneuten Phase der Arbeitslosigkeit in Folge von Standortverlegungen des Unternehmens entschließt sich Afife Sezer für die Fortsetzung ihrer Bildungslaufbahn. Sie beschließt damit, einen bereits erworbenen Abschluss, das Fachabitur, auch zu realisieren und die Hochschule zu besuchen. Die Realisierung der damit verbundenen weiterführenden Optionen zeigt sich als Bewältigungshandeln nachdem eine berufliche Etablierung trotz erfolgreich abgeschlossener Berufsausbildung nicht möglich erscheint. Das Hochschulstudium ist hier auch ein Ausweg aus einer prekären Lage, die von Perspektivlosigkeit gekennzeichnet ist. Der sukzessive Aufbau weiterführender Bildungsorientierungen geht im Fall von Afife Sezer schrittweise vor sich und beginnt mit einer Abfolge von zunächst schulischen Lernerfahrungen, ohne dass insgesamt ein linearer Verlauf zu beobachten ist.

Migrationsbedingte Umstände lassen sich im Fall von Afife Sezer anhand der Übergangserfahrungen in die Sekundarstufe beobachten. Sie ist während der Grundschulzeit nach Deutschland eingewandert. Sowohl mit dem Schulstoff aber auch mit dem Wechsel der Unterrichtssprache hat sie zunächst Schwierigkeiten, die sie in der relativ kurzen Zeit nach ihrer Ankunft bis im deutschen Bildungssystem wichtige Weichen gestellt werden, nicht bewältigen kann. Von Bildungserfolgen berichtet sie erst mit Blick auf spätere Phasen ihrer Bildungsbiographie, in denen sie auf der Hauptschule noch den mittleren Schulabschluss erwirbt und anschließend das Fachabitur auf einer Handelsschule einschließlich einer Berufsausbildung zur Bürokauffrau erfolgreich abschließt. Während sie also die Anforderungen des Schulwechsels in Folge der Migration und den Wechsel der Unterrichtssprache nicht in der nötigen Zeit kompensieren kann, die ihr bis zum entscheidenden Übergang in die Sekundarstufe bleibt, gelingt ihr dies im späteren Verlauf.

Doch beschreitet sie ihren Bildungsweg nicht vorweg mit einem berufsbiographischen Entwurf, der einen akademischen Werdegang vorsieht. Erst nachdem sich der Ausbildungsberuf als keine zukunftssichernde Option erweist, realisiert sie das mit dem Fachabitur erworbene Potential. Vergleichbare Schwierigkeiten einer beruflichen Etablierung mit dem erlernten Ausbildungsberuf zeigen sich auch bei weiteren jungen Frauen innerhalb des Samples. In diesem Vergleich wird auch deutlich, welche Voraussetzungen – neben dem Fachabitur – für den Bildungsweg von Afife Sezer eine Rolle spielen: Während junge Frauen in vergleichbaren Lagen auch einen Rückzug von berufsbezogenen Aktivitäten zugunsten von Partnerschaft und Familiengründung vollziehen (vgl. Schittenhelm 2009b, 14), setzt ihr Verfolgen von sukzessiv erworbenen höheren Bildungsorientierungen auch Geschlechterkonzepte und Lebensentwürfe voraus, die mit einer längeren Bildungs- und Qualifizierungsphase kompatibel sind.

3.3 Such- und Orientierungsprozesse angesichts sozialer Diskontinuitäten

In den zunächst aufgezeigten Verlaufsprozessen sind Diskontinuitäten der Bildungswege mit der Migration nach Deutschland während der Schulzeit verbunden. Ein Schulwechsel kann zwar auch für Kinder aus einheimischen Familien zu erhöhten Anforderungen führen, doch sind nicht in derselben Weise Veränderungen der Unterrichtssprache oder der institutionellen Rahmenbedingungen der Schule zu erwarten. Der spätere, erneute Aufbruch und die Aufnahme eines Studiums ist jedoch ein Beleg dafür, dass ein Wechsel institutioneller und sozialer Rahmenbedingungen nicht lediglich Ergebnis eines passiven Erleidens ist. Ein biographisch erworbenes Wissensrepertoire führt schließlich dazu, dass institutionelle und soziale Rahmenbedingungen auch aufgrund der eigenen bildungs- und berufsbezogenen Aktivitäten nochmals gewechselt werden. Sowohl die weiterführende Bildungslaufbahn als auch die Erfahrung, dass Brüche und Veränderungen in der eigenen Biographie bewältigt werden, gehören zum handlungsrelevanten Wissensrepertoire dieser Laufbahn.

Weiterführende Bildungsziele treten im zunächst am Fall von Jana Schilling dargestellten Typus – wenn auch in der Negation – bereits in der Auseinandersetzung mit der zuerst eingeschlagenen gymnasialen Laufbahn in Erscheinung. D.h. die Option eines späteren Studiums ist Vergleichshorizont für das in ihrer sozialen Welt repräsentierte Spektrum an Bildungszielen und wurde durch den früheren Besuch entsprechender Bildungsinstitutionen erworben. Im Unterschied dazu erfordern die für den zweiten Typus aufgezeigten Verlaufsprozesse der indirekten Wege die Fähigkeit, berufliche Orientierungen zu entwickeln und umzusetzen, die nicht durch Erwartungen seitens früher bereits besuchter Institutionen und seitens des dort vorhandenen sozialen Umfeldes vorgegeben sind. Vor diesem Hintergrund stellt sich die Frage nach den konstitutiven Bedingungen für diese Wege zum Abitur, während derer die betreffenden Jugendlichen sukzessive weiterführende Bildungsorientierungen entwickeln – auch ohne dass sie bereits biographisch frühere Erfahrungen auf der weiterführenden Schule erworben haben. Habituelle Diskrepanzen im Verhältnis zur Elterngeneration wie auch Diskontinuitäten zu einem institutionell vermittelten Erwartungshorizont führen hier zu Such- und Orientierungsprozessen, die im Weiteren ausführlicher zur Sprache kommen.

4. Bildung und Orientierungswissen

Die Frage, wie sich ungleiche Positionen in einer Gesellschaft auch über Generationen hinweg mit einer gewissen Hartnäckigkeit erhalten, hat die Sozialwissenschaften dazu geführt, die Bedeutung eines inkorporierten, habituell verfestigten Handlungs- und Wissensrepertoires hervorzuheben. Das in einem gegebenen sozialen Raum erreichbare alltagsweltliche Wissen mit den damit einhergehenden Orientierungen wirkt gleichsam als innerer Kompass, durch den – bestärkt durch soziale Erwartungen und Zuschreibungen des Umfeldes – bestimmte soziale Positionen begünstigt, andere ausgeschlossen werden. Selbst wenn Jugendliche offen rebellieren oder auch eigene, ihrer Generation entsprechende Stile entwickeln, wird nach diesem Verständnis die Fortführung eines von der Elterngeneration verkörperten sozialen Status wirksam (Willis 1977; Mauger 1989). Wie sieht der Erwerb von Orientierungswissen jedoch für solche Jugendliche aus, die ihre angestammte soziale Welt verlassen und im Verhältnis zum Elternhaus eine soziale Mobilität vollziehen?

Handelt es sich dabei um Töchter und Söhne aus zugewanderten Familien, zeigt sich dabei zumindest eine Kontinuität in der Diskontinuität, da auch ihre Eltern bereits das angestammte Umfeld verlassen haben. In bisherigen Untersuchungen zu bildungserfolgreichen Personen mit Migrationshintergrund ist daher auch von einem migrationsspezifischen sozialen Kapital ihrer Familien die Rede (Raiser 2007; Tepecik 2011, 54f.). Bildungserfolge wären demnach die Fortführung des Migrationsprojekts der Familie, indem sie ebenfalls dazu beitragen, die

Stellung der Familie zu verbessern. Diskontinuitäten zum Status der Migrantenfamilie müssen insofern nicht zum Konflikt der Töchter und Söhne mit der Elterngeneration führen, sondern können durchaus von dieser unterstützt oder auch initiiert werden. Eine mögliche Förderung der höheren Bildung seitens der Eltern zeigt sich auch in den Befunden von Regina Soremski (2010), die darauf hinweist, dass der Einfluss der Familie auf die Bildungs- und Berufslaufbahn auch davon abhängt, inwieweit die dort vermittelten Orientierungsangebote mit den Anforderungen des Bildungssystems im Ankunftsland kompatibel sind (ebd., 69).

Die bisher aufgezeigten Bildungswege zeichnen sich insgesamt dadurch aus, dass die Entscheidung für einen weiterführenden Bildungsabschluss zu unterschiedlichen Zeitpunkten getroffen wird. Die Jugendlichen auf dem indirekten Weg sind zum Zeitpunkt der Entscheidung für weiterführende Abschlüsse deutlich älter. Inwiefern die Eltern hier noch ebenso von Einfluss sind wie bei denen, die als Kinder bereits den Übergang zur höheren Bildungslaufbahn absolvieren, ist offen. Zu beachten ist außerdem, dass im Kontext des Ankunftslandes das für die eigene Lebensführung relevante Wissen generell nicht allein über die Eltern, sondern auch über die Gleichaltrigen erworben wird.[23] Allerdings sind gerade die indirekten Wege zum Abitur zumindest im Rahmen der Schule nicht in solche peer groups eingebunden, in denen die höhere Bildungslaufbahn eine kollektiv geteilte Option für die eigene Lebensführung ist. Es geht also darum, Wege zu beschreiben, die keinen institutionalisierten Verlaufsmustern folgen und außerdem potentiell habituelle Diskrepanzen zum Herkunftsmilieu beinhalten. Vor diesem Hintergrund stellt sich die Frage, anhand welcher sozialen Bezugsgruppen sich Jugendliche orientieren, die eine höhere Bildungslaufbahn nicht über den direkten Bildungsweg anstreben.

4. 1 ‚Sukzessive Entwicklung weiterführender Bildungsorientierungen' – eine empirische Rekonstruktion

In meiner folgenden Analyse wird das zuvor aufgezeigte Muster der sukzessiven Entwicklung einer weiterführenden Bildungsorientierung anhand des Werdegangs eines jungen Mannes aufgezeigt. Sein Bildungsweg beruht darauf, dass

23 Zur Bedeutung sozialer Netzwerke s. a. Klein (2010). Da diese im Herkunfts- wie im Ankunftsland verortet sind, wird auch von transnationalen sozialen Räumen gesprochen, wobei als charakteristisch gilt, dass die Nachkommen von Migrantinnen und Migranten – selbst wenn sie das Herkunftsland der Familie selten besuchen – in einem Haushalt aufwachsen, in dem dieses durch die Sprache der Eltern, durch materielle, kulturelle oder soziale Gegebenheiten präsent ist (Levitt 2009, 1231).

schrittweise aufeinander aufbauend eine praktische Erkundung der eigenen Möglichkeiten stattgefunden hat, wobei er über den anfänglichen Besuch der Hauptschule und eine spätere Berufsausbildung den Weg hin zum Abitur beschreitet:

Erkan Yilmaz, zum Zeitpunkt des Interviews 29 Jahre alt, ist der Sohn von Arbeitsmigranten aus der Türkei.[24] Er ist in Deutschland geboren und aufgewachsen. Insofern ist er – im engeren Sinne – Angehöriger der zweiten Migrationsgeneration, der über die Familie einen Migrationshintergrund hat, ohne über eigene Migrationserfahrungen zu verfügen.[25] Im Unterschied zu den später zugereisten Jugendlichen (siehe 3.1) hat er keine migrationsbedingten Schulwechsel zu bewältigen. Nach dem Übergang in die Sekundarstufe besucht er die Hauptschule, wo er zunächst – seinen eigenen Angaben nach – als eher durchschnittlicher Schüler gilt. In seiner Erzählung wird deutlich, dass Freizeitaktivitäten, insbesondere auch seine sportliche Betätigung im Fußball, einen hohen Stellenwert einnehmen. Doch steigern sich seine Leistungen ab der sechsten und siebten Klasse. Am Ende absolviert er in der von ihm besuchten Hauptschule den mittleren Schulabschluss. Seine zunehmenden Bildungsinteressen beschreibt er wie folgt:

> war ph: durchschni- durchschnittlicher Schüler so am Anfang aber so sechste siebente Klasse lief es eigentlich ganz gut in der Schule hat mir auch mehr und mehr Spaß gemacht in der Schule merkt man auch so an den Zeugnissen (.) ähm: ja dann (2) relativ gute Noten gehabt hab dann: an der Hauptschule (.) mein Realschulabschluss nachgeholt und äh 10b Abschluss äh wollte dann auch irgendetwas machen also weiter machen mit Schule und wusste nicht genau was ich machen soll das gab's so viel Möglichkeiten gab's nicht ähm hab dann (.) versucht die höhere Handelsschule zu besuchen

Den Besuch der höheren Handelsschule stellt Erkan Yilmaz nicht lediglich als Aktivität zur Überbrückung der Phase zwischen Schule und Ausbildung dar.[26] Er nahm sich vor, einen höheren schulischen Abschluss zu erzielen, allerdings

---

24 Zur Analyse des Falls mit Blick auf Fragen der arbeitsweltbezogenen Sozialarbeit s. a. Kohlbach (2007).

25 "Zweite Generation" wird im engeren Sinne für die im Ankunftsland Geborenen verwendet, von einigen Wissenschaftler/-innen werden auch diejenigen einbezogen, die als Kinder mit ihrer Familie einwanderten, siehe Heath/Rothon/Kilpi (2008).

26 In einer früheren Untersuchung zu jungen Frauen zwischen Schule und Berufsausbildung stellten einige der befragten Schulabgängerinnen den Besuch der weiterführenden Schule als eine bildungs- und berufsbezogene Aktivität dar, die lediglich zur Überbrückung der Wartezeit während der Bewerbungsphase für den Wunschberuf diente (Schittenhelm 2005a, 237).

ohne dass er hierzu weiterführende berufsbiographische Entwürfe zum Ausdruck bringt. Die auf der Handelsschule vermittelten Inhalte sprechen ihn jedoch nicht an:

> hab ich aber relativ schnell gemerkt dass das nix für mich war (.) das äh: ja: vom Thema her das war so: das war der Stoff der war alles zu trocken das war so nicht so mein Ding

Die Lerninhalte entsprechen nicht seinen Bildungsinteressen, ohne dass diese konkret beschrieben werden. Nach ersten Erfahrungen bricht Erkan Yilmaz die Handelsschule ab und entscheidet sich für einen Ausbildungsberuf. In seiner retrospektiven Darstellung beschreibt Erkan Yilmaz den Abbruch der Handelsschule nicht als konflikthaft. Auch dies spricht dafür, dass er sich in einer Such- und Orientierungsphase befand und der Besuch der Handelsschule nicht als versuchte Realisierung eines bereits vorhandenen berufsbiographischen Handlungsentwurfs zu werten ist. Er bewirbt sich nun und bekommt eine Zusage für einen Ausbildungsplatz als Elektroinstallateur. Die Ausbildung schließt er erfolgreich ab, doch ermöglicht sie ihm nicht, eine berufsbiographische Perspektive zu entwickeln:

> der Beruf an sich hat mir eigentlich sehr viel Spaß gemacht aber irgendwie (.) weiß nicht das war irgendwie Leben lang nur immer Strippen ziehen oder so das ich hatte mir eigentlich (.) was anderes vorgestellt also ich wollte nicht mein Leben lang irgendwo auf der Baustelle (.) als ganz normaler Elektroinstallateur irgendwie wo arbeiten das war nicht so mein äh (.) mein Lebensziel und wie gesagt hab relativ schnell gemerkt musst auf jeden Fall was anderes machen

Zwar erwähnt er auch „Spaß“ am erlernten Beruf. Doch möchte er nicht auf der Stelle bleiben und sein ganzes Leben lang „als ganz normaler Elektroinstallateur“ arbeiten. Erkan Yilmaz bringt hier Orientierungsschemata zum Ausdruck, die über die bereits eingeschlagene Bildungslaufbahn hinausweisen. Auch hier erwähnt er, „relativ schnell“ vom eingeschlagenen Bildungsweg wieder abgekommen zu sein. Doch bleibt er in diesem Fall bis zur erfolgreich abgeschlossenen Berufsausbildung und arbeitet anschließend noch ein halbes Jahr in derselben Firma. Die Ablehnung einer frühen Festlegung auf eine vorgegebene, als monoton erlebte Berufspraxis ist nicht mit einem berufsbiographischen Gegenentwurf verbunden, sondern führt zu weiteren Such- und Orientierungsprozessen. Diese verbleiben zunächst innerhalb der institutionell vorgegebenen Bildungslaufbahnen. Noch während der Ausbildung setzt sich Erkan Yilmaz mit

Weiterbildungen zum Meister oder Techniker auseinander. Die Optionen verwirft er aber wieder und begründet dies mit geringer Bezahlung und schlechten Berufsperspektiven. Stattdessen entschließt sich Erkan Yilmaz dazu, erneut die Schule zu besuchen:

> so dann hab ich gesagt ja komm dann ähm gehst du erstmal den normalen Bildungsweg (.) Fachabitur bis eventuell Abitur und hab mich dann hier am F-Stadt Kolleg beworben über'n zweiten Bildungsweg hab dann ähm: (.) mein Fachabi gemacht (.) und hab auch da wieder überlegt wat machste

Auch in diesem Fall wird der Bildungsprozess eher ungezielt und nicht als Realisierung eines berufsbezogenen Handlungsentwurfs unternommen. Die Wiederaufnahme einer schulischen Bildungslaufbahn beschreibt er als „normalen Bildungsweg“. Dies wirft die Frage auf, welche impliziten Normalitätserwartungen hier eine Rolle spielen und anhand welcher biographischen Erfahrungen sie erworben wurden. Es muss offen bleiben, inwiefern der jetzt eingeschlagene Bildungsweg als Fortsetzung einer durch den früheren Schulbesuch erfahrenen Normalität gesehen wird oder inwiefern das Abitur als „normales“ im Sinne eines üblichen Bildungsziels gilt.

Erkan Yilmaz schließt auch das Berufskolleg erfolgreich ab und erhält sein Fachabitur. Damit eröffnen sich ihm weitere Optionen für seine nun folgenden Such- und Orientierungsprozesse. Für die dann getroffene Wahl, ein Studium auf einer Fachholschule zu beginnen, sind ein praktischer Anwendungsbezug und eine anschließende Berufslaufbahn maßgeblich. In den Semesterferien arbeitet er in seinem früheren Beruf als Elektroinstallateur, um sein Bafög aufzubessern. Insofern hat er beide Optionen (Studium und Ausbildungsberuf) in seine bildungs- und berufsbezogenen Aktivitäten integriert.

Erkan Yilmaz verfolgt weder institutionell vorgegebene Ablaufmuster noch die Realisierung eines vorweg vorhandenen, z.B. über das Elternhaus tradierten, berufsbiographischen Entwurfs. Stattdessen entwickelt er seine weiterführende Bildungsorientierung sukzessive im Verlauf von verschiedenen Etappen seines Bildungsweges. Nicht jeder Versuch, eine Bildungslaufbahn einzuschlagen, führt zum erfolgreichen Abschluss eines weiteren Bildungstitels. Da er institutionell vorgegebene Ablaufmuster nicht einhält, ist es ihm jedoch auch möglich, sich angesichts wenig ansprechender Erfahrungen neu- und umzuorientieren. Indem er seine Möglichkeiten praktisch erkundet, stellt sich jeweils sukzessive eine alternative Option zum bereits eingeschlagenen Weg heraus. Ein Studium ist in seinem Fall kein Wiederaufgreifen früherer, biographisch bereits erworbener Orientierungen. Stattdessen nimmt er Schritt für Schritt die weiterführende Laufbahn als eine alternative Option in seinen handlungsleitenden Orientierungsrahmen auf. Zunächst, nach dem Besuch der Hauptschule, ist der später eingeschlagene Weg noch nicht in Aussicht.

Insofern demonstriert der Fall von Erkan Yilmaz einen prozessualen Verlauf von der Hauptschule über den Realschulabschluss und den zweiten Bildungsweg bis zum Fachabitur. Seine bildungs- und berufsbezogenen Aktivitäten verfolgen nicht die Realisierung eines längerfristig geplanten berufsbiographischen Entwurfs. Es geht jeweils um kurzfristig angelegte Ziele im Sinne von Um-zu-Motiven, die eine je spezielle Etappe seines Bildungsverlaufs betreffen. Aus dem erfolgreichen Abschluss der einen Etappe entwickeln sich neue Ziele und Handlungsentwürfe. Insofern sind seine bildungs- und berufsbezogenen Aktivitäten nicht allein als Resultat einer Abfolge von kurzfristig angelegten Handlungsentwürfen zu sehen. Darüber hinaus sind seine Aktivitäten selbst sinnkonstitutiv und führen zur Entwicklung weiterer Ziele und befristeter Handlungsentwürfe im gesamten Prozess seiner Berufsfindung.

Um zu verstehen, wie sich diese Such- und Orientierungsprozesse herausbilden, ist ein Blick auf die Eigentheorien des Befragten interessant. Retrospektiv stellt er sich die Frage, warum er nicht gleich das Abitur gemacht hat. Im Anschluss daran kommt er auf seine Einbindung in ein soziales Umfeld zu sprechen, das über das Elternhaus und über die Gleichaltrigen in früheren Phasen seiner Schulzeit gegeben ist. Dort ist das später verfolgte Ziel für ihn noch nicht sichtbar. Während seiner anfänglichen Schullaufbahn nimmt er keinen Anstoß an einem Werdegang, der innerhalb seines Umfelds als üblich gilt. In seiner rückblickenden Beschreibung zur Schulzeit werden noch keine Orientierungen an einer weiterführenden Schullaufbahn deutlich. Eine Neu- und Umorientierung sind erst als Resultat seiner späteren Erfahrungen auf dem berufspraktischen Werdegang zu beobachten. Auch wenn er dem Beruf und dem dortigen Arbeitsumfeld positive Seiten abgewinnen kann, kommt er zu dem Schluss:

> aber dennoch also:: es war halt nicht so: das was ich mir vorgestellt hatte vom Leben das: war einfach zu wenig (.) was der Beruf so hergab

Eine Diskrepanz zwischen eigenen Erwartungen und den im Beruf vorgefundenen Möglichkeiten ließ sich auch bei Jugendlichen bzw. jungen Erwachsenen aus einheimischen Familien zeigen, die nach dem Besuch der Hauptschule und darauf folgenden Erfahrungen in Ausbildungsberufen und Arbeitsstellen schließlich das Abitur nachholten (Tosana 2008, 103). Insofern zeigt der hier aufgezeigte Verlauf an dieser Stelle auch eine Parallele zu einheimischen Jugendlichen, die nachträglich, nach dem ersten Verlassen der allgemein bildenden Schule, nochmals ihre Bildungsabschlüsse zu verbessern suchen. Doch stellt sich die Frage, wo die Maßstäbe erworben werden, anhand derer der erlernte

Beruf „zu wenig“ hergibt. Im Folgenden wird die Frage nach den sozialen Voraussetzungen des aufgezeigten Werdegangs von Erkan Yilmaz nochmals mit Blick auf seine empirisch beobachtbaren sozialen Beziehungen zu Gleichaltrigen gestellt.[27]

4. 2 Kollektiv und individuell absolvierte Bildungs- und Übergangsprozesse

Bildungsprozesse, die nicht in erster Linie über ein kognitiv erworbenes und institutionell vermitteltes Wissen charakterisiert sind, sondern ein alltagsweltliches Wissens- und Handlungsrepertoire betreffen, wurden in bisherigen Untersuchungen auch als „spontane“ (Nohl 2006) oder „praktische Bildungsprozesse“ bezeichnet (Bohnsack 2012). Bei Jugendlichen ließen sie sich als kollektiv eingebundene Such- und Orientierungsprozesse während der Übergänge ins Erwachsenenalter beobachten, wobei Jugendliche mit aktionistischen Handlungen eine habituelle Diskrepanz im Verhältnis zur Elterngeneration und Diskontinuitäten im Verlauf ihrer Übergangsprozesse zu bewältigen suchen (Bohnsack/Nohl 2001, Bohnsack 2012). Indem sie in der Adoleszenz von Jugendlichen in derselben Lebensphase parallel absolviert werden, führen solche Such- und Orientierungsprozesse auch zu gemeinsam entwickelten Praktiken im Kreis der Gleichaltrigen. Im Unterschied dazu ließen sich praktische Bildungsprozesse bei Erwachsenen auch vereinzelt beobachten, z.B. im Zuge eines späten Berufswechsels (Nohl 2006), der im Unterschied zu den Übergängen Jugendlicher ins Erwachsenenalter nicht als gemeinsam bzw. zeitgleich parallel absolvierter Übergang im Lebenslauf gelten kann.[28] Gemeinsam ist diesen Bildungsprozessen, dass sie zu Orientierungen und Handlungsweisen führen, die nicht schon bereits in bestehenden Lebensverhältnissen angelegt bzw. durch diese vorgegeben sind. Dies kann potentiell auch selbstschädigende Folgen haben, im Falle erfolgreicher Bildungsprozesse aber auch zu einer Transformation der bisherigen Lebenssituation im Sinne einer als erwünscht erfahrenen Veränderung führen. Ein transformatives Potential wird auch in der neueren Diskussion zum Bildungserfolg junger Erwachsener mit Migrationshintergrund hervorgehoben (Tepecik 2011, 298f.).

---

27 Hier ist allerdings zu beachten, dass der Zugang zu seinem Umfeld im Rahmen eines biographisch-narrativen Interviews nicht in der Weise direkt gegeben ist, wie dies eine Ethnographie oder Gruppendiskussion ermöglichen würde. Zu methodischen Fragen der Erforschung von Übergängen siehe auch Stauber/Walther (2007).

28 Doch ließ sich eine kollektive, wenn auch nicht notwendigerweise gemeinsam absolvierte Erfahrung, wie z.B. Arbeitslosigkeit und soziale Marginalisierung oder das „empty home syndrome“, als Hintergrund solcher Bildungsprozesse von Erwachsenen beobachten (Nohl 2006).

Doch auch das Handeln, das zu einer Veränderung der eigenen Lebensverhältnisse führt, hat gesellschaftliche Voraussetzungen. Insofern stellt sich die Frage, welche Deutungsangebote für die Jugendlichen in einer gegebenen sozialen Lage erreichbar sind, im Sinne von kommunikativen Vorräten, die in einem institutionellen und sozialen Umfeld verfügbar sind (Luckmann 2006, 24). Zur Analyse der Such-und Orientierungsprozesse kann hier auch von Orientierungsschemata (Bohnsack 2012) gesprochen werden, die in gemeinsamen Wissensvorräten enthalten sind. Dabei geht es nicht allein um kognitives Wissen, sondern auch um über biographische Erfahrungen und die eigene Lebenspraxis erworbene Wissensvorräte. Je mehr Jugendliche während gemeinsam absolvierter Statusübergänge, z.B. zwischen Schule und Ausbildung, vergleichbare Wissensvorräte teilen, desto wahrscheinlicher ist es, dass sie gemeinsame Bewältigungs- und Umgangsformen dafür entwickeln, wie sie diese zu bewältigen suchen. Handelt es sich dabei um Übergänge, die zum selben Zeitpunkt im Lebenslauf parallel beschritten werden, sind die Jugendlichen dabei kollektiv eingebunden und teilen die zu einer bestimmten Zeit gegebenen Bedingungen ihres Übergangs.

Im Unterschied dazu ist ein späterer Berufswechsel oder auch ein Wiedereinstieg in den Beruf nach einer zusätzlich erfolgten, weiteren Bildungsphase ein individuell vollzogener Übergangsprozess, auch wenn diese heute kein seltenes Phänomen mehr darstellen. Sie werden nicht gleichermaßen von einem Kollektiv absolviert, das im eigenen Umfeld präsent ist und zugleich über das unmittelbare soziale Umfeld hinausreicht. Jugendliche und junge Erwachsene, die indirekte Wege zu weitergehenden Bildungsabschlüssen beschreiten, absolvieren die dafür erforderlichen Übergänge eher vereinzelt und nicht als gemeinsam vollzogenen Übergangsprozess. Jugendliche mit Migrationshintergrund, zumindest diejenigen, deren Eltern als ungelernte Arbeitskräfte in Deutschland beschäftigt wurden, verlassen dabei außerdem die Stellung ihres Herkunftsmilieus und absolvieren einen Übergang bezüglich der Klassenlage. Wegen des Übertretens damit verbundener Schwellen wurde der zweite Bildungsweg in bisherigen Debatten wiederholt als Statuspassage bezeichnet (Hoerning 1978; Tosana 2008).

Dennoch stellt sich auch hier die Frage, inwieweit die absolvierten Such- und Orientierungsprozesse während indirekter Wege zum Abitur auch – zumindest temporär – in soziale Netzwerke von Gleichaltrigen eingebunden sind. Das vereinzelte Absolvieren von Übergangsphasen im Jugend- oder Erwachsenenalter muss nicht bedeuten, dass die betreffenden Personen keine Einbindung in Netzwerke familiärer, freundschaftlicher oder sonstiger Art haben. Mit Blick auf Erkan Yilmaz wäre z.B. zu fragen, welche Orientierungsschemata sozusagen als Deutungsangebote seitens seines Umfelds für ihn erfahrbar waren und inwieweit er während relevanter Übergangsphasen auch temporäre kollektive Einbindungen erfahren hat.

Im Interview wird deutlich, dass sein Werdegang zum Abitur in ein – bezüglich des Bildungsmilieus und des eingewanderten oder einheimischen Hintergrundes der Jugendlichen – heterogenes soziales Umfeld eingebunden war. Seine langjährige Freundin ist, wie er im Interview darstellt, „ne deutsche Freundin übrigens also (.) keine versprochene oder halt sonst irgendetwas (lachend)".

Mit dieser Darstellung wendet er sich gegen stereotype Zuschreibungen, wonach er als türkischer bzw. muslimischer Mann seitens der Familie vereinbarte Partnerschaften eingeht. Die Negation dieser Zuschreibung nimmt er in seine Selbstpräsentation mit auf. Seine Freundin, die einen akademischen Bildungsweg absolviert, lernte er bereits in der Stadt kennen, in der beide aufgewachsen sind. Heute leben sie zusammen in einer Großstadt und gehen einem Studium bzw. im Fall von Erkan Yilmaz einem Fachhochschulstudium nach. Hier stellt sich die Frage, inwiefern während seines Bildungsweges dyadische intersubjektiv geteilte Erfahrungsräume (Šuber 2006, 257) zur Herausbildung seiner Bildungsorientierungen führten.

In seiner Freizeit war Erkan Yilmaz außerdem ein aktiver Fußballspieler, wobei er im Interview ausführlich davon erzählt, wie er in seiner Jugend phasenweise in deutschen und türkischen Mannschaften spielte. Insofern ist er auch über seine sportliche Aktivität in ein heterogenes Umfeld eingebunden. Allerdings wird eher indirekt ersichtlich, inwiefern er über diese Freizeitaktivitäten Orientierungsschemata erworben hat, die für seine Bildungs- und Berufslaufbahn relevant wurden. In seiner retrospektiven Darstellung der Gründe, warum er sich gegen einen Verbleib im Ausbildungsberuf entschieden hat, stellt er auch die Zeiten auf Montage dar, die ihm als „leidenschaftlichem Fußballspieler" die Ausübung seines Sports erschwert haben. Insofern zeigte sich eine Diskrepanz im Verhältnis zu einem Selbstverwirklichungswunsch, jedoch nicht im Verhältnis zu einem berufsbiographischen Entwurf. Insgesamt ist festzuhalten, dass das soziale Umfeld von Erkan Yilmaz weder über ein spezifisches Bildungsmilieu, noch über die Herkunft seiner Familie aus der Türkei eindeutig festgelegt war.

Im weiteren Verlauf seines Bildungsweges bekommt er außerdem Zugang zu Milieus, die ihm neu und unbekannt sind. Relevante Merkmale für seine Beschreibung des neu entdeckten Umfeldes sind Vorlieben für Musikstile und Kneipen oder auch das äußere Auftreten. Er bringt eine Erfahrung von kultureller Fremdheit zum Ausdruck, die sich auf subkulturelle Stile und Ausdrucksformen jugendlicher Milieus bezieht. So berichtet er über den Besuch der Abendschule auf dem zweiten Bildungsweg:

> dann ist man halt äh in die: die Kneipen gegangen oder in die Locations wo dann Hip Hop lief das (*Name der Kneipe*) war dann immer so 'n: (.) Fremdlocation da bin ich nie hingegangen oder so aber (.) dann hat man sich mit Leuten angefreundet (.) vom Kolleg (.) das waren dann so (*Name der Kneipe*) Gänger so Leute die so 'ne Musik mochten so (.) da ist man mitgegangen also (.) das war dann so 'ne Zeit wo ich dann mit Leuten zusammen war also (.) wo ich jetzt vorher überhaupt nie Kontakt zu hatte wo ich jetzt auch wieder eigentlich kein Kontakt also die Leute hier bei der (*jetzt besuchte Fachhochschule*) die sind (.) auch wiederum anders und das war dann so 'n Lebensabschnitt so (.) wo man sich dann auch mit so Leuten äh: so Leuten weggegangen ist wo ich auch vorher nie dachte so 'n Leuten haste nie was zu tun also

Zwar erwähnt er neue Kontakte und den Besuch von bisher unbekannten Lokalen. Der Kontakt bleibt jedoch temporär und ist an das gemeinsame Absolvieren einer Etappe seiner Bildungslaufbahn gebunden. Es wird nicht zum Ausdruck gebracht, dass hinsichtlich der Art der Erfahrung und Bewältigung dieses Lebensabschnitts ebenfalls Gemeinsamkeiten vorhanden waren. Dies wäre der Fall, wenn Personen diesen Abschnitt gemeinsam absolvieren und dabei in gewisser Weise Gefährten/-innen darstellen, die über parallele biographische Erfahrungen und kollektiv geteilte Wissensbestände verfügen.[29] Die Aussagen von Erkan Yilmaz weisen jedoch darauf hin, dass er zwar Zugang zu neuen Milieus bekam, die Kontakte jedoch eher sporadisch und äußerlich blieben.

Die spätere Fortsetzung seiner Bildungslaufbahn auf einer Fachhochschule bringt wiederum neue Peer-Kontakte mit sich:

> ja und dann äh: (.) fing ich halt bei der *Fachhochschule* an (.) ja das sind auch wieder (.) zum größten Teils (.) deutsche Jugendliche mit denen ich dann (.) die Schulbran- die Schulbank drücke das sind halt ähm: (.) auch sehr junge Leute die grad s Abi gemacht haben oder so die meisten sind also (.) einzwoundzwanzig dreiundzwanzig rum ich bin gerade schon neunundzwanzig ähm: (.) ja (2) hab ich jetzt auch eigentlich auch keine Probleme mit mit den Leuten (2) ja (3)

Die Erfahrung, als Schüler bzw. Studierender mit Migrationshintergrund vereinzelt unter überwiegend deutschen Peers zu sein, wird für ihn in einer relativ späten Phase seiner Bildungslaufbahn relevant. Dabei absolviert Erkan Yilmaz

29 Vgl. zu Gefährten/-innen im Bildungsverlauf auch Schittenhelm (2005a, 175) sowie Juhasz und Mey (2003, 317f.).

Bildungsprozesse, die nicht mehr institutionell vorgegeben sind, als er sich für ein verspätetes Nachholen weiterführender Bildungsabschlüsse entscheidet. Die betreffenden Bildungs- und Übergangsphasen werden nicht im Kreis von Gleichaltrigen mit parallelen Bildungsverläufen vollzogen, sondern atypisch, daher auch vereinzelt, über einen Bildungsaufstieg. Er erhält dabei Zugang zu neuen Milieus, deren Angehörige jedoch nicht seine biographischen Erfahrungen und zuvor erworbenen alltagsweltlichen Wissensbestände teilen. Eine Erfahrung und Bewältigung dieser weiterführenden Bildungsphasen findet insofern zwar im – temporären – Kontakt mit Gleichaltrigen, aber nicht unbedingt auf der Grundlage eines gemeinsamen Wissensvorrates mit den jeweiligen Peers statt.

Doch gibt es Anhaltspunkte dafür, dass Erkan Yilmaz in seinem gesamten Bildungs- und Berufsverlauf in ein heterogenes Netz von Gleichaltrigen eingebunden ist, d.h. heterogen bezogen auf das Bildungsmilieu und den Anteil an einheimischen Jugendlichen und solchen mit Migrationshintergrund. Orientierungsleitend für seinen indirekten Weg ist ein Selbstentfaltungspotential, kein vorweg vorhandener berufsbiographischer Handlungsentwurf. Vielmehr werden seine Möglichkeiten schrittweise erprobt. Seine weitergehenden Bildungsorientierungen entwickeln sich auf der Grundlage dessen, dass sie sukzessiv erkundet und als realisierbar erfahren werden. Der Modus der Aneignung dieser Optionen ist ein Lernen durch Tun, ein handelndes sich Erschließen der jeweiligen Möglichkeiten bzw. ein praktizierendes Erkunden.

5. Schlussdiskussion

Insgesamt weisen die Befunde darauf hin, dass bereits der Weg zum Abitur für Jugendliche mit Migrationshintergrund sehr verschieden ausfallen kann. Um die heterogenen Bildungsverläufe und deren Voraussetzungen zu verstehen, sind die dafür erforderlichen Kenntnisse und Fähigkeiten – einschließlich der alltagsweltlichen Wissensvorräte – im konkreten Handlungs- und Interaktionskontext des jeweiligen institutionellen und sozialen Umfeldes zu sehen. Von daher wäre es ein Missverständnis, davon auszugehen, dass es ein festgelegtes Wissens- und Handlungsrepertoire gibt, das für alle Personen gleichermaßen erstrebenswert und für den Erwerb des jeweiligen Bildungsabschlusses gleichermaßen nützlich und hilfreich wäre. Jugendliche mit Migrationshintergrund, die eine soziale Vereinzelung auf der höheren Bildungslaufbahn erfahren, brauchen andere Formen der Selbstbehauptung als Einheimische, aber auch als diejenigen unter ihnen, die das Herkunftsmilieu schrittweise und erst im späteren Verlauf ihrer Bildungsbiographie verlassen. Umgekehrt erwerben letzere ihr Orientierungswissen auf solchen Wegen zum Abitur, die ohne richtungsweisende institutionelle Vorgaben beschritten werden.

Während Jugendliche mit Migrationshintergrund auf direkten Wegen zum Abitur den höheren Bildungsabschluss bereits als einen institutionell vermittelten Erwartungshorizont kennenlernen, sind die aufgezeigten indirekten Wege durch soziale Diskontinuitäten und einen Wechsel von institutionell vermittelten Bildungszielen gekennzeichnet. Dabei sind die jeweiligen Stationen und Abschlüsse seitens der Jugendlichen mit Migrationshintergrund, wie dargestellt wurde, auch nicht vorab innerhalb eines übergreifenden berufsbiographischen Entwurfs vorgesehen. Das Verfolgen kurzfristig angelegter Handlungsentwürfe, die erst nach und nach zum Abschluss von höheren Bildungsabschlüssen führen, kann – wie in der empirischen Rekonstruktion dargestellt – ein möglicher Umgang mit habituellen Diskrepanzen sein, die auftreten, wenn Personen ihr angestammtes Umfeld verlassen. Hier ist zu fragen, inwiefern dieser Verlauf in unterstützende Netzwerke eingebunden ist, auch wenn die betreffenden Personen nicht notwendigerweise den angestrebten Status verkörpern. Mit Blick auf die Familie ist z.B. zu sagen, dass bildungserfolgreiche Jugendliche mit Migrationshintergrund zwar die von den Eltern im Ankunftsland eingenommene Statusposition – sofern es sich um ungelernte Erwerbstätige handelt – nicht fortführen, unter Umständen aber die dort vermittelten sozialen Botschaften aufgreifen, sich am Familienprojekt der Migration und der damit angestrebten Verbesserung der eigenen Lebensverhältnisse zu beteiligen.

Die Heterogenität der aufgezeigten Wege zum Abitur beruht nicht zuletzt darauf, dass ein Migrationshintergrund, der als solcher bereits uneinheitlich ist, durch ein Zusammenwirken mit weiteren, für den Bildungsverlauf ebenfalls entscheidenden Dimensionen zum Tragen kommt. Die Beachtung einer solchen Mehrdimensionalität kommt gegenwärtig vor allem in Debatten über Intersektionalität zur Sprache (u.a. Phoenix 2010; Leiprecht/Lutz 2005), wobei die Bedeutung der Schicht- und Geschlechtszugehörigkeit für die Bildungschancen der zweiten Migrationsgeneration auch in der soziologischen Ungleichheitsforschung ein Thema ist (vgl. Geißler 2005). Für ein Verständnis der sozialen Entstehungsbedingungen der aufgezeigten Wege, d.h. der Soziogenese der jeweiligen Verlaufsprozesse, sind Details des jeweiligen Migrationshintergrunds (z.B. die Vorgeschichte und Voraussetzungen der Einschulung im Ankunftsland) ebenso von Bedeutung wie ein Zusammenwirken mit weiteren, für den Sozialstatus relevanten Dimensionen. Um die sozialen Voraussetzungen der aufgezeigten Bildungserfolge zu verstehen, ist insofern nach der konkreten Bedeutung eines Migrationshintergrundes im Kontext der jeweiligen Bildungslaufbahn sowie der Herkunftsfamilie und nicht zuletzt des Peer-Umfeldes zu fragen, wobei der Blick auf die entsprechenden Jugendlichen eine weit größere Heterogenität zu beachten hat als dies in Debatten der sozialwissenschaftlichen Jugend- und Bildungsforschung überwiegend zu beobachten ist.

Literatur

Arbeitsgruppe Bildungsberichterstattung (2010): Bildung in Deutschland 2010. Ein indikatorengestützter Bericht mit einer Analyse zu Perspektiven des Bildungswesens im demographischen Wandel. Bielefeld. Zugriff unter: www.bildungsbericht.de. [05.02. 2011].

Badawia, T. (2002): Der dritte Stuhl. Eine Grounded-Theory-Studie zum kreativen Umgang bildungserfolgreicher Immigrantenjugendlicher mit kultureller Differenz. Frankfurt a. M.: IKO.

Bohnsack, R. (2006): Mannheims Wissenssoziologie als Methode. In: Tänzler, D./Knoblauch, H./Soeffner, H.-G. (Hrsg.): Neue Perspektiven der Wissenssoziologie. Konstanz: UVK, 271-291.

Bohnsack, R. (2010): Rekonstruktive Sozialforschung. Einführung in Qualitative Methoden. 8. Auflage. Opladen/Farmington Hills: Budrich/UTB.

Bohnsack, R. (2012): Orientierungsschemata, Orientierungsrahmen und Habitus. Elementare Kategorien der dokumentarischen Methode mit Beispielen aus der Bildungsmilieuforschung. In: Schittenhelm, K. (Hrsg.): Interpretative Bildungs- und Arbeitsmarktforschung. Theoretische Grundlagen und Methoden, Wiesbaden: VS-Verlag (i. E.).

Bohnsack, R./Nohl, A.-M. (1998): Adoleszenz und Migration. Empirische Zugänge einer praxeologisch fundierten Wissenssoziologie. In: Bohnsack, R./Marotzki, W. (Hrsg.): Biographieforschung und Kulturanalyse. Opladen: Leske + Budrich, 260-282.

Bohnsack, Ralf/Nohl, A.-M. (2001): Jugendkulturen und Aktionismus. Eine rekonstruktive empirische Analyse am Beispiel des Breakdance. In: Zinnecker, J./Merkens, H. (Hrsg.): Jahrbuch Jugendforschung. 1. Ausgabe. Opladen: Leske + Budrich, 17-37.

Bourdieu, P. (1979): Les trois états du capital culturel. In: Actes de la recherche en sciences sociales, 30, 3-6.

Bourdieu, P. (1983): Ökonomisches Kapital, kulturelles Kapital, soziales Kapital. In: Kreckel, R. (Hrsg.): Soziale Ungleichheiten. Soziale Welt. Sonderband 2. Göttingen: Schwartz, 183-198.

Elias, N. (1996): Was ist Soziologie? Weinheim u. München: Juventa (erstmals 1970).

Elias, N./Scotson, J. L. (1993): Etablierte und Außenseiter. Frankfurt a. Main: Suhrkamp (erstmals 1965).

Geißler, R. (2005): Die Metamorphose der Arbeitertochter zum Migrantensohn. Zum Wandel der Chancenstruktur im Bildungssystem nach Schicht, Geschlecht, Ethnie und deren Verknüpfungen. In: Berger, P. A./Kahlert, H. (Hrsg.): Institutionalisierte Ungleichheiten. Wie das Bildungswesen Chancen blockiert. Weinheim und München: Juventa Verlag, 71-100.

Granato, M. (1999): Pluralisierung und Individualisierung jugendlicher Lebenslagen – ein Forschungsdesiderat? Aspekte der Forschung zu Jugendlichen mit in- und ausländischem Pass. In: Timmermann, H./Wessela, E. (Hrsg.): Jugendforschung in Deutschland. Eine Zwischenbilanz. Opladen: Leske + Budrich, 95-114.

Granato, M./Schittenhelm, K. (2003): Junge Migrantinnen zwischen Schule und Arbeitsmarkt – Ungleichheiten angesichts der Ausdifferenzierung einer Übergangsphase. In: Castro Varela, M. d. M./Clayton, D. (Hrsg.): Migration, Gender, Arbeitsmarkt. Neue Beiträge zu Frauen und Globalisierung, Königstein a. Taunus: U. Helmer Verlag, 109-126.

Gualda, E. (2007): Researching "Second Generation" in a Transitional, European, and Agricultural Context of Reception of Immigrants. CMD Working Paper N° 07-01. The Center for Migration and Development. Princeton University. Zugriff unter: http://cmd.princeton.edu/papers/wp 0701.pdf. [17.01.2012].

Heath, A./Rothon, C./ Kilpi, E. (2008): 'The Second Generation in Western Europe: Education, Unemployment, and Occupational Attainment'. In: Annual Review of Sociology, 34, 211-235.

Hoerning, E. M. (1978): „Zweiter Bildungsweg" – eine Statuspassage? In: Kohli, M. (Hrsg.): Soziologie des Lebenslaufs. Darmstadt, Neuwied: Luchterhand, 251-266.

Hummrich, M. (2002): Migration und Bildungserfolg. Biographien junger Frauen in der Einwanderungsgesellschaft. Opladen: Leske + Budrich.

Isserstedt, W./Middendorff, E./Kandulla, M./Borchert, L./Leszczensky, M. (2010): Die wirtschaftliche und soziale Lage der Studierenden in der Bundesrepublik Deutschland 2009. 19. Sozialerhebung des Deutschen Studentenwerks durchgeführt durch HIS Hochschul-Informations-System, Bonn, Berlin 2010. Zugriff unter: www.bmbf.de/pub/wsldsl_2009.pdf [07.11.2011].

Juhasz, A./Mey, E. (2003): Die zweite Generation: Etablierte oder Außenseiter? Biographien von Jugendlichen ausländischer Herkunft. Opladen: Westdeutscher Verlag.

Klein, K. (2010): Die Bedeutung sozialer Netzwerke für die Bildungsbiographie junger Erwachsener indischer Herkunft in Deutschland und in Großbritannien. Münster: LIT Verlag.

Kohlbach, S. (2007): Der Berufseinstieg von Migrantinnen und Migranten in den deutschen Arbeitsmarkt. Ansatzpunkte für eine arbeitsweltbezogene Sozialarbeit. Diplomarbeit an der Universität Siegen, Siegen.

Leiprecht, R./Lutz, H. (2005): Intersektionalität im Klassenzimmer: Ethnizität, Klasse, Geschlecht. In: Leiprecht, R./Kerber, A. (Hrsg.): Schule in der Einwanderungsgesellschaft. Schwalbach/Ts: Wochenschau Verlag, 218-234.

Levitt, P. (2009): Roots and Routes: Understanding the Lives of the Second Generation Transnationally. In: Journal of Ethnic and Migration Studies, 35, 7, 1225-1242.

Luckmann, T. (2006): Die kommunikative Konstruktion der Wirklichkeit. In: Tänzler, D./Knoblauch, H./Soeffner, H.-G. (Hrsg.): Neue Perspektiven der Wissenssoziologie. Konstanz: UVK,15-26.

Mannheim, K. (1964): Das Problem der Generationen. In: Mannheim, K. (1964): Wissenssoziologie. Auswahl aus dem Werk (erstmals 1928). Neuwied/Berlin: Luchterhand, 509-565.

Mannheim, K. (1980): Strukturen des Denkens. Frankfurt a. M: Suhrkamp (erstmals 1922-1925 unveröff. Manuskript).

Maschke, S./Schittenhelm, K. (2005): Integratives qualitatives Forschungshandeln. Kombinierte Anwendungsformen der dokumentarischen Methode in den Sozial- und Erziehungswissenschaften. In: Zeitschrift für Soziologie der Erziehung und Sozialisation, 25, 3, 325-335.

Mauger, G. (1989): La théorie des Générations de K. Mannheim et la théorie de l'habitus. In: Lagrée, J. C. (Hrsg.): Générations, Annales de Vaucresson, 30-31, 59-78.

Nohl, A.- M. (2006): Bildung und Spontanität. Phasen biographischer Wandlungsprozesse in drei Lebensaltern – Empirische Rekonstruktionen und pragmatistische Reflexionen. Opladen: Budrich.

Nohl, A.-M. (2009): Interview und dokumentarische Methode. Anleitungen für die Forschungspraxis. 3. Auflage. Wiesbaden: VS Verlag.

Nohl, A.-M. (2012): Dokumentarische Methode in der Bildungs- und Arbeitsmarktforschung. Von der soziogenetischen zur relationalen Typenbildung. In: Schittenhelm, K. (Hrsg.): Interpretative Bildungs-und Arbeitsmarktforschung. Theoretische Grundlagen und Methoden. Wiesbaden: VS-Verlag (i.E.).

Nohl, A.-M./Schittenhelm, K./Schmidtke, O./Weiß, A. (2006): Kulturelles Kapital in der Migration. Ein Mehrebenenansatz zur empirisch-rekonstruktiven Analyse der Arbeitsmarkintegration hochqualifizierter MigrantInnen. Forum Qualitative Sozialforschung, 7, 3, Art. 14. Zugriff unter:

http://www.qualitative-research.net/fqs-texte/3-06/06-3-14-d.htm [17.01.2012].

Ofner, U. (2003): Akademikerinnen türkischer Herkunft. Narrative Interviews mit Töchtern aus zugewanderten Familien. Berlin: Weißensee-Verlag.

Phoenix, A. (2010): Psychosoziale Intersektionen. Zur Kontextualisierung von Lebenserzählungen Erwachsener aus ethnisch sichtbar differenten Haushalten. In: Lutz, H./Herrera Vivar, M. T./Supik, Linda (Hrsg.): Fokus Intersektionalität. Bewegungen und Verortungen eines vielschichtigen Konzepts. Wiesbaden: VS Verlag, 165-182.

Portes, A./Rumbaut, R. G. (2001): Legacies. The story of the immigrant second generation. Berkeley/Los Angeles: University of California Press.

Pott, A. (2002): Ethnizität und Raum im Aufstiegsprozeß. Eine Untersuchung zum Bildungsaufstieg in der zweiten türkischen Migrantengeneration. Opladen: Leske + Budrich.

Raiser, U. (2007): Erfolgreiche Migranten im deutschen Bildungssystem – es gibt sie doch. Lebensläufe von Bildungsaufsteigern türkischer und griechischer Herkunft. Münster: LIT Verlag.

Schittenhelm, K. (2005a): Soziale Lagen im Übergang. Junge Migrantinnen und Einheimische zwischen Schule und Berufsausbildung. Wiesbaden: VS Verlag.

Schittenhelm, K. (2005b): Primäre und sekundäre Effekte kultureller Praktiken. Der Ausbildungseinstieg junger Migrantinnen im interkulturellen Vergleich. In: Kölner Zeitschrift für Soziologie und Sozialpsychologie, 57, 4, 691-713.

Schittenhelm, K. (2007): Kulturelle Vielfalt und soziale Ungleichheiten. Bildungs- und Berufsbiographien von Akademikerinnen mit Migrationshintergrund. In: Johler, R./Thiel, A./Schmid, J./Treptow, R. (Hrsg.): Europa und seine Fremden. Die Gestaltung kultureller Vielfalt als Herausforderung. Bielefeld: Transcript: 91-107.

Schittenhelm, K. (2009a): Qualitatives Sampling. Strategien und Kriterien der Fallauswahl. In: Maschke, S./Stecher, L. (Hrsg.): Methoden der empirischen erziehungswissenschaftlichen Forschung. Erziehungswissenschaftliche Enzyklopädie Online (EEO). Weinheim u. München: Juventa Verlag.

Schittenhelm, K. (2009b): Social Risks in Successful Educational careers. Young Female Immigrants in the German Education System. In: International Journal of Migration, Health and Social Care, 5, 3, 3-16.

Schittenhelm, K. (2011): Overcoming barriers. Career trajectories of highly skilled members of the German second generation. In: Wingens, M./Windzio, M./de Valk, H./Aybek, C. (Eds.): A Life Course Perspective on Migration and Integration. Dordrecht: Springer, 101-119.

Schittenhelm, K./Klein, K./Neumann, S./Soremski, R. (2009): Cultural Capital during Migration. Academically and Vocationally Skilled Adults with Immigrant Backgrounds in Germany. Cultural Capital During Migration Working Paper, 9. Zugriff unter: http://www.cultural.capital.net [10.12. 2009].

Schütze, F. (1983): Biographieforschung und narratives Interview. In: Neue Praxis, 13, 3, 283-293.

Seibert, H. (2003): Wer zu spät kommt ...: Schulausbildung und der Erwerbseinstieg von Ausbildungsabsolventen ausländischer Herkunft in Deutschland. Ausbildungs- und Berufsverläufe der Geburtskohorten 1964 und 1971 in Westdeutschland. Arbeitspapier 06. Berlin: Max-Planck-Institut für Bildungsforschung.

Soremski, R. (2010): Das kulturelle Kapital der Migrantenfamilie: Bildungsorientierungen der zweiten Generation akademisch qualifizierter Migrantinnen und Migranten. In: Nohl, A.-M./Schittenhelm, K./Schmidtke, O./Weiß, A. (Hrsg.): Kulturelles Kapital in der Migration. Hoch qualifizierte Einwanderer und Einwanderinnen auf dem Arbeitsmarkt. Wiesbaden: VS Verlag, 52-64.

Stauber, B./Walther, A. (2007): Subjektorientierte Übergangsforschung: methodologische Perspektiven. In: Stauber, B./Pohl, A./Walther, A. (Hrsg.): Subjektorientierte Übergangsforschung. Rekonstruktion und Unterstützung biographische Übergänge junger Erwachsener. Weinheim u. München: Juventa, 41-63.

Šuber, D. (2006): „Existenz" und „Denken". Zu den (lebens)philosophischen Grundlagen der Wissenssoziologie Karl Mannheims. In: Tänzler, D./Knoblauch, H./Soeffner, H.-G. (Hrsg.): Neue Perspektive der Wissenssoziologie. Konstanz: UVK, 235-270

Tepecik, E. (2011): Bildungserfolge mit Migrationshintergrund. Biographien bildungserfolgreicher MigrantInnen türkischer Herkunft. Wiesbaden: VS Verlag.

Tosana, S. (2008): Bildungsgang, Habitus und Feld. Eine Untersuchung zu den Statuspassagen Erwachsener mit Hauptschulabschluss auf dem Abendgymnasium. Bielefeld: Transcript.

Willis, P. (1977): Learning to Labour: How Working Class Kids Get Working Class Jobs. Farnborough: Saxon House.

Kulturelles Kapital und Spannungsschema – Pluralisierung für die oberen Schichten oder Egalisierung von Reproduktionswegen?

Cultural Capital and the Action Scheme – Pluralization for the Upper Classes or Equalization of Reproduction Paths?

Werner Georg und Tim Heyne

Zusammenfassung: Die bourdieusche Kapitaltheorie unterstellt, dass inkorporiertes kulturelles Kapital (vor allem hochkulturelle Aktivitäten) eine Akkumulation von institutionalisiertem Kulturkapital in Form von Bildungsabschlüssen erleichtert. Verschiedene Befunde und Diskussionen von quantitativen Kultursoziologen stellen jedoch die ausschließliche Bedeutung von hochkulturellen Aktivitäten in Frage und beziehen sich dabei auf Gerhard Schulzes alltagsästhetische Schemata. An Hand der LifE-Studie wird der Frage nachgegangen, ob neben dem Hochkulturschema auch das Spannungsschema für die soziale Reproduktion eine Rolle spielen kann.

Schlüsselwörter: kulturelles Kapital, soziale Ungleichheit, soziale Reproduktion, Mobilitätsprozesse

Abstract: The capital theory of Bourdieu implies that embodied cultural capital (above all highbrow cultural activities) facilitates the accumulation of institutionalized cultural capital as educational degrees. However, various findings of quantitative cultural sociologists question the importance of highbrow activities and refer to the action scheme of Gerhard Schulze. Using data from the LifE-Study it is analyzed whether the action scheme, in addition to highbrow culture, enables social reproduction.

Keywords: Cultural capital, social inequality, social reproduction, mobility processes

1. Theorie

Bis in die 1990er-Jahre verwiesen international vergleichende Befunde in fast allen Industrienationen auf ein Fortbestehen der sozialen Ungleichheitsrelationen auch während der Phase der Bildungsexpansion (Blossfeld/Shavit 1993). Dieser Blickwinkel hat sich verstärkt erst in den letzten Jahren aufgrund umfangreicherer Datensätze (Breen et al. 2009, 2010) aus acht europäischen Ländern verändert. Die feststellbaren Mobilitätsprozesse im Bildungsbereich waren jedoch schwerpunktmäßig bis zur Geburtskohrte 1960 bis 1969 auf den unteren und mittleren Bereich des Bildungssystems beschränkt (Georg 2012). Die PISA-Studien verwiesen auf ein deutliches Fortbestehen ungleicher Entwicklungschancen. So hatte im Rahmen der PISA-2000-E Studie das Kind eines Mitglieds der oberen Dienstklasse bei Kontrolle der kognitiven Grundfähigkeiten und der Lesefähigkeit eine drei Mal so hohe Chance auf einen Gymnasialbesuch wie das Kind eines Facharbeiters (Baumert/Schümer 2001, 357).

Vor dem Hintergrund dieser Befunde stellt sich die Frage nach soziologischen Erklärungsansätzen in diesem Bereich. Hierbei lassen sich zwei Hauptrichtungen unterscheiden, nämlich Modelle der rationalen Wahl und konflikttheoretische Ansätze. Im Rahmen des Rational-Choice Paradigmas (Breen/Goldthorpe 1997; Boudon 1974; Becker 2003; Erikson/Jonsson 1996) wird angenommen, dass klassenspezifisch unterschiedliche Kosten-Nutzen Kalküle zum Tragen kommen, wobei unter der Randbedingung des Statuserhalts drei Parameter von Bedeutung sind, nämlich die Bildungskosten unter Berücksichtigung der Opportunitätskosten, die erwarteten Bildungsrenditen und die Erfolgswahrscheinlichkeit. Boudon (1974) unterscheidet in diesem Zusammenhang zwei Arten von Herkunftseffekten: primäre und sekundäre Herkunftseffekte. Während die primären Herkunftseffekte die mit den differenziellen Anregungspotentialen der Schichtungsmilieus verbundenen kognitiven Fähigkeiten zu Beginn der Bildungslaufbahn beschreiben, beziehen sich die sekundären Herkunftseffekte auf die Entscheidungsprozesse an den Übergängen des Bildungssystems. Verschiedene Studien gewichten den Beitrag beider Herkunftseffekte am Zustandekommen der Ungleichheit unterschiedlich. Während Erikson und Rudolphi (2010) für Schweden im Zeitverlauf ein Abnehmen beider Effekte feststellen und den Einfluss sekundärer Effekte auf etwa ein Drittel veranschlagen, kommen Maaz und Nagy (2009) für Deutschland in Hinblick auf drei übergangsrelevante Parameter in der vierten Klasse zu einer differenziellen Einschätzung: Für die Benotung sind primäre Effekte stärker als sekundäre, für die Übergangsempfehlung sind beide Effekte etwa gleich wichtig und für den real vollzogenen Übergang sind die sekundären Effekte wichtiger.

Der zweite, konflikttheoretische Ansatz ist insbesondere mit den Schriften Pierre Bourdieus verbunden. Bildungssoziologische Fragestellen durchziehen das gesamte Werk Bourdieus und werden bereits in seinem, gemeinsam mit Passeron veröffentlichten frühen Werk „Die Illusion der Chancengleichheit" (1971) thematisiert. In den „Feinen Unterschieden" (1982) taucht diese Fragestellung in Zusammenhang mit seiner verallgemeinerten Habitus- und Lebensstiltheorie auf und zielt auf die Frage der sozialen Statusvererbung unter nichtständischen Bedingungen ab. In „Die Illusion der Chancengleichheit" beginnt Bourdieu mit einer Analyse des relativen Hochschulbesuchs unterschiedlicher sozialer Klassen und der schichtspezifisch differenzierten Studienfachwahl. Um die scharfe soziale Selektivität des Hochschulsystems zu erklären, rekurriert Bourdieu einerseits auf die Ebene der sozialstrukturell differenziellen kulturellen Praxis in den Herkunftsfamilien, andererseits macht- und wissenssoziologisch auf die symbolische Definitionsmacht der oberen Statusgruppen hinsichtlich der legitimen Kultur und deren Passung mit den Anforderungen der studentischen und Fachkultur. Soziale Reproduktion unter meritokratisch legitimierten Bedingungen muss nach Bourdieu ihre Prozesslogik verschleiern, um weiterhin effizient zu sein. Konkret bedeutet dies, dass die ungleiche Verteilung kulturellen Kapitals in verschiedenen Segmenten der Sozialstruktur in der Weise naturalisiert wird, dass sie als individuell zurechenbarer Begabungs- und Fähigkeitsunterschied überhöht wird. In seiner Kapitaltheorie, die den Kern der sozialen Struktur konzeptualisiert (Bourdieu 1983), unterscheidet Bourdieu drei Formen kulturellen Kapitals: inkorporiertes, institutionalisiertes und objektiviertes Kulturkapital.

Das inkorporierte Kulturkapital wird im Rahmen des familialen Lebensstils der Herkunftsfamilie internalisiert und wird zu einem „natürlichen" Teil des Habitus. Die kulturellen Praxen der jeweiligen Familie werden als virtuelles Muster in einem langwierigen Prozess angeeignet und die Aktivierung dieses Musters wirkt auf das Gegenüber als integraler Bestandteil der Persönlichkeit. An verschiedenen Stellen betont Bourdieu, dass es gerade diese scheinbare Natürlichkeit des inkorporierten Kulturkapitals und des mit ihm einhergehenden Habitus ist, die seine Effizienz bei der sozialen Reproduktion der herrschenden Klassenfraktionen ausmacht. Im Vergleich hierzu wirkt der Habitus des Kleinbürgertums, das aufgrund seiner Position im sozialen Raum soziale Unterschiede als Unterschiede in der Bildungskompetenz wahrnimmt („Alladoxia-Effekt"), bemüht, zwanghaft und aufgesetzt. Da das Kleinbürgertum sich an trivialisierten und abgestiegenen Elementen der legitimen Kultur orientiert, fehlt ihm einerseits ein „Anlagesinn" für diejenigen kulturellen Praxen und Wissensbestände, die in den Institutionen des Bildungssystems gewinnversprechend sind und andererseits die Natürlichkeit des Habitus, die einer entsprechenden

Selbstrepräsentation Wirksamkeit verleiht. Zwar verfügt der Habitus der Arbeiterklasse, so Bourdieu, nicht über die Künstlichkeit des Kleinbürgertums, die demjenigen anhängt, der Fremdes kopiert und imitiert, aber gleichzeitig ist ihr die Bildungsbezogenheit dieser Gruppe fremd und der soziale Aufstieg durch höhere Bildungsinstitutionen wird als Abweichung bestraft.

Das institutionalisierte Kulturkapital wird, im Gegensatz hierzu, in methodisch-didaktischer Weise im Rahmen kanonisierter Wissensbestände in den Bildungsinstitutionen vermittelt und erworben. Diese Institutionen verfügen über die Definitionsmacht hinsichtlich legitimen Wissens und vergeben Patente, die als allgemeine Kompetenzanmutung dienen und den Zugang zu spezifischen Positionen und Laufbahnen ermöglichen. Jedoch wird im Bildungssystem nicht nur Wissen vermittelt und abgefragt, sondern es wird zudem ein spezifischer Habitus erwartet und belohnt, der mit demjenigen der definitionsmächtigen Gruppen korrespondiert. Neben den individuellen Kompetenzen und Fähigkeiten ist nach Bourdieus Auffassung eine habituelle Passung zwischen Herkunftsmilieu und der „Kultur“ der jeweiligen Bildungsinstitution oder des jeweiligen Studienfaches förderlich, um einen erfolgreichen Abschluss zu erzielen.

Das objektivierte Kulturkapital schließlich bezieht sich auf den Besitz kultureller Artefakte, wie etwa Bücher, Kunstwerke oder Musikinstrumente. Diese Gegenstände kann man zwar besitzen, für ihren angemessenen „Genuss“ ist jedoch der Besitz inkorporierten Kulturkapitals die Voraussetzung.

Soziale Ungleichheit im Bildungssystem wird also im Rahmen des bourdieuschen Theorieansatzes einerseits durch die differenzielle Verteilung kultureller Praxen in verschiedenen Segmenten der Sozialstruktur, andererseits auf symbolischer Ebene, durch die Definitionsmacht der herrschenden Kapitalfraktionen hinsichtlich der legitimen Kultur und Wissensbestände in den Bildungsinstitutionen induziert. Mittels dieser Verknüpfung von Macht- und Wissenssoziologie gelingt es Bourdieu, jenseits objektivistischer und reifizierender „Messung“ von individuellen Fähigkeiten, die Mechanismen aufzuzeigen, mit denen sich soziale Reproduktion durch Bildung und kulturelles Kapital vollzieht und wie diese mit der Verteilung von symbolischer Macht im Rahmen von Lebensstil und Habitus verknüpft sind.

Wenngleich schon eine Vielzahl an Studien einen Effekt kulturellen Kapitals auf Leistungsmerkmale im Schulsystem (Schulabschluss und Noten) nachgewiesen hat (Di Maggio 1982; Aschaffenburg/Maas 1997; Sullivan 2001; de Graaf/de Graaf 2002; Georg 2004, 2006), lässt sich die bourdieusche Theorie aufgrund dieser Befundlage zumindest dahingehend kritisieren, dass die Operationalisierung von kulturellem Kapital enggeführt ist auf hochkulturelle Aktivitäten und Wissensbeständen.

Insbesondere die Arbeiten von Peterson (1992) und Schulze (1992) stellen diesen etwas konservativen Begriff legitimer Kultur in Frage.

Peterson fand an Hand einer Analyse des Musikgeschmacks sozialer Statusgruppen in den USA nicht das traditionelle Muster einer Oberschicht, die sich ausschließlich hochkulturellen Genres widmet und eines „barbarischen Geschmacks" (Bourdieu 1982) des „Volkes", sondern vielmehr einen kulturellen Allesfresser („omnivore") in Form eines souveränen Codewechsels zwischen Popularkultur, Subkultur und Hochkultur, währenddessen die unteren Schichten sich vor allem durch die Präferenz für ein spezifisches Genre auszeichneten („univore").

Schulze untersuchte im Frühjahr 1985 aufgrund einer Zufallsstichprobe von Einwohnern Nürnbergs (n=1.014) die alltagsästhetischen Präferenzen der Befragten. Präferenzstrukturen werden in Schulzes Ansatz auf der Ebene der Tiefenstruktur von Zeichen organisiert und über bedeutungsäquivalente Zeichengruppen, sog. „alltagsästhetische Schemata" zusammengefasst. Diese stellen schematische, grobe Muster dar, die Zeichen aus den verschiedenen Bereichen homolog kodieren und somit Komplexität singulärer Wahlakte reduzieren. Schulze entwickelt induktiv auf der Grundlage empirischer Klassifikation alltagsästhetischer Orientierungen für die bundesrepublikanische Gesellschaft Mitte der 1980er-Jahre ein dreidimensionales Kontinuum, das als Raster der Verortung alltagsästhetischer Zeichen dient. Dabei unterscheidet er bezüglich deren Semantik drei Dimensionen: Genuss, Distinktion und Lebensphilosophie.

Die kulturhistorisch älteste Dimension dieses Kontinuums, das Hochkulturschema, beinhaltet als typische Zeichen klassische Musik, Museumsbesuch und die Lektüre „guter" Literatur. Während sich Genuss in diesem Schema als Kontemplation herstellt, bezieht sich seine Distinktion auf eine „antibarbarische" Orientierung, ein Begriff, der Bourdieu entlehnt ist und sich idealtypisch auf die Figur des Massentouristen und des Bildzeitungslesers bezieht. Auf lebensphilosophischer Grundlage thematisiert das Hochkulturschema das Streben nach Perfektion.

Gegen Mitte des 19. Jahrhunderts bildet sich das Trivialschema heraus, für das heute Zeichengruppen wie etwa deutsche Schlager, Fernsehquiz oder Arztromane stehen. Genuss wird im Trivialschema auf Gemütlichkeit bezogen, man distinguiert sich vor allem von exzentrischen Gruppen, die ihre Individualität betonen, und die lebensphilosophische Bedeutungsebene dieses Schemas drückt sich in einem Streben nach Harmonie aus.

Der bis in die 1950er-Jahre zweidimensionale Raum der alltagsästhetischen Schemata wird schließlich durch das Spannungsschema aufgebrochen, dessen Ursprung in der entstehenden Jugendkultur dieser Zeit liegt, das sich aber mit der Diffusion jugendlicher Symbolisierung auf andere Altersgruppen ausdehnt. Auf der Zeichenebene lässt sich das Spannungsschema durch Rockmusik, Thriller und das Ausgehen in Diskos, Kneipen und Kinos beschreiben. Genuss wird innerhalb dieses Schemas auf der Ebene des Ausagierens von Spannung („Action") erlebt und das Distinktionsmuster ist antikonventionell, d.h. man versucht sich vor allem von „Spießern" und etablierten Gruppen abzugrenzen. Der lebensphilosophische Kern des Spannungsschemas zielt auf Selbstinszenierung, Unterhaltung und Selbstverwirklichung und wird von Schulze als „narzisstisch" bezeichnet.

Der mit diesen drei Dimensionen konstruierte Bedeutungsraum alltagsästhetischer Zeichen ist nicht im Sinne diskreter, ausschließlicher Zugehörigkeiten zu einem der Schemata zu verstehen, sondern stellt ein Kontinuum aus Mischungsverhältnissen dar, in dem ein Individuum oder eine Gruppe verortet werden kann oder sich selbst verortet.

Aus beiden Ansätzen lässt sich im Gegensatz zur bourdieuschen Theorie, deren Ungleichheitssemantik sich auf die Monopolisierung von legitimer Kultur und die damit verbundene Distinktion in der herrschenden Klasse bezieht, eine Demokratisierung und Pluralisierung kulturellen Kapitals herauslesen. Durch die Verbreitung von Massenmedien, das Internet und die Bildungsexpansion hat sich, so die Vermutung der oben genannten Autoren, der Zugang zu hochkulturellen Symbolen verbreitet und diese sind nicht länger, wie von Weber (1972) vermutet, ausschließliche Marker der Statuskultur der Oberschicht. Zudem, so zeigen Schulzes alltagsästhetische Schemata hat sich möglicherweise eine Erweiterung kultureller Stile ergeben und es ist, in Übereinstimmung mit Rössel und Beckert-Zieglschmid (2002) zu fragen, ob nicht, neben dem Hochkulturschema, inzwischen auch das Spannungsschema einen Beitrag zur sozialen Reproduktion im Bildungswesen leistet.

2. Bisherige Forschung

In den meisten der oben genannten Analysen wurde kulturelles Kapital in Anlehnung an die bourdieusche Operationalisierung mit hochkulturellen Aktivitäten oder Kenntnissen gleichgesetzt. In einigen Untersuchungen wurden jedoch auch alternative Dimensionen verwendet. So benutzten de Graaf und de Graaf (2002) eine Aufteilung der kulturellen Ressourcen der Familie in die Teilnahme der Eltern an Hochkultur und in ihr Leseverhalten, das in einem weiteren Modell wiederum in das Lesen von anspruchsvoller Literatur und Unterhaltungsliteratur differenziert wurde. Im Ergebnis hatte das Leseverhalten der Eltern einen stärkeren Einfluss auf den Bildungsstand der Kinder als die Teilnahme an Hochkultur. Bei einer weiteren Unterscheidung zwischen dem Lesen von anspruchsvoller Literatur und Unterhaltungsliteratur hatte nur letzteres einen Effekt auf den Bildungsstand.

Sullivan (2001) befragte 465 Schüler in vier englischen Klassen im Alter von 16 Jahren hinsichtlich ihres sozio-ökonomischen Hintergrunds, ihrer kulturellen Aktivitäten im Bereich von Lesen, TV-Konsum, Musikgeschmack sowie Teilnahme an hochkulturellen Ereignissen und führte schließlich Tests bezüglich der linguistischen Fähigkeiten und kulturellen Kenntnisse durch. Zusätzlich wurden die Schüler nach dem kulturellen Kapital ihrer Eltern befragt, das über die Anzahl der Bücher, die elterlichen Lesegewohnheiten, ihren Musik- und Medienkonsum und schließlich ihre Teilnahme an hochkulturellen Aktivitäten und die zu Hause besprochenen Themen erfasst wurde. In der statistischen Analyse wurde der Einfluss des kulturellen Kapitals auf den Schulerfolg der Kinder in drei Schritten modelliert: zuerst wurde ein Regressionsmodell berechnet, in dem die Schulbildung der Eltern, ihr beruflicher Status und der besuchte Schultyp als Prädiktoren für deren kulturelle Aktivitäten der Kinder verwendet wurden. Als signifikant stellten sich in diesem Zusammenhang die Mitgliedschaft in der oberen Dienstklasse und ein Universitätsabschluss heraus. In einem weiteren Modell wurden die kulturellen Aktivitäten der Eltern hinzugefügt. In diesem Modell verschwanden die signifikanten Effekte des vorherigen Modells und nur das kulturelle Kapital hatte einen signifikanten Einfluss (23,3% Varianzanteil). Diese Ergebnisse weisen einen intergenerationalen Transmissionseffekt kulturellen Kapitals nach. In zwei weiteren Schritten wurde die Wirkung der oben benannten kulturellen Praxis der Kinder auf den linguistischen- und kulturellen Wissenstest untersucht. Im Ergebnis waren es vor allem der Konsum anspruchsvoller TV-Programme (4,2% Varianzerklärung) und das Lesen anspruchsvoller Literatur (2,1% Varianzerklärung), die sich als bedeutsame Prädiktoren herausstellten, wohingegen musikalische Aktivitäten und die Teilnahme an formaler Kultur keinen substanziellen Effekt hatten. Ähnliche Befunde waren für den Wissenstest zu verzeichnen, mit der Ausnahme, dass sich die Reihenfolge umkehrte (Lesen: 3,5%, Fernsehen: 2%). Als letztes Glied der Kausalkette wurde der Einfluss der genannten Variablen auf einen zusammengesetzten Index bezüglich aller Noten der Kinder untersucht. Außer den Scores für die beiden Fähigkeitstests (jeweils um 11%) war es wiederum das Leseverhalten (2,5%) und der TV-Konsum (1%), die über einen signifikanten Effekt verfügten. Zusammenfassend war die Analyse bei der Modellierung des Einflusses kulturellen Kapitals insofern erfolgreich als, ausgehend von einem Transmissionseffekt bis hin zur Beeinflussung der schulischen Performanz eine zusammenhängende kausale Wirkung nachgewiesen werden konnte. Wiederum war es das Leseverhalten und nicht die Teilnahme an hochkulturellen Aktivitäten, die Fähigkeiten und Schulerfolg beeinflussten.

Am nächsten kommt der hier intendierten Analyse jedoch ein Beitrag von Rössel und Beckert-Zieglschmid (2002), in dem explizit auf die drei alltagsästhetischen Schemata von Schulze (1992) Bezug genommen wurde. Ausgehend von der Annahme einer möglichen Pluralisierung und Demokratisierung hochkultureller Symbole untersuchten die Autoren bei 408 Schülern in 19 Schulklassen in Leipzig den Einfluss der drei alltagsästhetischen Schemata auf den Schulerfolg, der über den besuchten Schultyp (Mittelschule vs. Gymnasium) und den Notendurchschnitt in den Fächern Mathematik und Deutsch gemessen wurde. Das kulturelle Kapital des Haushalts wurde mit dem elterlichen Freizeitverhalten erfasst und über das Hören klassischer Musik, Bücherlesen sowie den Besuch von Museen, Oper und Theater gemessen. Das Spannungsschema wurde über eine Vorliebe für Rock- und Popmusik, sowie den Kino-, Kneipen-, Cafe- und Gaststättenbesuch operationalisiert. Für das Trivialschema schließlich wurde nur eine Präferenz für Schlager und Volksmusik verwendet.

Das kulturelle Kapital der Schüler wurde im Bereich des Spannungsschemas in eine indoor (Videos gucken, Computerspiele, Zeitschriften und Comics lesen, im Internet surfen und Musik hören) und eine outdoor Komponente (Besuch von Disco, Kneipe, Kino, Imbiss Jugendclub und „Rumhängen“ mit Freunden) unterteilt. Hochkulturelle Aktivitäten hingegen erfassten die Autoren durch das Hören klassischer Musik, Bücherlesen, Musizieren und den Besuch von Theater und Oper.

Wiederum benutzten die Autoren schrittweise Regressionsmodelle zur Überprüfung des Reproduktionsprozesses. In einem ersten Modell wurde die sozialstrukturelle Situiertheit der drei alltagsästhetischen Schemata bei den Eltern untersucht. Hier stellte sich besonders das Hochkulturschema als sozial selektiv heraus: eine Zugehörigkeit zur Dienstklasse (beta=.19), die Bildung der Mutter (beta=.13) sowie des Vaters (beta=.35) waren relevante Prädiktoren. Das Spannungsschema wurde vor allem durch die soziale Lage (Einelternfamilie, Arbeitslosigkeitserfahrung beta=.23) und die Bildung der Mutter (beta=.20), das Trivialschema schließlich wurde lediglich durch die Bildung der Mutter (beta= -.17) beeinflusst.

Hinsichtlich des besuchten Schultyps übte neben der Bildung der Eltern (Vater: odds ratio 2.79, Mutter: 2.13) das Hochkulturschema der Familie (1.64) einen signifikanten Effekt aus. Bei der intergenerationalen Weitergabe der drei alltagsästhetischen Schemata stand das Hochkulturschema an erster Stelle (beta=.51), gefolgt vom indoor-Spannungsschema (beta=.27) und dem outdoor-Spannungsschema (beta=.14). Die Schulleistung schließlich wurde, neben den Kontrollvariablen, lediglich vom Hochkulturschema (beta=-.20), nicht jedoch vom Spannungsschema determiniert. Im Ergebnis kommen die Autoren zu dem Schluss „dass die Pluralisierung der Lebensstile und der Formen von kulturellem Kapital bislang wenig Relevanz für die Reproduktion der Sozialstruktur besitzt" (Rössel/Beckert-Zieglschmid 2002, 511).

Aus den theoretischen Überlegungen und den bisherigen Befunden ergibt sich die Frage, ob die soziale Reproduktion in einer im Vergleich zum bourdieuschen Ansatz modernisierten Gesellschaft ausschließlich über die klassische Operationalisierung von kulturellem Kapital erfolgt, oder auch andere Schemata zur Reproduktion beitragen können.

3. Daten und Maße

Grundlage dieses Beitrags ist die LifE-Studie (Lebenswege ins frühe Erwachsenenalter), die auf dem Follow-Up einer von Fend und Kollegen als Panel-Studie konzipierten Schülerbefragung aus den Jahren 1979-1983 beruht. Im Jahr 1983 hatten die Schüler einen Altersmittelwert von 16 und bei der Wiederbefragung 2002 von 35 Jahren. Die Umfrage beinhaltet eine Kohorte von Schülern Frankfurter Stadteile (Bockenheim, Westend, Nordweststadt) und des ländlichen Odenwaldkreises. In diesen Gebieten wurden Schüler aller Schultypen befragt (Gesamtschule, Hauptschule, Realschule und Gymnasium), die 1979 in der sechsten Klasse waren. Insgesamt nahmen 2.897 Schüler mindestens einmal an der Befragung teil und 1.790 beteiligten sich an allen vier Panel-Wellen. Durch Abwesenheit, Wiederholung von Klassen und Wegzug wechselten in jedem Befragungsjahr etwa 14 Prozent der Schüler, d.h. dieser Anteil fiel aus und wurde jährlich ersetzt. Neben der Hauptstichprobe wurden Unterstichproben gebildet, um Test- und Kohorteneffekte zu überprüfen. Zusätzlich wurde in den Jahren 1980 und 1982, ebenfalls im Rahmen eines Panel-Designs, eine Elternstichprobe und 1979, 1980 und 1982 eine Lehrerstichprobe befragt.

Mit Hilfe einer Adressen-Recherche konnten 2.021 der ursprünglichen 2.897 Respondenten ausfindig gemacht werden. Weil sich die Adressen in 154 Fällen als falsch herausstellten, bestand die endgültige Stichprobe aus 1.876 Personen, von denen 1.527 (81,8%) an der Follow-Up Befragung teilnahmen. Ein signifikanter Sample Selectionbias dieser Untergruppe im Vergleich zur Ausgangsstichprobe kann hinsichtlich der Nationalität (Deutsche nahmen häufiger teil), der Wohnortgröße (Bewohner größerer Städte sind unterrepräsentiert), der Klassenzugehörigkeit (je niedriger der soziale Status, desto weniger Teilnahmebereitschaft bestand) und des Schultyps (höhere Panel-Mortalität bei Schülern von Hauptschulen) festgestellt werden.

Die Fragebögen wurden unter Verwendung der Total Design Method von Dillmann (1978) (neben dem Überreichen eines incentives von 10 Euro wurde ein Erinnerungsschreiben versandt und jede Person, die nicht antwortete, wurde nach einer gewissen Zeit angerufen) im Frühjahr/Sommer 2002 versandt. Diese Maßnahmen erhöhten die Teilnahmebereitschaft um 15,7 beziehungsweise um 22,2 Prozent. Die Follow-Up Fragebögen enthielten eine große Anzahl „subjektiver“ und „objektiver“ Indikatoren für die Bereiche Schule und Beruf, Herkunftsfamilie, Partnerschaft und Heirat, soziale Netzwerke, Politik und Wertorientierung, Freizeit und Lebensstil sowie physische und psychische Gesundheit.

In dem weiter unten dargestellten Strukturgleichungsmodell wurden folgende Maße verwendet:

Für den Bereich der Spannungskultur wurden zwei Items herangezogen, die auf die Shell-Studie 1981 zurückgehen, und dem Konzept der „Gruppenstile“ zuzuordnen sind (Jugendwerk der deutschen Shell 1981, 476ff.). Hiermit sind überregionale, öffentliche Gruppen gemeint, die als stilbildendes Dispositiv die zeitgenössische Jugend(sub)kultur prägen und als Orientierungsmuster dienen. Entsprechend der Definition des Spannungsschemas bei Schulze wurden zwei Items ausgewählt, nämlich die Sympathie für Fans von Musikgruppen und Disco-Fans mit den Ausprägungen: 1=sympathisch, 2=gleichgültig, 3=unsympathisch.

Das hochkulturelle Kapital wurde über vier Indikatoren operationalisiert, nämlich das Reden mit Gleichaltrigen über Bücher, Theater, Filme und Kunst (von 1=nie bis 4=fast jedes Mal), das Üben auf einem Musikinstrument (Kategorien siehe oben), das Lesen von Büchern (gleiche Kategorien) sowie das Hören klassischer Musik (gleiche Kategorien). Für die Analyse wurde die dritte Panelwelle des Jahres 1982 herangezogen, in dem die Hauptschüler die Schule noch nicht verlassen hatten.

Bei einer Kategorisierung des Berufs des Vaters nach der 1980er-Elternbefragung (ISEI oder EGP-Klassen) wäre der Stichprobenumfang auf lediglich 311 Fälle reduziert worden. Aus diesem Grund wurde auf die, inzwischen durch die oben genannten Klassifikationen überholte Schichteinteilung nach Kleining und Moore (1968) zurückgegriffen, die bei jeder Welle „aufgefüllt“ wurde und so zu insgesamt 676 analysierten Fällen führte. Die Schichteinteilung reicht dabei von 1=Oberschicht bis 7=untere Unterschicht. Eine multiple Imputation kam wegen der Anzahl fehlender Angaben nicht in Frage. Zudem macht es keinen Sinn, einen nicht bekannten Berufsstatus zu imputieren. Als abhängige Variable diente der Schulabschluss der Befragten (0=kein Abschluss, 1=Hauptschule, 2=mittlere Reife, 3=Fachhochschulreife, 4=Abitur).

4. Methode

Das weiter unten dargestellte Strukturgleichungsmodell wurde mit Hilfe eines bayesianischen Schätzers berechnet. Im Gegensatz zur traditionellen, frequentistischen Statistik, ist das Ziel hier nicht eine Parameterschätzung in Form einer Konstanten mit einem spezifischen Konfidenzintervall, sondern die Parameter werden als Variable angesehen, die Teil einer entsprechenden Wahrscheinlichkeitsverteilung ist. Nach Bayes Theorem ist der Ausgangspunkt der Analyse eine sog. Apriori-Verteilung (prior) die entweder nicht-informativ (diffus) sein kann und nur spezifische Verteilungsannahmen über die Parameter enthält oder in die Vorkenntnisse empirischer und theoretischer Art eingehen können. Ziel ist die Schätzung einer Aposteriori-Verteilung (posterior), gegeben die priors und die beobachteten Daten. Vereinfacht ausgedrückt entspricht die Aposteriori-Verteilung der Likelihood der Daten, die mit der Apriori-Verteilung gewichtet wird. Ein Vorteil der bayesianischen Methode ist, dass hinsichtlich der Aposteriori-Verteilung über die Daten keine spezifischen Verteilungsannahmen gemacht werden müssen und somit auch keine Normalverteilung unterstellt wird (Muthen/Asparouhov 2011). Zudem sind die häufig problematischen asymptotischen Voraussetzungen von ML-Schätzungen hier nicht notwendig. Als Punktschätzung wird in der bayesianischen Analyse ein Maß zentraler Tendenz (Modalwert, Median, Mittelwert) der posterior angegeben.

Hinsichtlich der Anpassungsmaße ergibt sich jedoch ein wesentlicher Unterschied zu klassischen Strukturgleichungsmodellen: hier ist nicht der Unterschied zwischen empirischer und modellspezifischer Kovarianzmatrix Ausgangspunkt der Modellanpassung, sondern die Aposteriori-Verteilung. Als Maß für die Modellanpassung wird der sog. Posterior Predictive p-value (PPP) verwendet, der darauf basiert, dass in jeder Iteration mit den geschätzten Parametern ein simulierter Datensatz von gleicher Stichprobengröße wie der beobachtete Datensatz erzeugt wird und beide mit einem klassischen likelihood-ratio χ^2-Test verglichen werden (Muthen/Asparouhov 2011, 9). Dieser Simulations- und Vergleichsprozess wird über n Iterationen wiederholt und auf dieser Basis wird der PPP berechnet. Es muss jedoch betont werden, dass der PPP sich nicht wie ein klassischer likelihood-ratio χ^2-Test verhält (der Typ 1 Fehler beträgt für ein korrektes Modell nicht 5%), sondern eher wie die üblichen Anpassungsmaße bei Strukturgleichungsmodellen. Aus Simulationsstudien ist jedoch bekannt, dass die üblichen Schwellenwerte von p=.001 oder .05 zu einer akzeptablen Modellanpassung führen (Muthen/Asparouhov 2011, 10).

5. Ergebnisse

5.1 Deskriptive Befunde

Bevor mithilfe des Strukturgleichungsmodelles der Einfluss der verschiedenen unabhängigen Variablen auf den Schulerfolg untersucht wird, sollen an dieser Stelle noch einige deskriptive Ergebnisse präsentiert werden. Dabei werden hier nur die Fälle beschrieben, die auch in das Strukturgleichungsmodell eingehen.

Von den 647 Befragten haben lediglich zwei keinen Schulabschluss erreicht (0,3%), ein Hauptschulabschluss stellt für 91 (14,1%) den höchsten Schulabschluss dar, dagegen haben 273 (42,2%) die mittlere Reife erworben, die Fachhochschulreife ist für 43 (6,6%) der höchste Schulabschluss, und das Abitur erreichten 238 (36,8%) der Befragten.

Der Verteilung des sozialen Hintergrundes, in Form der Schichtzugehörigkeit, weist keinerlei besonders auffällige Ausprägungen auf (Schiefe: -,36). Lediglich, dass keine Befragten aus der Unteren Unterschicht stammen, und auch die zweite untere Schicht unterrepräsentiert ist (5,7%). Daraus resultiert eine Überrepräsentation der Unteren Mittelschicht (41,9%). Den beiden oberen Schichten entstammen genauso viele Befragte wie aus den unteren (5,7%). Aus der Mittleren Mittelschicht stammen 16,4 Prozent, und der Oberen Unterschicht entstammen 30,3 Prozent.

Die Verteilungen der Individualmerkmale, die zum Hochkultur- und Spannungsschema zusammengefasst werden, sind in Tabelle 1 dargestellt.

Tabelle 1: Deskriptive Statistiken (Mittelwert, Standardabweichung)

Variable	Mittelwert	Standardabweichung
Konversation über Bücher …	2,29	0,79
Üben mit Musikinstrument	1,80	1,00
Lesen von Büchern	2,57	0,87
Hören v. klassischer Musik	1,50	0,74
Sympathie: Fans v. Musikgruppen	1,39	0,58
Sympathie: Disco-Fans	1,85	0,78

Ganz im Sinne der unterstellten Modelle korrelieren jeweils die Individualmerkmale des Hochkulturschemas und des Spannungsschemas in höchst signifikantem Maße miteinander ($p < .001$), dabei werden aufgrund der kategorialen Struktur der meisten Daten polychorische Korrelationen berechnet. Die Stärke der Zusammenhänge ist jedoch nicht immer besonders hoch. So beträgt der Korrelationskoeffizient zwischen der Sympathie für Fans von Musikgruppen und für Disco-Fans immerhin .33, aber die Korrelationskoeffizienten für die Items des Hochkulturschemas betragen zwischen .13 (Konversation über Bücher und Üben mit Musikinstrument) und .37 (Üben mit Musikinstrument und Hören von klassischer Musik). Aber die einzelnen Individualmerkmale der beiden Schemata korrelieren zum Teil auch miteinander, selbst wenn die Stärke der Zusammenhänge zum Teil nur sehr gering ausfällt. So beträgt der höchste Korrelationskoeffizient .18 (Üben mit Musikinstrument und Sympathie: Disco-Fans), weshalb hier auf eine vertiefte Darstellung verzichtet wird. Die Schichtzugehörigkeit hat einen signifikanten Einfluss auf alle alltagsästhetischen Bereiche, jedoch nicht auf das Reden mit Gleichaltrigen über Bücher, Theater, Filme und Kunst und dem Hören klassischer Musik. Und der direkte, unkontrollierte Einfluss der Schichtzugehörigkeit auf den Schulerfolg ist -.46. Von den einzelnen alltagsästhetischen Individualmerkmalen korreliert die Sympathie für die Disco-Fans am höchsten mit dem später erreichten Schulabschluss (.26), aber auch das Lesen von Büchern zeigt einen relativ starken Zusammenhang (.23).

5.2 Strukturgleichungsmodell

In Abbildung 1 sind jeweils die standardisierten Koeffizienten angegeben; alle Koeffizienten sind mindestens auf einem 5-Prozent-Niveau signifikant. Zunächst ist festzustellen, dass dieses Modell mit einem Predictive Posterior p-value von .06 über eine gute Anpassung an die Daten verfügt. Im Rahmen des Messmodells zeigt sich, dass für das Zustandekommen des Spannungsschemas eine Sympathie für Disco-Fans (.64) etwas wichtiger ist als für die Fans von Musikgruppen (.52). Bezüglich des Hochkulturschemas ist der Beitrag des Übens auf einem Instrument (.54), des Hörens klassischer Musik (.53) und des Lesens von Büchern (.44) etwas bedeutsamer als das Reden über Theater, Filme und Kunst mit Gleichaltrigen (.34).

Abbildung 1: Strukturgleichungsmodell mit dem Effekt von Spannungs- und Hochkulturschema auf den Schulerfolg

PPP = .06

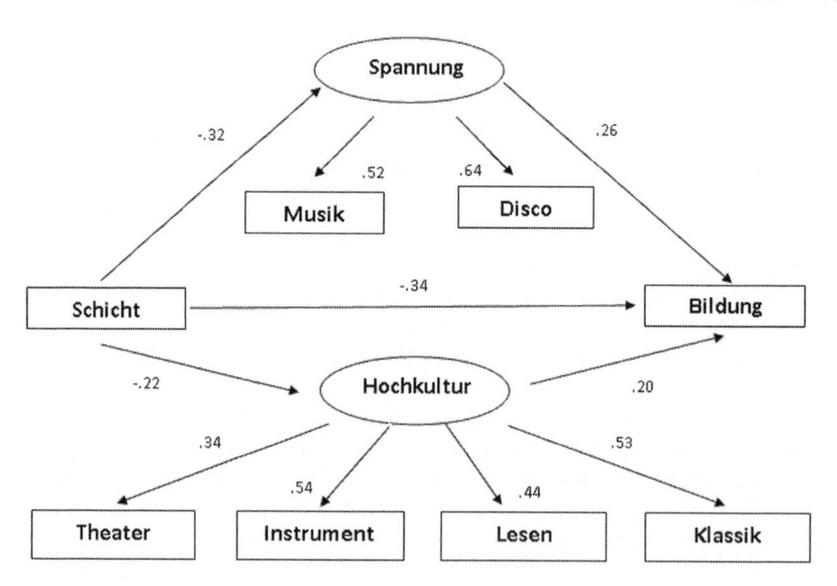

Bei der Interpretation der Regressionskoeffizienten ist zu beachten, dass bei der Schichteinteilung nach Kleining und Moore der Skalenwert 1 die Oberschicht anzeigt und der Wert 7 die untere Unterschicht. Es ist auffällig, dass sowohl Hochkulturschema (-.22), stärker aber noch das Spannungsschema (-.32) von der Schichtzugehörigkeit beeinflusst werden: je höher die soziale Schicht, der ein Schüler im Alter von 15 Jahren angehört, desto stärker neigt er dem Hochkulturschema zu. Da die Items des Spannungsschemas jedoch negativ gepolt sind (1=sympathisch, 3=unsympathisch) geht der Zusammenhang hier genau in die entgegengesetzte Richtung: Schüler aus unteren Schichten präferieren eher das Spannungsschema. Wie zu erwarten war, hat das hochkulturelle Kapital der Schüler mit .20 bei Kontrolle der Schichtzugehörigkeit einen positiven Effekt auf den Schulabschluss. Beim Spannungsschema ist dieser Zusammenhang jedoch umgekehrt: Je stärker die Übereinstimmung in diesem Bereich, desto niedriger ist der erzielte Schulabschluss. Die Schichtzugehörigkeit schließlich indiziert mit einem direkten Effekt von -.34 auf den Schulabschluss soziale

Reproduktionspfade, die jenseits der beiden untersuchten Formen kulturellen Kapitals liegen.

6. Diskussion

Ausgangspunkt dieses Beitrags war die Frage, ob die Engführung des kulturellen Kapitals am Hochkulturschema angesichts folgender Prozesse sozialen Wandels noch angemessen ist:

- der „Demokratisierung" hochkultureller Genres durch die Massenmedien,
- der zunehmenden künstlerischen Aufwertung ehemals populärer Codes durch die zeitgenössische Kunst,
- des kohortenspezifischen Wandels und der damit verbundenen Umwertung kultureller Symbole seit der 68er-Generation,
- der zunehmenden Bedeutung des kontextangemessenen Codewechsels zwischen verschiedenen Genres (Stichwort „omnivore" vs. „univore"),
- des Nachlassens einer distinktionsgesteuerten Ungleichheitssemantik zugunsten von „Genuss" und „Lebensphilosophie" (Schulze 1992),
- schließlich des Wandels schulischer Kompetenzdefinitionen von der Stoffbeherrschung zu allgemeineren Kompetenzbegriffen, die sich auf die Lösung von Alltagsproblemen beziehen (so z.B. im Begriff der Lesekompetenz im Rahmen der PISA-Studien; vgl. Deutsches PISA-Konsortium 2001).

Auf Grundlage der LifE-Studie wurde das Spannungsschema, indiziert durch Sympathien zu Fans von Musikgruppen und Disco-Fans dem klassischen Hochkulturschema hinsichtlich des Schulerfolgs gegenübergestellt. Im Gegensatz zur Mehrzahl der bisher durchgeführten Studien, die in der Regel die Reproduktion eines hohen Sozialstatus untersuchen, zeigen sich hier zwei gegensätzliche Reproduktionspfade, nämlich derjenige für die oberen Schichten, der über eine hochkulturelle Orientierung führt und zum anderen eine Präferenz für die Spannungskultur, die zur Reproduktion eines niedrigen Bildungsabschlusses beiträgt. Während beim Hochkulturschema sowohl die inhaltliche Nähe zum schulischen Kanon als auch das Einüben von außerkognitiven schulrelevanten Fähigkeiten (etwa die Disziplin beim Erlernen eines Musikinstruments) in seiner Wirkungsweise unmittelbar einsichtig ist, stellt sich der negative Reproduktionszusammenhang beim Spannungsschema als weniger offensichtlich dar. Entfernt erinnert dieses Muster an die Unterscheidung von Kulturpubertät und Primitivpubertät, wie sie etwa bei Spranger (1924) oder Roth (1961) aufscheint. Die hinter dem Spannungsschema liegende Dynamik ähnelt dem Konzept der hedonistischen Gegenwartsorientierung (Zimbardo/Boyd 1999), indem die zeitliche Strukturierung wenig Raum für zukunftsbezogene Planung oder ein deferred gratification pattern lässt: „Man setzt sich unter Strom, lässt sich durchschütteln und hört auf, wenn es keinen Spaß mehr macht. Man schaltet im Fernsehen herum, bis man eine Verfolgungsjagd im Apparat hat, sieht sie sich eine Weile an und wählt dann wieder ein anderes Programm, vielleicht ohne das Ende der Verfolgungsjagd abzuwarten" (Schulze 1992, 155). Es ist offensichtlich, dass ein solches Verhalten inkompatibel mit den außerkognitiven Fähigkeiten ist, die im Schulsystem verlangt werden. Die bisherige Forschung zu sozialer Reproduktion im Bildungssystem hat sich fast ausschließlich mit der Frage einer gelingenden Statusweitergabe durch kulturelles Kapital in den oberen Schichten beschäftigt. Dabei ist die Frage nach der Reproduktion eines niedrigen Sozialstatus und den mit ihr verbundenen alltagsweltlichen Mechanismen und Praktiken aus dem Fokus geraten. Die vorliegende Analyse zeigt jedoch dass es sehr wohl (jugend-)kulturelle Orientierungen gibt, die nicht nur ohne Effekt auf den Schulerfolg sind (so Rössel/Beckert-Zieglschmid 2002 in Bezug auf das Spannungsschema) sondern aufgrund des Gegensatzes zu einem förderlichen Schulhabitus auch direkt den Erfolg im Bildungssystem konterkarieren.

Um zur Ausgangsfrage nach „gelungener" Jugend und ressourcenabhängiger Aufstiegswege zurückzukehren: die vorliegende Analyse zeigt, in Übereinstimmung mit der bourdieuschen Reproduktionstheorie und im Gegensatz zu modernisierungstheoretischen Ansätzen der Kultursoziologie, dass ausschließlich das „klassisch"-hochkulturell definierte Kulturkapital, das wiederum in den oberen Schichten stärker verfügbar ist, mit einem Schulerfolg verbunden ist. Im Gegensatz hierzu konnte mit dem in den unteren Schichten präferierten Spannungsschema eine jugendkulturelle Orientierung dargestellt werden, die dem Schulerfolg zuwider läuft und Aufstiegsprozesse behindert. Eine Anregung aus diesen Befunden könnte sein, sich jenseits des Hauptfokus der bisherigen Forschung stärker mit kulturellen Faktoren auseinander zu setzen, die zu einer Reproduktion in unteren Klassensegmenten führen und somit Mobilität im Bildungswesen negativ beeinflussen.

Literatur

Aschaffenburg, K/Maas, I. (1997): Cultural and educational careers: the dynamics of social reproduction. In: American Sociological Review 62, 573-587.

Baumert, J./Schümer, G. (2001): Familiäre Lebensverhältnisse, Bildungsbeteiligung und Kompetenzerwerb. In: Deutsches PISA_konsortium (Hrsg.): PI-

SA 2000. Basiskompetenzen von Schülerinnen und Schülern im internationalen Vergleich, 323-407.

Becker, R. (2003): Educational expansion and persistent inequalities of education. Using subjective expected utility theory to explain increasing participatiob rates in upper secondary school in the Federal Republic of Germany. European Sociological Review, 19, 1-24.

Blossfeld, H. P./Shavit, Y. (1993): Dauerhafte Ungleichheiten. Zur Veränderung des Einflusses der sozialen Herkunft auf die Bildungschancen in dreizehn industrialisierten Ländern. In: Zeitschrift für Pädagogik, 30, 25-52.

Bourdieu, P. (1982): Die feinen Unterschiede. Zur Kritik der gesellschaftlichen Urteilskraft. Frankfurt a. M.: Suhrkamp.

Bourdieu, P. (1983): Ökonomisches Kapital, kulturelles Kapital und soziales Kapital. In: Kreckel, R. (Hrsg.): Soziale Ungleichheiten. Soziale Welt, Sonderband 2. Göttingen: Verlag Otto Schwarz, 183-198.

Bourdieu, P./Passeron, J. C. (1971): Die Illusion der Chancengleichheit. Stuttgart: Klett.

Boudon, R. (1974): Education opportunity and social inequality. New York: Wiley.

Breen, R.; Goldthorpe, J. (1997): Explaining educational differentials: towards a formal rational action theory. Rationality and Society, 9, 275-305.

Breen, R./Luijkx, R./Müller, W./Pollack, R. (2009): Non-persistent inequality in educational attainment: Evidence from eight European countries. In: American Journal of Sociology, 5, 1476-1521.

Breen, R./Luijix, R./Müller, W./Pollack, R. (2010): Long term trends in educational inequality in Europe: Class inequalities and gender differences. In: European Sociological Review, 1, 31-48.

De Graaf, N. D./De Graaf, P. (2002): Formal and popular dimensions of cultural capital: effects on children's educational attainment. In: The Netherland's Journal of Social Sciences, 38, 167-186.

Deutsches PISA-Konsortium (Hrsg.): 2001: PISA 2000. Basiskompetenzen von Schülerinnen und Schülern im internationalen Vergleich. Opladen: Leske & Budrich.

Di Maggio, P. (1982): Cultural capital and school success: the impact of status culture participation on the grades of US highschool students. In: American Sociological Review, 47, 189-201.

Erikson, R./Jonsson, J. (1996): Explaining Class Inequality in Education: The Swedish Test Case. In: Erikson, R./Jonsson, J. (Eds.): Can Education de equalized? The Swedish case in comperative Perspective. Boulder: Westview Press, 1-63.

Erikson, R./Rudolphi, F. (2010): Change in social selection on upper secondary school – primary and secondary effects in Sweden. In: European Sociological Review, 26, 291-305.

Georg, W. (2004): Cultural capital and social inequality in the life course. In: European Sociological Review, 20, 333-344.

Georg, W. (2006): Kulturelles Kapital und Statusvererbung. In: Georg, W. (Hrsg.): Soziale Ungleichheit im Bildungssystem. Eine empirisch-theoretische Bestandsaufnahme. Konstanz: UVK, 123-146.

Georg, W. (2012): Social inequality in German higher education during the 20th century. In: Davidof, E.; Reinecke, J. (Hrsg.): A Festschrift for Peter Schmidt. Im Druck.

Jugendwerk der Deutschen Shell (1981): Jugend 81. Lebensentwürfe, Alltagskulturen, Zukunftsbilder. Band 1. Hamburg: Jugendwerk.

Kleining, G./Moore, H. (1968): Soziale Selbsteinstufung (SSE). Ein Instrument zur Messung sozialer Schichten. In: Kölner Zeitschrift für Soziologie und Sozialpsychologie, 20, 502-552.

Maaz, K./Nagy G. (2009): Der Übergang von der Grundschule in die weiterführenden Schulen des Sekundarschulsystems: Definition, Spezifikation und Quantifizierung primärer und sekundärer Herkunftseffekte. In: Baumert, J./Maaz, K./Trautwein, U. (Hrsg.): Bildungsentscheidungen. Zeitschrift für Erziehungswissenschaften, Sonderheft 12, 151-182.

Muthen, B./Asparouhov, T. (2011): Bayesian SEM: A more flexible representation of substantive Theory. Zugriff unter: http://www.statmodel.com/download/BayesAdvantages18.pdf [18.9.2011].

Peterson, R. A. (1992): Understanding audience segmentation: From elite and mass to omnivore and univore. Poetics, 21, 243-256.

Rössel, J./Beckert-Zieglschmid, C. (2002): Die Reproduktion kulturellen Kapitals. In: Zeitschrift für Soziologie, 31, 497-513.

Schulze, G. (1992): Die Erlebnisgesellschaft. Kultursoziologie der Gegenwart. Frankfurt a. M.: Campus.

Sullivan, A. (2001): Cultural capital and educational attainment. In: Sociology, 35, 893-912.

Weber, M. (1972): Wirtschaft und Gesellschaft. Tübingen: Mohr.

Zimbardo, P. G./Boyd, J. N. (1999): Putting time in perspective. A valid, reliable individual-difference metric. In: Journal of Personality and Social Psychology, 77, 1271-1288.

Hochbegabte und hochleistende Jugendliche: Erfolgreiche Jugendliche!

Intellectually Gifted and Academically Achieving Adolescents: Successful Adolescents!

Jörn R. Sparfeldt und Detlef H. Rost

Zusammenfassung: Im Beitrag werden zwei Gruppen *erfolgreicher Jugendlicher* – (1) Hochbegabte, (2) Hochleistende – anhand der Befunde des *Marburger Hochbegabtenprojekts* genauer charakterisiert. Während sich „Hochbegabung“ auf ein Potential zu hoher Leistung (in der Regel: sehr hohe allgemeine Intelligenz) bezieht, bezeichnet (schulische) „Hochleistung“ bereits gezeigte besondere (schulische) Leistungen (Performanz). (1) *Hochbegabte* (IQ $\geq$ 130) waren schulisch erfolgreicher (bessere Zensuren, höhere Abiturquote) als durchschnittlich Begabte (IQ $\approx$ 100), nahmen an mehr insbesondere schulisch-akademischen Wettbewerben teil und erhielten mehr entsprechende Auszeichnungen. In vielen Persönlichkeitsvariablen zeigten sich im Selbst- und Fremdurteil (Eltern, Lehrkräfte) viele Gemeinsamkeiten Hochbegabter und durchschnittlich Begabter; insbesondere in schulnäheren Variablen (z.B. schulische Selbstkonzepte) wiesen Hochbegabte positivere Werte auf. (2) *Hochleistende* (Jahrgangsstufenbeste in der 9. Klasse, Gymnasium) legten erwartungsgemäß häufiger das Abitur ab als in der 9. Klasse durchschnittlich leistende Gymnasiasten. Hochleistende nahmen erheblich häufiger an insbesondere schulisch-akademischen Wettbewerben teil und erhielten entsprechend häufiger derartige Auszeichnungen. Im Bereich der Persönlichkeitseinschätzungen zeigten sich – bei vielen Gemeinsamkeiten beider Leistungsgruppen – insbesondere eine etwas gelungenere Persönlichkeitsentwicklung sowie deutlich positivere (vor allem schulnahe) Selbstkonzeptausprägungen der Hochleistenden. Aufgrund dieser besonderen Erfolge sowie der gelungeneren Persönlichkeits- und Identitätsentwicklung können einerseits hochbegabte und anderseits hochleistende Jugendliche als „erfolgreiche Jugendliche“ bezeichnet werden; somit gelten weder Hochbegabung noch Hochleistung als Risikofaktoren einer gelungenen Entwicklung.

Schlüsselwörter: Hochbegabung, Hochleistung, Marburger Hochbegabtenprojekt, Jugend, Schulleistungen, Persönlichkeit

Abstract: Two groups of *successful adolescents* are characterized based on results stemming from the *Marburg Giftedness Project*: (1) intellectually gifted adolescents and (2) academically achieving adolescents. *Giftedness* is defined in terms of a potential for high achievement (usually: very high general intelligence); *high achievement* refers to already accomplished exceptional scholastic achievements. (1) *Gifted adolescents* (IQ ≥ 130) performed more successfully in school than non-gifted adolescents (IQ ≈ 100) in terms of better grades and higher graduation rates from academic tracked high schools. They participated more often and with more success in (particularly) academic competitions. In terms of different personality facets rated by themselves, their parents, and their teachers, gifted and non-gifted adolescents had often comparable results. Particularly for variables that are strongly associated with scholastic achievements, gifted adolescents achieved higher (more positive) scores (e.g., academic self-concepts). (2) *High achievers* were the best students of their year in Grade 9 (academic tracked high school), while average achievers showed average scholastic achievements in Grade 9. As expected, high achievers graduated more often and more successfully from the academic high school track and participated considerably more often and more successfully in (particularly) academic competitions than average achievers. While both achievement groups reached similar results for some personality facets, high achievers reached more positive values for variables that are closely associated with scholastic achievements (especially: academic self-concepts) and showed evidence of more positive identity formation. These results show that gifted adolescents as well as academically achieving adolescents can be characterized as "successful adolescents"; thus, giftedness and high academic achievement are not developmental risk factors.

Keywords: Giftedness, academic achievement, Marburg Giftedness Project, adolescence, personality

1. Einleitung

Einer der Schwerpunkte des vorliegenden *Jahrbuchs Jugendforschung* liegt auf „erfolgreichen" Jugendlichen. Wenn man von „erfolgreichen" Jugendlichen hört oder liest, stellt sich sofort die Frage, wo (also in welchem Bereich) diese als „erfolgreich" bezeichneten Jugendlichen denn nun erfolgreich sind – und wie erfolgreich sie denn dort sind. In diesem Kapitel geht es nicht um eine umfassende Darstellung des einschlägigen Forschungsstands. Dieser ist zu umfangreich, um ihn in einem kurzen Beitrag auch nur annähernd zu würdigen. Stattdessen wollen wir uns vor dem Hintergrund der Befunde des *Marburger Hochbegabtenprojekts* (Rost 1993a, 2009a) zwei Gruppen „erfolgreicher Jugendlicher" genauer widmen, nämlich einerseits den intellektuell hochbegabten und andererseits den (in der Schule) hochleistenden Jugendlichen. Beide Gruppen von Jugendlichen werden wir hinsichtlich ausgewählter Erfolge, aber auch hinsichtlich ausgewählter relevanter psychologischer und pädagogischer Variablen charakterisieren. Abschließend ziehen wir ein Fazit, das ein Gesamtbild der Persönlichkeit und der besonderen Leistungen dieser erfolgreichen Jugendlichen zeichnet.

Die wissenschaftliche Auseinandersetzung mit den Themenkomplexen „Hochbegabung" und „Hochleistung" wurde im letzten Drittel des 19. Jahrhunderts durch die Arbeiten Galtons (z.B. 1869) zur Vererbung von Genialität ausgelöst. Seitdem wurde die quantitative Ausprägung verschiedener menschlicher Eigenschaften und Fähigkeiten, insbesondere der Intelligenz, immer wieder aus differentialpsychologischer Perspektive untersucht. Als Begründer einer wissenschaftlichen Hochbegabungsforschung gilt jedoch nicht Galton, sondern Lewis M. Terman mit seiner weltberühmten, über einen Zeitraum von mehr als 50 Jahren laufenden Längsschnittstudie *Genetic Studies of Genius* (Terman 1925; Burks/Jensen/Terman 1930; Terman/Oden 1947; Terman/Oden 1959; Oden 1968; Holahan/Sears 1995; Friedman/Martin 2012; vgl. zusammenfassend Shurkin 1992). In Deutschland hatte sich nach dem 1. Weltkrieg eine rege Diskussion um Hochbegabte und Hochbegabtenförderung entwickelt, die aber nach einigen Jahren wieder im Sande verlief (vgl. Feger 1986, 1988). Nach dem 2. Weltkrieg wurde das Thema, insbesondere im Zusammenhang mit Höchstbegabung und Genialität, bei uns lange Zeit – von wenigen Ausnahmen abgesehen – kaum thematisiert (z.B. Reveź 1952; Juda 1953; Mönks 1963). Zu Beginn der 1980er-Jahre erwachte in der Bundesrepublik erneut das Interesse an diesem Thema; erste Übersichtsreferate (z.B. Bartenwerfer 1978; Feger 1980; Freeman/Urban 1983), Monographien (z.B. Chauvin 1979), Reader (z.B. Wieczerkowski/Wagner 1981; Urban 1982) sowie empirische Untersuchungen (z.B. Albrecht/Rost 1983) erschienen. Schließlich starteten auch größere empirische

Forschungsvorhaben. Exemplarisch verdienen die beiden größten Projekte – die *Münchner Hochbegabtenstudie* (Heller 2001) und das *Marburger Hochbegabtenprojekt* (Rost 1993a, 2009a), beides Längsschnittstudien – eine besondere Erwähnung.

2. Hochbegabung und Hochleistung

Im Sinne konzeptueller Klarheit darf man die Begriffe „Hochbegabung" und „Hochleistung" nicht synonym gebrauchen: Während sich „Hochbegabung" auf ein nicht direkt beobachtbares *Potential zu hoher Leistung* bezieht (latente Variable im Sinne einer *Kompetenz*), bezeichnet „Hochleistung" ein beobachtbares, auf eine entsprechende *Performanz* bezogenes Phänomen (nämlich hohe Leistung; manifeste Variable), welchem eine Hochbegabung zugrunde liegen kann, aber nicht muss. Entsprechend formulierte Stern bereits im Jahre 1916 (S. 110) zur Beziehung zwischen Begabung und Leistung: „Begabungen an sich sind immer nur Möglichkeiten der Leistung, unumgängliche Vorbedingungen, sie bedeuten noch nicht die Leistung selbst". Während also jeder Leistung ein entsprechendes Potential zugrunde liegt, hängt die Umsetzung eines Potentials in entsprechende Leistungen von vielen Drittvariablen ab (im schulischen Bereich u.a. Lern- und Arbeitsverhalten, Motivation, Unterrichtsqualität und Unterrichtsquantität, elterliche und schulische Unterstützung).

Die enge korrelative Beziehung zwischen Intelligenz (bzw. Begabung) und akademischer Leistung ist in Tabelle 1 für ausgewählte pädagogisch bedeutsame Variablen zusammengefasst (vgl. auch Rost 2009c, 200-206). Eine umfassende Studie von Deary, Strand, Smith und Fernandes (2007) dokumentierte entsprechend enge Zusammenhänge – ermittelt an einer aus rund 70.000 englischen Schülern bestehenden Stichprobe: Aufgrund der im Alter von 11 Jahren gemessenen allgemeinen Intelligenz *g* (Faktor F1: statistische Zusammenfassung der Ergebnisse einer Intelligenztestbatterie) konnte die rund fünf Jahre später (Alter 15/16 Jahre) erhobene allgemeine Schulleistung (Faktor F2: statistische Zusammenfassung der Resultate einer landesweit eingesetzten Schulleistungstestbatterie) sehr gut vorhergesagt werden (r=.69). Mit den verschiedenen Fachtestleistungen korrelierte der Intelligenztestgeneralfaktor F1 zwischen r=.43 (für Kunst) und r=.77 (für Mathematik). Ähnlich hohe Zusammenhänge zwischen genereller kognitiver Leistungsfähigkeit und Schulleistungen berichteten Leeson, Ciarrochi und Heaven (2008); vgl. auch Calvin/Fernandes/Smith/Visscher/Deary 2010; Kaufman/Reynolds/Liw/Kaufman/McGrew 2012.

Tabelle 1: Korrelationen des Intelligenzquotienten (IQ) mit verschiedenen pädagogisch relevanten Kriterien (nach Jensen 1981, 31)

Untersuchtes Kriterium	Korrelation (*r*)
Schulleistungen (Grundschule, diverse Fächer)	.56-.71
Vorhersage des IQs im 6. Schuljahr aus dem IQ im 4. Schuljahr	.75
Lesereifetests („reading readiness“)	.84
Lautes Lesen bzw. Leseverständnis	.62-.68
Einschätzung der Schülerintelligenz durch Lehrkräfte	.60-.68
Leistungsrangplatz in der Abschlussklasse der „high-school“	.62
Leistung im Studieneingangsjahr	.44
Durchschnittszensur (GPA) in diversen Colleges	.30-.70
Median der Durchschnittszensur (GPA) in 48 Colleges	.40
Abschlusszensur bei Jurastudenten („law school“)	.30
Höchster erreichter Bildungsstand im Alter von 40 Jahren	.50-.58

Bleibt die Abgrenzung von Begabung und Leistung unberücksichtigt, verschwinden außerdem pädagogisch und psychologisch relevante und interessante Phänomene, die auf der nicht perfekten Korrelation zwischen Potential und Performanz beruhen. Das sind zum einen „Underachievement“ – also (schulische) Leistungen, die deutlich unter den aufgrund der Intelligenz zu erwartenden liegen – und zum anderen „Overachievement“ – also (schulische) Leistungen, die deutlich über den aufgrund der Intelligenz zu erwartenden Leistungen liegen (vgl. Sparfeldt/Buch 2010).

2.1 Hochbegabung

Der Begriff „Hochbegabung“ wird – wie der Begriff „Begabung“ (vgl. z.B. Helbig 1988) – uneinheitlich und unscharf gebraucht. Neben weiteren Differenzierungen (z.B. intellektuelle vs. nicht-intellektuelle; allgemeine Begabung vs. Spezialbegabungen; konvergentes vs. divergentes Denken; vgl. Rost 2001) wird, wie bereits beschrieben, sinnvollerweise

(a) schon in Leistung umgesetzte Begabung (*Performanz*) von

(b) noch nicht in Leistung umgesetztem Potential (*Kompetenz*)

abgegrenzt. Im Gegensatz zu den angedeuteten Unschärfen des Begabungsbegriffs ist der Zusatz „hoch“ eindeutiger: Er bezieht sich auf eine quantitativ hinreichend weit über dem Mittelwert liegende Ausprägung; lediglich der Grenzwert ist festzusetzen. Da trotz weltweiter und intensiver Forschungsbemühungen bisher keine qualitative Unterscheidung „Hochbegabter" von „Nicht-Hochbegabten" in intellektuellen Prozessen gefunden werden konnte (vgl. z.B. Rost 2001, 2009b; Preckel 2003), ist die quantitative Abgrenzung der innerhalb der Hochbegabungsforschung seit rund 100 Jahren sehr erfolgreich beschrittene Weg. Folgende verbale Hochbegabungsdefinition von Rost (2004, 43) veranschaulicht zentrale Aspekte:

„Eine Person ist intellektuell ‚hochbegabt', wenn sie
(a) sich schnell und effektiv deklaratives und prozedurales Wissen aneignen kann,
(b) dieses Wissen in variierenden Situationen zur Lösung individuell neuer Probleme adäquat einsetzt,
(c) rasch aus den dabei gemachten Erfahrungen lernt und
(d) erkennt, auf welche neuen Situationen bzw. Problemstellungen die gewonnenen Erkenntnisse transferierbar sind (Generalisierung) und auf welche nicht (Differenzierung)".

Selbstredend ist noch ein Grenzwert festzulegen, der „schnell", „effektiv", „rasch" etc. quantifiziert (z.B. Prozentrang 98).

Die Nähe dieser Definition von Hochbegabung zum Intelligenzkonstrukt liegt auf der Hand. Entsprechend bezieht sich eine einfache, aber klare Konzeptualisierung intellektueller Hochbegabung auf die hohe Ausprägung der allgemeinen Intelligenz im Sinne des Generalfaktors *g* (Spearman 1904, 1927). Zumindest in der Psychologie wird daher schon lange die enge Nähe von „Intelligenz" und (kognitiver) „Begabung" betont (vgl. Rost/Sparfeldt/Schilling 2006). Im Anschluss an Terman hat sich die Grenzsetzung für Hochbegabung als bezüglich der intellektuellen Leistungsfähigkeit mindestens zwei Standardabweichungen über dem Mittelwert liegend eingebürgert, was bei der in vielen Intelligenztests verwendeten Wechsler-Skalierung (Mittelwert M=100, Standardabweichung S=15) einem IQ≥130 (bzw. PR≥98) entspricht. Diese Grenzsetzung ist, wie jede Grenzsetzung bei einem quantitativen Merkmal, partiell beliebig; sie liegt jedoch den meisten Forschungsprojekten zugrunde und gilt als Standard bei nahezu allen entsprechenden Beratungsanliegen.

Für eine solche intelligenzbasierte quantitative (in der Regel IQ≥130) Hochbegabungsdefinition (vgl. Roznowski/Reith/Hong 2000; Robinson 2005) können insbesondere zwei Begründungscluster angeführt werden (vgl. Rost/Sparfeldt/Schilling 2006; Rost 2009b):

(1) *Inhaltlich-psychologische Gründe*
Intelligenztests korrelieren hoch mit vielen in unserer Gesellschaft positiv bewerteten externen Kriterien (z.B. Erfolg in Schule, Universität, Industrie und Training; Berufserfolg; Monatseinkommen; vgl. z.B. Herrnstein/Murray 1994; Jensen 1998; Sternberg/Grigorenko/Bundy 2001; Eysenck 2004; Rost 2009c). Die Langzeit-Kriteriumsvaliditäten psychologischer Intelligenztests werden nach wie vor von keinem anderen pädagogischen oder psychologischen Konstrukt übertroffen (siehe z.B. Lubinski 2000; Schmidt 2002; Gottfredson 2003; Rost 2009c); für den schulischen Bereich fassten Helmke und Weinert (1997, 106) die Befunde zusammen: „Hochaggregierte Maße der allgemeinen Intelligenz sind die besten Einzelprädiktoren von Schulleistungen". Außerdem hängt die allgemeine Intelligenz sehr eng mit der Fähigkeit, komplexe Probleme zu lösen (r>.6; z.B. Kröner/Plass/Leutner 2005), sowie dem Arbeitsgedächtnis zusammen (z.B. r=.83; Süß/Oberauer/Wittmann/ Willhelm/Schulze 2002; vgl. auch z.B. Kyllonen/Christal 1990; Bühner/ Krumm/Pick 2005).

(2) *Methodische und erfassungspraktische Gründe*
Die (allgemeine) Intelligenz ist die meisterforschte und am besten messbare psychologische Variable. Es sind verschiedene bewährte Verfahren (IQ-Tests) verfügbar, deren psychometrische Güte bekannt und überwiegend gut bis sehr gut ist. Erfasst man die generelle Intelligenz *g* mit unterschiedlichen Testbatterien, hängen die jeweils batteriespezifischen latenten Generalfaktoren der Intelligenz (Sekundärfaktoren) sehr eng zusammen (z.B. Johnson et al. 2004; Johnson/te Nijenhuis/Bouchard 2008). Dieses Phänomen wird als „Indifferenz der Indikatoren" bezeichnet.

2.2 Hochleistung

Der Begriff „Hochleistung" ist ebenfalls wenig eindeutig und verlangt weitere Spezifikationen:
(a) Insbesondere im Jugendalter bieten sich schulische Leistungen als alltagsnahes Leistungskriterium an.
(b) Auch lassen sich entsprechend erbrachte Spitzenleistungen – beispielsweise erfolgreiche Wettbewerbsteilnahmen (z.B. Bundeswettbewerb Fremdsprachen, Jugend musiziert, Jugend forscht) – definieren; jedoch treten derartige erfolgreiche Teilnahmen in der Sekundarstufe I (noch) recht selten auf. Außerdem dürfte die exponierte Wettbewerbsteilnahme (insbesondere in Finalrunden) neben einer hohen Leistungsfähigkeit weitere Persönlichkeitsmerk-

male voraussetzen (wie die Bereitschaft, eigene Leistungen und sich selbst zu präsentieren).

(c) Alternativ kann auch auf Schulleistungstests, deren psychometrische Güte bekannt und häufig mindestens zufriedenstellend ist (vgl. Lissmann 2010), zurückgegriffen werden. Leider liegen nicht für alle Schulfächer entsprechend geeignete (u.a. curricular valide und psychometrisch ausreichend bewährte) Schulleistungstests vor.

(d) Besonders ökonomisch lassen sich Schulleistungen über Zeugniszensuren definieren und erfassen. Trotz der bekannten inhaltlichen und psychometrischen Schwächen (vgl. Tent/Birkel 2010) weisen Zensuren (insbesondere Durchschnittszensuren) aufgrund ihrer besonderen Relevanz für die aktuelle und zukünftige (schulische und außerschulische) Lebenssituation von Jugendlichen eine hohe ökologische Validität auf. Baron-Boldt, Schuler und Funke (1988) ermittelten meta-analytisch einen durchschnittlichen operativen (d.h. bezüglich etwaiger Varianzreduktion und Reliabilitätseinschränkungen des Kriteriums korrigierten) Zusammenhangskoeffizienten der Abiturdurchschnittsnote mit der Examensnote im Studium von ρ=.46 (bzw. ρ=.52 bei Trapmann et al. 2007; vgl. auch Kuncel/Hezlett/Ones 2001).

2.3 Zur Situation Hochbegabter und Hochleistender

Insbesondere teilweise bizarre Einzelfälle ließen die Hypothese einer irgendwie abnormen Situation und Entwicklung Hochbegabter bzw. Hochleistender aufkommen. Im Sinne einer Verknüpfung von „Genie und Wahnsinn“ wurde und wird gelegentlich ein zumindest überzufällig häufiges, gemeinsames Auftreten von (psychiatrischer) „Abnormalität“ und exzellenter Begabung und/oder Leistung vermutet (z.B. Lange-Eichbaum 1927; Juda 1953), teilweise werden entsprechende „Abnormitäten“ gar als Begleiterscheinung von Hochbegabung sowie Hochleistung verstanden. Im Gegensatz zu psychiatrisch orientierten Abhandlungen (z.B. Schmidt 1977) erbrachten größer angelegte, empirisch-psychologische Untersuchungen – national wie international sowie im Kindes-, Jugend- und Erwachsenenalter – keine Hinweise auf die Gültigkeit einer solchen Disharmoniehypothese (Divergenzhypothese), sondern deutliche Belege für die Harmoniehypothese (Konvergenzhypothese; vgl. insbesondere die hier nur exemplarisch genannten größeren Projekte: *Genetic Studies of Genius*, zusammenfassend Shurkin 1992; *Study of Mathematically Precocious Youths*, zusammenfassend Lubinski/Benbow 1994; *Gulbenkian-Projekt*, zusammenfassend Freeman 1979, 2001, 2010; *Münchner Hochbegabtenstudie*, zusammenfassend Heller 2001; *Marburger Hochbegabtenprojekt*, zusammenfassend Rost

1993a, 2009a). Obwohl sich diese – und weitere – Studien in Untersuchungsanlage und Definition von Hochbegabung bzw. Hochleistung unterscheiden, konvergieren die Hauptergebnisse dennoch erstaunlich deutlich: Hochbegabung – wie auch Hochleistung – stellt kein Risiko für die psycho-soziale Entwicklung dar, sondern ist (wenn überhaupt) ein protektiver Faktor.

3. Befunde aus dem *Marburger Hochbegabtenprojekt*: Hochbegabte Jugendliche sowie hochleistende Jugendliche

Im Folgenden stellen wir, die soeben getroffene Aussage zur Situation Hochbegabter und Hochleistender ausdifferenzierend, exemplarisch zentrale Befunde des *Marburger Hochbegabtenprojekts* dar. In diesem Projekt wurden viele methodische Schwachstellen vorheriger Studien zur Hochbegabung und Hochleistung vermieden (siehe genauer dazu Rost 2009b, 9-13). Somit konnte im deutschen Sprachraum erstmals ein umfassendes und generalisierbares Bild einerseits hochbegabter Kinder, hochbegabter Jugendlicher und hochbegabter junger Erwachsener und andererseits hochleistender Jugendlicher und hochleistender Erwachsener gezeichnet werden.

3.1 Untersuchungsanlage

Begabungsstichprobe

Das *Marburger Hochbegabtenprojekt* startete im Jahr 1987 (vgl. Rost 1993a, b) mit einer längsschnittlich angelegten Studie zur differenzierten Analyse der Situation und Lebensumwelt hochbegabter Kinder, Jugendlicher und inzwischen Erwachsener. Zunächst bearbeitete eine *nicht vorselegierte* Stichprobe von 7.023 Kindern der dritten Grundschulklasse aus neun (sog. alten) Bundesländern eine Intelligenztestbatterie zur Erhebung der allgemeinen Intelligenz im Sinne von Spearmans *g*. Im nächsten Schritt wurden aus dieser Ausgangsstichprobe die 151 intelligentesten Kinder (Zielgruppe Hochbegabter: 86 Jungen und 65 Mädchen; mittlere Intelligenz: IQ=135, *S*=6) ausgewählt und – soweit möglich nach Geschlecht, Alter, Klasse, Schule, sozioökonomischem Status parallelisiert – einer Vergleichsgruppe von 136 durchschnittlich begabten Kindern gegenübergestellt (Vergleichsgruppe durchschnittlich Begabter: 78 Jungen und 58 Mädchen; mittlere Intelligenz: IQ=102, *S*=6; vgl. Rost 1993a, b). Ein Jahr später wurden diese hoch- und durchschnittlich begabten Kinder und ihre Eltern (Mütter, Väter) in den Familien umfangreich befragt – ergänzt um eine Befragung der Lehrkräfte.

Sechs Jahre später, im Jahre 1994, wurde den Hochbegabten und den durchschnittlich Begabten – abgesehen von den wenigen Jugendlichen, die eine Klasse übersprungen bzw. eine Klasse wiederholt hatten, jetzt Schüler der 9. Klassenstufe mit einem Durchschnittsalter von 15,3 Jahren – erneut eine Intelligenztestbatterie vorgegeben, die strukturell mit der im Grundschulalter eingesetzten Intelligenztestbatterie vergleichbar ist. Aus forschungsmethodisch-statistischen Gründen (Regression zur Mitte) wurde die Hochbegabungsgrenze bei der Re-Identifikation geringfügig auf IQ≥125 abgesenkt: Als (stabil) hochbegabt wurden diejenigen der ursprünglichen Zielgruppe Hochbegabter definiert, die als Jugendliche mindestens einen IQ=125 aufwiesen (das waren 71%: *N*=107, 62 männlich und 45 weiblich; mittlere Intelligenz: IQ=136, *S*=8; das entspricht einer Test-Retest-Reliabilität von r_{tt}=.85; vgl. Hanses 2000, 98). Eine gleich große Gruppe (stabil) durchschnittlich Begabter wurde aus der Vergleichsgruppe gezogen (60 männlich und 47 weiblich; mittlere Intelligenz: IQ=102, *S*=10; vgl. Rost 2009a, b). Auch im Jugendalter erfolgten umfangreiche Befragungen der Jugendlichen und ihrer Eltern in den Familien sowie der entsprechenden Deutsch- bzw. Mathematiklehrkräfte. Seit der umfangreichen Erhebung im Jugendalter wurden die Projektteilnehmer in etwa zweijährigen Abständen postalisch befragt (die Rücklaufquoten betrugen jeweils über 90%).

Leistungsstichprobe
Ergänzend hat das *Marburger Hochbegabtenprojekt* eine von der Begabungsstichprobe unabhängige Leistungsstichprobe rekrutiert. Über die Schulleitungen von 86 Gymnasien in fünf (sog. neuen) Bundesländern wurden die Klassenlehrkräfte gebeten, jeweils den klassenbesten Schüler zu nominieren (Kriterium: Versetzungszeugnis in die neunte Klasse). Außerdem wurden die Lehrkräfte gebeten anzugeben, ob sie diesen als Klassenbesten nominierten Schüler zusätzlich auch für den jahrgangsstufenbesten Schüler hielten. Basierend auf den Zeugniszensuren und dieser Lehrereinschätzung wurde unter Berücksichtigung der Schulgröße die Gruppe der hochleistenden (d.h. jahrgangsbesten) Schüler gebildet. Die Zielgruppe Hochleistender (ZG-HL) umfasst insgesamt 134 Schüler (55 männlich und 79 weiblich; mittlere Intelligenz: IQ=117, *S*=12; Durchschnittsnote der Kernfächer: 1.4, *S*=0.3). Zusätzlich benannten die Lehrkräfte noch jeweils einen Vergleichsschüler mit durchschnittlichen Schulleistungen (u.a. möglichst vergleichbarer sozioökonomischer Hintergrund und gleiches Geschlecht, nicht versetzungsgefährdet). Es gab nicht immer einen „passenden" Vergleichsschüler, so dass die Vergleichsgruppe 122 (auf dem Gymnasium) durchschnittlich leistende Schüler umfasst (51 männlich und 71 weiblich; mittlerer IQ=102, *S*=13; Durchschnittsnote der Kernfächer: 3.2, *S*=0.4). Auch in der Leistungsstichprobe erfolgten im Jugendalter (1995/1996) umfangreiche Befra-

gungen der Jugendlichen und ihrer Eltern in den Familien (sowie entsprechender Lehrkräfte; vgl. Rost 2009a, b), ergänzt um postalische Befragungen (hier betrugen die Rücklaufquoten jeweils ebenfalls über 90%).

3.2 Hauptbefunde

Im Folgenden fassen wir getrennt für die Begabungs- und Leistungsstichprobe die Ergebnisse für ausgewählte Variablen zusammen. Wir berichten jeweils die an der „gepoolten" Standardabweichung standardisierte Mittelwertdifferenz beider Gruppen „*d*" (Mittelwert der Hochbegabten minus Mittelwert der durchschnittlich Begabten, geteilt durch das entsprechend der jeweiligen Gruppengrößen gewichtete Mittel der beiden Standardabweichungen; bzw. Mittelwert der Hochleistenden minus Mittelwert der durchschnittlich Leistenden, geteilt durch das entsprechend der jeweiligen Gruppengrößen gewichtete Mittel der beiden Standardabweichungen). Effekte von $|d|<0.30$ betrachten wir als sehr klein und deshalb als praktisch vernachlässigbar.

3.2.1 Begabungsstichprobe

Besuchte Schulform und Schulleistungen, Abitur
Sechs Jahre nach der Identifikation in der dritten Klassenstufe besuchten nahezu alle Hochbegabten ein Gymnasium (95%). Lediglich 4 Prozent waren Realschüler, und nur 1 Prozent besuchte die Hauptschule. Bei den durchschnittlich Begabten ging nur etwa die Hälfte – 52 Prozent – zum Gymnasium (Realschule: 32%, Hauptschule: 13%, andere: 3%). Trotz der eine eindeutige Interpretation einschränkenden erheblichen Abhängigkeit der Zeugniszensuren von der jeweiligen Bezugsgruppe (vgl. z.B. Tent/Birkel 2010) wiesen die hochbegabten Schüler in der neunten Klasse deskriptiv einen um rund eine Notenstufe besseren Notendurchschnitt als die durchschnittlich begabten Schüler auf (d=1.15). Man kann davon ausgehen, dass im Gymnasium erfahrungsgemäß strenger als in der Realschule oder Hauptschule zensiert wird. Deshalb stellt dieser Effekt eine *Unterschätzung* des „wirklichen" Leistungsunterschieds dar. In einer Erhebung 13 Jahre nach dem Besuch der dritten Grundschulklasse gaben 92 Prozent der Hochbegabten an, die Schule mit dem Abitur abgeschlossen zu haben. Bei den durchschnittlich Begabten waren das hingegen 59 Prozent. Bezüglich der schulischen Laufbahn sind die Hochbegabten also zweifelsohne wesentlich erfolgreicher als die durchschnittlich Begabten.

Wettbewerbe, Auszeichnungen, Hobbys, besondere Engagements und besondere Interessen

In einem Fragebogen, der rund 13 Jahre nach der Erhebung in der dritten Klasse verschickt worden war, waren die Schüler der Begabungsstichprobe nach Wettbewerbsteilnahmen und erhaltenen Auszeichnungen (seit der 6. Klasse) sowie nach ihren Hobbys, speziellen Interessengebieten und einem eventuellen speziellen Engagement gefragt worden. Die Antworten wurden dann entsprechend kategorisiert. Insgesamt gaben die hochbegabten Schüler eine höhere absolute Anzahl an Wettbewerbsteilnahmen (M=1.23, S=1.39) als die durchschnittlich begabten an (M=0.63, S=0.78; d=0.61). Hochbegabte nahmen insbesondere häufiger an kognitiv-leistungsbezogenen Schülerwettbewerben (z.B. Jugend forscht) teil (31% der Hochbegabten vs. 8% der durchschnittlich Begabten; vergleichbare Teilnahmequoten hoch- und durchschnittlich Begabter: musikalische Wettbewerbe, sportliche Wettbewerbe). Nicht vollständig unabhängig von Wettbewerbsteilnahmen hatten Hochbegabte außerdem absolut mehr Auszeichnungen (M=1.09, S=1.18) als durchschnittlich Begabte erhalten (M=0.69, S=0.99; d=0.36), was sich insbesondere in mehr akademischen (32% vs. 10%) und musikalischen (nur bei weiblichen Personen: 19% vs. 2%) Preisen dokumentiert (vergleichbare Anteile: musikalische sowie sportliche Auszeichnungen). Die Anteiligkeiten der in 14 Bereiche (Musik, Sport, Kino, Weggehen/Freunde, Kunst, Lesen, Biologie, Familie, Soziales, Fernsehen, Computer, Auto/Mofa/Fahrrad, Politik, Rest) kategorisierten Hobbys unterschieden sich zwischen hoch- und durchschnittlich begabten Schüler nicht substantiell. In den speziellen Interessengebieten (z.B. Zeichnen von Autowerbung oder Interesse an Frankreich im 17. Jahrhundert) dokumentierte sich zwar eine geringfügig häufigere absolute Nennung bei hoch- (M=0.65, S=0.77) als durchschnittlich Begabten (M=0.46, S=0.68; d=0.26), in den Einzelkategorien zeigten sich – bei insgesamt geringen Anteilen – keine substantiellen Begabungseffekte. Zwar nannten Hochbegabte (M=0.61, S=0.81) etwas häufiger als durchschnittlich Begabte (M=0.37, S=0.67; d=0.33) ein besonderes Engagement, in den einzelnen Kategorien konnten aber auch hier keine bedeutsamen Unterschiede zwischen beiden Gruppen nachgewiesen werden. Gleichermaßen differierten hoch- und durchschnittlich begabte Schüler in speziellen Engagements (z.B. Freiwillige Feuerwehr oder *amnesty international*) nicht bedeutsam (vgl. Sparfeldt 2006).

Persönlichkeitsmerkmale im Selbsturteil

Im Zuge der umfangreichen Erhebung im Jugendalter in den Familien bearbeiteten die hoch- und durchschnittlich begabten Jugendlichen u.a. auch eine modifizierte Version des *Persönlichkeitsfragebogens für Kinder* von Seitz und Rausche (1976). Basierend auf dimensionsanalytischen Befunden erfolgte z.T. eine etwas abweichende neue Skalenbildung (vgl. Freund-Braier 2001, 2009). Substantielle Gruppenunterschiede ($|d| \geq .30$) zeigten sich in folgenden Persönlichkeitsfacetten (vgl. Tabelle 2): Bei Betrachtung der fünf Motiv-Skalen wiesen Hochbegabte etwas weniger Gehorsam gegenüber Erwachsenen auf, was als höheres Selbstbewusstsein und höhere Eigenständigkeit gewertet werden kann. In einer der drei Selbstbildskalen dokumentierten sich (kleine) Differenzen – Hochbegabte schilderten geringere Angst und Unsicherheit als durchschnittlich Begabte, waren also emotional etwas stabiler. Ein substantieller Gruppenunterschied im Bereich der Verhaltensstile zeigte sich lediglich in einer Skala – Hochbegabte schätzten sich als nachdenklicher-ernster und introvertierter als durchschnittlich Begabte ein (vgl. Freund-Braier 2009).

Tabelle 2: Vergleich „Hochbegabter" und „Durchschnittlich Begabter" (Begabungsstichprobe) sowie „Hochleistender" und „Durchschnittlich Leistender" (Leistungsstichprobe) im Jugendalter in diversen Persönlichkeitsfacetten im Selbsturteil (vgl. Freund-Braier 2009)

	Begabungs-stichprobe	Leistungs-stichprobe
Bedürfnis nach Ich-Durchsetzung	-0.28	-0.43
Bedürfnis nach Alleinsein	0.00	-0.08
Schulischer Ehrgeiz	0.28	0.88
Bereitschaft zu sozialem Engagement	0.28	0.00
Gehorsam gegenüber Erwachsenen	-0.30	-0.56
Angst und Unsicherheit	-0.31	0.11
Selbstaufwertung	0.26	0.33
Selbsterleben von Unterlegenheit	-0.22	-1.13
Soziale und Bewertungsängstlichkeit	-0.20	-0.56
Aktiv und extravertiert	-0.08	0.17
Ernst und introvertiert	0.66	0.27

Anm.: Negative Vorzeichen indizieren eine höhere Ausprägung im Sinne der Skalenbezeichnung bei den durchschnittlich Begabten bzw. durchschnittlich Leistenden; angegeben ist jeweils die Effektstärke *d* (an der gepoolten Standardabweichung standardisierte Mittelwertdifferenz).

Persönlichkeitsmerkmale im Fremdurteil

Bei den zeitgleich zur Befragung der Jugendlichen selbst und unabhängig voneinander erhobenen Einschätzungen der Persönlichkeit der Jugendlichen durch die Mütter, Väter und Lehrkräfte fällt die (realitätsangemessene) Einschätzung einer höheren kognitiven Leistungsfähigkeit der Hochbegabten – verglichen mit den durchschnittlich Begabten – ins Auge (vgl.Tabelle 3). Darüber hinaus nahmen die Mütter der Hochbegabten und die Mütter der durchschnittlich Begabten ihre Jugendlichen im Mittel als recht ähnlich wahr. Die Väter hochbegabter Jugendlicher erlebten ihre Kinder als etwas weniger sozial ängstlich als die Väter durchschnittlich begabter. Das Urteil der Lehrkräfte war eindeutig: Sie beschrieben Hochbegabte als emotional reifer, sozial kompetenter und weniger sozial ängstlich als durchschnittlich Begabte (vgl. Freund-Braier 2009). Bezüglich der Selbstbeschreibung und der Wahrnehmung der Persönlichkeit der Jugendlichkeit durch ihre signifikanten erwachsenen Bezugspersonen ergaben sich somit positivere Einschätzungen bei der Gruppe der hochbegabten Jugendlichen. Deren Persönlichkeitsentwicklung war demnach etwas „erfolgreicher" verlaufen.

Tabelle 3: Vergleich der Persönlichkeitsbeurteilung „Hochbegabter" und „Durchschnittlich Begabter" (Begabungsstichprobe) sowie „Hochleistender" und „Durchschnittlich Leistender" (Leistungsstichprobe) durch Mütter (M), Väter (V) und Lehrkräfte (L) im Jugendalter (vgl. Freund-Braier 2009)

	Begabungs stichprobe			Leistungs stichprobe		
	M	V	L	M	V	L
Emotionale Unreife	-0.10	-0.22	-0.38	-0.43	-0.30	-0.74
Kognitive Leistungsfähigkeit	0.55	0.58	0.87	1.65	1.68	3.78
Soziale Kompetenz	-0.27	-0.19	0.45	-0.13	0.07	0.41
Soziale Ängstlichkeit	-0.12	-0.33	-0.41	-0.24	-0.21	-1.13

Anm.: Negative Vorzeichen indizieren eine höhere Ausprägung im Sinne der Skalenbezeichnung bei durchschnittlich Begabten bzw. durchschnittlich Leistenden; angegeben ist jeweils die Effektstärke *d* (an der gepoolten Standardabweichung standardisierte Mittelwertdifferenz).

Selbstkonzept
Die Jugendlichen der Begabungsstichprobe bearbeiteten in der achten Klassenstufe den *Fragebogen zur Erfassung des Selbstkonzepts schulischer Leistungen und Fähigkeiten* (Rost/Lamsfuß 1992), in der neunten Klasse eine projektintern modifizierte Kurzversion der sechs Selbstkonzeptskalen der *Piers-Harris-Selbstkonzeptskala* (Piers/Harris 1969; Piers 1984) sowie in der 12. Klassenstufe die sechs Skalen einer ebenfalls projektintern modifizierten Kurzform des von Hörmann (1986) adaptierten *Self-Description Questionnaire III* (Marsh/O'Neill 1984).

Hochbegabte schilderten im mittleren Jugendalter (8./9. Klassenstufe) ein (realitätsangemessen) deutlich höheres schulisch-akademisches Selbstkonzept als durchschnittlich Begabte (vgl. Tabelle 4) sowie ein etwas höheres Selbstkonzept „Phantasie/Kreativität/Schulischer Status" und ein geringfügig niedrigeres Selbstkonzept eigener Beliebtheit. Im späten Jugendalter (12. Jahrgangs-

Tabelle 4: Vergleich „Hochbegabter" und „Durchschnittlich Begabter" (Begabungsstichprobe) sowie „Hochleistender" und „Durchschnittlich Leistender" (Leistungsstichprobe) im Jugendalter in diversen Selbstkonzeptfacetten (vgl. Rost/Hanses 2009)

	Begabungs-stichprobe	Leistungs-stichprobe
8. bzw. 9. Jahrgangsstufe		
Schulische Leistungen/Fähigkeiten	0.80	1.99
Phantasie/Kreativität/Schulischer Status	0.33	0.91
Beliebtheit	-0.33	-0.33
Aussehen/Einstellung zum eigenen Körper	-0.15	0.00
(unproblematisches) Verhalten	0.15	0.60
Generelles Selbstkonzept	0.00	0.50
10. bzw. 12. Jahrgangsstufe		
Schulisch: Mathematik	1.08	1.08
Schulisch: Sprachen	0.24	0.94
Kreativität/Problemlösen	0.40	0.35
Sozial: anderes Geschlecht	-0.10	-0.40
Sozial: eigenes Geschlecht	0.00	-0.25
Sozial: Eltern	0.00	0.44

Anm.: Negative Vorzeichen indizieren eine höhere Ausprägung im Sinne der Skalenbezeichnung bei durchschnittlich Begabten bzw. durchschnittlich Leistenden; angegeben ist jeweils die Effektstärke d (an der gepoolten Standardabweichung standardisierte Mittelwertdifferenz).

stufe) glichen sich hoch- und durchschnittlich Begabte in den Facetten zum sozialen Selbstkonzept – bezogen auf die Sozialbeziehungen zum eigenen Geschlecht, zum anderen Geschlecht und zu den Eltern; in den schulisch-akademischen Selbstkonzeptfacetten „Mathematik“ und „Kreativtät/Problemlösen“ gaben Hochbegabte höhere Selbstkonzepte als durchschnittlich Begabte an (vgl. Rost/Hanses 2009). Auch bezüglich diverser Selbstkonzeptfacetten („Wie ich bin und mich bewerte“) kann also, insgesamt gesehen, von einem überwiegend besseren Status der Hochbegabten ausgegangen werden, was auf eine günstige (d.h. erfolgreiche) Identitätsbildung hinweist.

3.2.2 Leistungsstichprobe

Abitur

Da *alle* Schüler der Leistungsstichprobe in der neunten Klasse *per definitionem* ein Gymnasium besucht hatten, verwundern die hohen Abiturientenquoten bei Hochleistenden und durchschnittlich Leistenden nicht. In einer Erhebung rund fünf Jahre nach den Befragungen in der neunten Jahrgangstufe gaben praktisch alle Hochleistenden (97%) an, die Schule mit dem Abitur abgeschlossen zu haben. Die im 9. Schuljahr durchschnittlich Leistenden waren diesbezüglich etwas weniger erfolgreich: In dieser Gruppe machten 77 Prozent das Abitur.

Wettbewerbe, Auszeichnungen, Hobbys, besondere Engagements und besondere Interessen

Die Leistungsstichprobe wurde im Alter von gut 21 Jahren – mit dem identischen Fragebogen wie die Begabungsstichprobe – nach Wettbewerbsteilnahmen, Auszeichnungen, Hobbys, speziellen Interessengebieten und speziellem Engagement gefragt. Neben bedeutsam mehr absoluten Wettbewerbsteilnahmen der Hochleister (M=1.42, S=1.26) als durchschnittlich leistender Schüler (M=0.60, S=0.78; d=0.77), konnten Hochleistende vor allem häufigere Teilnahmen an Schülerwettbewerben (47% vs. 9%) und Kunstwettbewerben (14% vs. 5%) als durchschnittlich Leistende vorweisen (vergleichbare Teilnahmequoten fanden sich bei musikalischen und sportlichen Wettbewerben). Im Einklang mit den genannten Befunden zu Wettbewerbsteilnahmen erhielten Hochleistende außerdem absolut mehr Preise und ähnliche Auszeichnungen (M=1.25, S=1.22) als durchschnittlich Leistende (M=0.34, S=0.62; d=0.92). Auf der Ebene einzelner inhaltlicher Kategorien zeigen sich diese höheren Erfolge Hochleistender – verglichen mit durchschnittlich Leistenden – insbesondere in akademischen (41% vs. 5%) und künstlerischen (14% vs. 5%) Auszeichnungen, Preisen oder Stipendien (vergleichbare Anteile: sportliche Auszeichnungen). Die Anteiligkeiten der in 14 inhaltlichen Hobby-Kategorien eingeteilten Hobby-Nennungen (Musik, Sport, Kino, Weggehen/Freunde, Kunst, Lesen, Biologie, Familie, soziales Engagement, Fernsehen, Computer, Auto/Mofa/Fahrrad, Politik, Rest) unterschieden sich zwischen hoch- und durchschnittlich leistenden Schülern kaum; hochleistende Schüler gaben lediglich etwas häufiger ein künstlerisches Hobby (21% vs. 9%) sowie „Lesen" an (41% vs. 26%). Die absolute Nennungshäufigkeit spezieller Interessengebiete der Hochleistenden (M=0.55, S=0.43) unterschied sich kaum von der der durchschnittlich Leistenden (M=0.38, S=0.66; d=0.23); in den Einzelkategorien konnten keine systematischen Leistungseffekte nachgewiesen werden. Abschließend notierten Hochleistende (M=0,53, S=0,82) etwas häufiger ein spezielles Engagement als durchschnittlich Leistende (M=0.25, S=0.53; d=0.41); in den inhaltlichen Einzelkategorien konnten keine bedeutsamen Unterschiede zwischen beiden Gruppen nachgewiesen werden (vgl. Sparfeldt 2006). Zusammenfassend lässt sich also sagen, dass die hochleistenden Schüler des *Marburger Hochbegabtenprojekts* hinsichtlich der Teilnahme an Wettbewerben, erhaltenen Auszeichnungen und Preisen etc. deutlich erfolgreicher als die durchschnittlich leistenden waren.

Persönlichkeitsmerkmale im Selbsturteil

Die Jugendlichen der Leistungsstichprobe bearbeiteten im Zuge der Erhebung im Jugendalter in den Familien ebenfalls die modifizierte Version des *Persönlichkeitsfragebogens für Kinder* von Seitz und Rausche (1976). Praktisch bedeutsame Gruppenunterschiede ($|d|\geq 30$) zeigten sich in folgenden Bereichen (vgl. Tabelle 2): Hochleistende bekundeten – im Bereich der Motive – ein geringeres Bedürfnis nach Ich-Durchsetzung und geringeren Gehorsam gegenüber Erwachsenen sowie höheren schulischen Ehrgeiz als durchschnittlich Leistende. Bezogen auf das Selbstbild schilderten sich Hochleistende – verglichen mit durchschnittlich Leistenden – mit geringerer Selbstaufwertung und einem erheblich geringeren Erleben eigener Unterlegenheit. Außerdem gaben Hochleistende in geringerem Maße Soziale und Bewertungsängstlichkeit als durchschnittlich Leistende an (vgl. Freund-Braier 2009). Insgesamt ergibt sich also ein Bild einer gelungenen, d.h. einer erfolgreichen Persönlichkeitsentwicklung bei leistungsstarken Schülern.

Persönlichkeitsmerkmale im Fremdurteil

Bei den in der Leistungsstichprobe ebenfalls unabhängig voneinander erhobenen Einschätzungen durch die drei Beurteilergruppen (Mütter, Väter, Lehrkräfte) dokumentierte sich ebenfalls konsistent ein massiver Schulleistungseffekt (bessere Schulleistungen der Hochleistenden; vgl. Tabelle 3). Darüber hinaus erlebten sowohl Mütter als auch Väter hochleistender Jugendlicher ihre Kinder als etwas emotional reifer als Mütter und Väter durchschnittlich leistender Jugendlicher. Die Lehrkräfte attestierten Hochleistenden – verglichen mit durchschnittlich Leistenden – außerdem eine höhere emotionale Reife, eine höhere soziale Kompetenz und eine geringere soziale Ängstlichkeit (vgl. Freund-Braier 2009). Im Vergleich zu den durchschnittlich Leistenden bescheinigten die signifikanten erwachsenen Bezugspersonen den Hochleistenden also eine stabilere und reifere Persönlichkeit.

Selbstkonzept

Wie die Schüler der Begabungsstichprobe, so bearbeiteten die Jugendlichen der Leistungsstichprobe den *Fragebogen zur Erfassung des Selbstkonzepts schulischer Leistungen und Fähigkeiten* (Rost/Lamsfuß 1992) und die projektintern modifizierte Kurzversion der sechs Selbstkonzeptskalen der *Piers-Harris-Selbstkonzeptskala* (Piers/Harris 1969; Piers 1984) in der neunten Klasse während der Erhebung in den Familien sowie die sechs Skalen der projektintern modifizierten Kurzform des von Hörmann (1986) adaptierten *Self-Description Questionnaire III* (Marsh/O'Neill 1984) in der 10. Klassenstufe.

Das schulisch-akademische Selbstkonzept hochleistender Jugendlicher in der neunten Klasse war (ebenfalls realitätsangemessen) erheblich höher als das durchschnittlich leistender (vgl. Tabelle 4). Außerdem gaben Hochleistende ein höheres Selbstkonzept „Phantasie/Kreativität/Schulischer Status", „unproblematisches Verhalten" sowie ein höheres generelles Selbstkonzept und ein (etwas) niedrigeres Selbstkonzept eigener Beliebtheit an. Auch in den drei schulisch-akademischen Selbstkonzeptskalen des *Self-Description Questionnaire III* wiesen Hochleistende (teilweise deutlich) höhere Ausprägungen als durchschnittlich Leistende auf. Während die Selbstkonzepte der sozialen Beziehung zum anderen Geschlecht Hochleistender etwas geringer als die durchschnittlich Leistender ausfielen, gaben Hochleistende ein etwas höheres Selbstkonzept der sozialen Beziehung zu den eigenen Eltern als durchschnittlich Leistende an (vgl. Rost/Hanses 2009). Das belegt, insgesamt gesehen, bei den leistungsstarken Schülern eine stabilere, d.h. erfolgreichere Identitätsentwicklung als bei den leistungsschwächeren.

4. Fazit

Die hier nur auszugsweise berichteten vielfältigen Befunde des *Marburger Hochbegabtenprojekts* zeigen, dass sich hochbegabte und durchschnittlich begabte Jugendliche und junge Erwachsene zum einen und zum anderen hochleistende und durchschnittlich leistende Jugendliche und junge Erwachsene in vielen Variablen ähnlicher sind als häufig angenommen. Wenn sich – zumeist in schulnahen Variablen – Gruppenunterschiede aufzeigen ließen, fielen diese im Allgemeinen zugunsten der Hochbegabten bzw. der Hochleistenden aus.

Vor dem Hintergrund der hier berichteten Befunde zur Situation Hochbegabter und Hochleistender können die (inzwischen ehemaligen) Schüler beider Gruppen klar als „erfolgreich" bezeichnet werden. Viele dieser Schüler nahmen mit großem Erfolg an entsprechenden Wettbewerben teil und erhielten entsprechende Auszeichnungen. Insbesondere die hohen Abiturquoten veranschaulichen den außerordentlichen Schulerfolg Hochbegabter und Hochleistender. Bei der Interpretation der entsprechenden Quoten durchschnittlich Begabter ist zu berücksichtigen, dass diese Schüler bei der Gruppenzusammenstellung hinsichtlich verschiedener Hintergrundvariablen (wie sozioökonomischer Status) den Hochbegabten möglichst vergleichbar sein sollten (und so ausgewählt wurden), mithin diesbezüglich eine „Positivselektion" und nicht eine repräsentative Auswahl durchschnittlich Begabter bilden. Das Befundmuster in den Leistungsaspekten wird um die Ergebnisse in häufig als *weicher* bezeichneten psychologischen Variablen wie schulischen Selbstkonzeptfacetten und Angstindikatoren ergänzt, demzufolge sich Hochbegabte keineswegs ungünstiger – in manchen Facetten sogar günstiger – als durchschnittlich Begabte darstellen. Das gilt ähnlich auch für die Hochleistenden im Vergleich mit den durchschnittlich Leistenden.

Um keine Missverständnisse aufkommen zu lassen: Es gibt auch Hochbegabte mit Problemen – genauso, wie es durchschnittlich Begabte mit Problemen gibt; und es gibt Hochleistende mit Problemen – genauso, wie es durchschnittlich Leistende mit Problemen gibt. Und diese Probleme sollten ernst genommen (und – wenn möglich – beseitigt oder gemindert werden). Doch gibt es nicht mehr Hochbegabte als durchschnittlich Begabte sowie Hochleistende als durchschnittlich Leistende mit Problemen. Einen nennenswerten Zusammenhang zwischen „Hochbegabung" bzw. „Hochleistung" und „Problemen" zu unterstellen, widerspricht der einschlägigen Literatur – weltweit. „Hochbegabung" und „Hochleistung" ist bei Jugendlichen also eher ein Erfolgs- als ein Risikofaktor.

Eine Subgruppe der Hochbegabten wird in der Literatur als besonders problembehaftet angesehen, nämlich hochbegabte Underachiever (vgl. Sparfeldt/Buch 2010). Entsprechend verglichen Hanses und Rost (1998) Hochbegabte, deren schulische Leistungen in der Grundschule schlechter waren als die durchschnittlichen Leistungen der durchschnittlich begabten Vergleichskinder. Diese hochbegabten Underachiever stellten sich im Grundschulalter in verschiedensten Aspekten merklich ungünstiger dar als sowohl Hochbegabte mit sehr guten Schulleistungen als auch als durchschnittlich Begabte mit durchschnittlichen Schulleistungen. Der Anteil dieser hochbegabten Underachiever ist jedoch gering (ca. 12% der Hochbegabten) – wie aufgrund der Korrelation zwischen Intelligenz und Schulleistungen zu erwarten. In einer Folgeuntersuchung mit einem Fokus auf der weiteren Entwicklung dieser hochbegabten Underachiever zeigten sich in einigen Variablen auch im Jugendalter und jungen Erwachsenenalter ungünstigere Ausprägungen als in den Vergleichsgruppen, in anderen Variablen aber nicht (Sparfeldt/Schilling/Rost 2006). In diesem Zusammenhang sei noch kurz auf Beratungsanliegen im Zusammenhang mit der Thematik „Hochbegabung" hingewiesen: Neben hochbegabungs*un*spezifischen Beratungsanliegen (wie allgemeine Schulberatung, Lern- und Leistungsprobleme) finden sich auch im engeren Sinne hochbegabungsspezifische (z.B. massive Unterforderung, spezielle Fördermöglichkeiten). Tendenziell scheinen – so Daten der Münchner und der Marburger Hochbegabtenberatungsstelle – allgemeinere Beratungsanliegen (wie Verhaltensprobleme) etwas häufiger bei eher nicht-hochbegabten Kindern und Jugendlichen Beratungsanlass und Fragestellung zu sein, während bei Hochbegabten tendenziell hochbegabungsspezifische Anliegen vorherrschen (vgl. Rost/Buch 2010).

Die in der Einführung bereits betonte Unterscheidung von Hochbegabung als *Potential* und Hochleistung als *Performanz* stützen auch die hier differenzierter vorgestellten Befunde: So liegt beispielsweise die mittlere Intelligenz der in der gymnasialen Mittelstufe Hochleistenden gut eine Standardabweichung über dem Populationsdurchschnitt, aber auch rund eine Standardabweichung unterhalb des Intelligenzmittelwerts der Hochbegabten.

Abschließend sei – neben den bereits erwähnten Underachievern – noch kurz auf eine zweite Gruppe erwartungswidrig leistender Schüler eingegangen: Eine aus der Leistungsstichprobe in der neunten Klasse selegierte Overachiever-Subgruppe Jahrgangsstufenbester mit durchschnittlicher Intelligenz erreichte vergleichbare Abiturleistungen und Studierendenquoten wie eine High-Achiever-Gruppe (in der neunten Klasse vergleichbare exzellente Schulleistungen mit höherer, deutlich überdurchschnittlicher Intelligenz) – bei etwas ungünstigeren Ausprägungen in einigen schulnahen Variablen (z.B. schulische Selbstkonzepte); deutlichere Unterschiede zeigten sich beim Vergleich der Overachiever mit „Average Achievern" (in der neunten Klasse mit den Overachievern vergleichbare durchschnittliche Intelligenz, aber mit niedrigeren, durchschnittlichen Schulleistungen) zugunsten der Overachiever (z.B. in schulischen Selbstkonzepten): Mehr Overachiever als „Average Achiever" machten (mit besseren Durchschnittszensuren) Abitur und begannen ein Studium (Sparfeldt/Buch/Rost 2010). Neben den erfolgreichen Schulabschlüssen der Mehrzahl Hochbegabter und (nahezu aller) Hochleistender gelingt es – vermutlich bei günstigen Rahmenbedingungen – also auch einer Gruppe durchschnittlich begabter Schüler, die Schule in unserem Schulsystem sehr erfolgreich abzuschließen.

Literatur

Albrecht, H. T./Rost, D. H. (1983): Über den Zusammenhang von Wohnqualität und Hochbegabung. In: Psychologie in Erziehung und Unterricht, 30, 281-289.

Baron-Boldt, J./Schuler, H./Funke, U. (1988): Prädiktive Validität von Schulabschlußnoten: Eine Metaanalyse. In: Zeitschrift für Pädagogische Psychologie, 2, 79-90.

Bartenwerfer, H. (1978): Identifikation der Hochbegabten. In: Klauer, K. J. (Hrsg.): Handbuch der Pädagogischen Diagnostik, Band 4. Düsseldorf: Schwann, 1059-1069.

Bühner, M./Krumm, S./Pick, M. (2005): Reasoning = working memory ≠ attention. In: Intelligence, 33, 251-272.

Burks, B. S./Jensen, D. W./Terman, L. M. (1930): The promise of youth: Follow-up studies of a thousand gifted children (Genetic study of genius, Vol. III). Stanford, CA: Stanford University Press.

Calvin, C. M./Fernades, C./Smith, P./Visscher, P. M./Deary, I. J. (2010): Sex, intellicence and educational achievement in a national cohourt of over 175,000 11-year-old schoolchildren in England. In: Intelligence, 38, 424-432.

Chauvin, R. (1979): Die Hochbegabten. Wie erkennen und fördern wir überdurchschnittlich begabte Kinder. Bern: Haupt.

Deary, I. J./Strand, S./Smith, P./Fernandes, C. (2007): Intelligence and educational attainment. In: Intelligence, 35, 13-21.

Eysenck, H. J. (2004): Die Intelligenz-Bibel. Intelligenz verstehen und messen. Stuttgart: Klett Cotta.

Feger, B. (1980): Identifikation von Hochbegabten. In: Klauer, K. J./ Kornadt, H.-J. (Hrsg.): Jahrbuch für Empirische Erziehungswissenschaft 1980. Düsseldorf: Schwann, 87-112.

Feger, B. (1986): Hochbegabungsforschung und Hochbegabtenförderung in Deutschland: Ein Überblick über 100 Jahre. In: Bundesminister für Bildung und Wissenschaft (Hrsg.): Hochbegabung – Gesellschaft – Schule. Bad Honnef: Bock, 67-80.

Feger, B. (1988): Hochbegabungsforschung und Hochbegabtenförderung: Die Situation in Deutschland zwischen 1916 und 1920. In: Empirische Pädagogik, 2, 45-52.

Freeman, J. (1979): Gifted children. Their identification and development in a social context. Lancaster, England: MTP Press.

Freeman, J. (2001): Gifted children grown up. London: Fulton.

Freeman, J. (2010): Hochbegabte und Nicht-Hochbegabte: Ergebnisse einer über 35 Jahre laufenden Kontrollgruppenstudie. In: Rost, D. H. (Hrsg.): Intelligenz, Hochbegabung, Vorschulerziehung, Bildungsbenachteiligung. Münster: Waxmann, 85-124.

Freeman, J./Urban, K. K. (1983): Über Probleme des Identifizierens und Etikettierens von hochbegabten Kindern. In: Psychologie in Erziehung und Unterricht, 30, 67-73.

Freund-Braier, I. (2001): Hochbegabung, Hochleistung, Persönlichkeit. Münster: Waxmann.

Freund-Braier, I. (2009): Persönlichkeitsmerkmale. In: Rost, D. H. (Hrsg.): Hochbegabte und hochleistende Jugendliche. Befunde aus dem Marburger Hochbegabtenprojekt. 2. Auflage. Münster: Waxmann, 161-210.

Friedman, H./Martin, L. (2012): Die Long-Life-Formel. Die wahren Gründe für ein langes und glückliches Leben. Weinheim: Beltz.

Galton, F. (1869): Hereditary genius: An inquiry into its laws and consequences. London: Macmillan.

Gottfredson, L. S. (2003): Dissecting practical intelligence theory: Its claims and evidence. In: Intelligence, 31, 343-397.

Hanses, P. (2000): Stabilität von Hochbegabung. In: Rost, D. H. (Hrsg.): Hochbegabte und hochleistende Jugendliche: Neue Ergebnisse aus dem Marburger Hochbegabtenprojekt. Münster: Waxmann, 93-159.

Hanses, P./Rost, D. H. (1998): Das «Drama» der hochbegabten Underachiever – «Gewöhnliche» oder «außergewöhnliche» Underachiever? In: Zeitschrift für Pädagogische Psychologie, 21, 53-71.

Helbig, P. (1988): Begabung im pädagogischen Denken. Ein Kernstück anthropologischer Begründung von Erziehung. Weinheim: Juventa.

Heller, K. A. (Hrsg.) (2001): Hochbegabung im Kindes- und Jugendalter. 2. Auflage. Göttingen: Hogrefe.

Helmke, A./Weinert, F. E. (1997): Bedingungsfaktoren schulischer Leistungen. In: Weinert, F. E. (Hrsg.): Psychologie des Unterrichts und der Schule. Göttingen: Hogrefe, 71-176.

Herrnstein, R. J./Murray, C. (1994): The bell curve. Intelligence and class structure in American life. New York: Free Press.

Holahan, C. K./Sears, R. R. (1995): The gifted group in later maturity. Stanford, CA: Stanford University Press.

Hörmann, H. J. (1986): SDQ-III. Selbstbeschreibungsfragebogen für Schüler und Studenten. In: Schwarzer, R. (Hrsg.): Skala zur Befindlichkeit und Persönlichkeit. Forschungsbericht 5. Institut für Psychologie. Berlin: Freie Universität.

Jensen, A. R. (1981): Straight talk about mental tests. London: Methuen.

Jensen, A. R. (1998): The g factor. Westport, CT: Praeger.

Johnson, W./Bouchard, T. J./Krueger, R. F./McGue, M./Gottesman, I. I. (2004): Just one g: Consistent results from three test batteries. In: Intelligence, 32, 95-107.

Johnson, W./te Nijenhuis, J./Bouchard, T. J. (2008): Still just 1 g: Consistent results from five test batteries. In: Intelligence, 36, 81-95.

Juda, A. (1953): Höchstbegabung. Ihre Erbverhältnisse sowie ihre Beziehungen zu psychischen Anomalien. München: Urban & Schwarzenberg.

Kaufman, S. B./Reynolds, M. R./Liw, X./Kaufman, A. S./McGrew, K. S. (2012). Are cognitive g and academic achievement g one and the same g? An exploration on the Woodcock-Johnson and Kaufman test. In: Intelligence, 40, 123-138.

Kröner, S./Plass, J. L./Leutner, D. (2005): Intelligence assessment with computer simulations. In: Intelligence, 33, 347-368.

Kuncel, N. R./Hezlett, S. A./Ones, D. S. (2001): A comprehensive meta-analysis of the predictive validity of the graduate record examinations: Implications for graduate student selection and performance. In: Psychological Bulletin, 127, 162-181.

Kyllonen, P. C./Christal, R, E. (1990): Reasoning ability is little more than working-memory capacity?! In: Intelligence, 14, 389-433.

Lange-Eichbaum, W. (1927): Genie, Irrsinn & Ruhm. München: Reinhardt.

Leeson, P./Ciarrochi, P. L./Heaven, P. C. L. (2008): Cognitive ability, personality, and academic performance in adolescence. In: Personality and Individual Differences, 45, 630-635.

Lissmann, U. (2010): Schultests. In: Rost, D. H. (Hrsg.): Handwörterbuch Pädagogische Psychologie. 4. Auflage. Weinheim: Psychologie Verlags Union, 737-751.

Lubinski, D. (2000): Scientific and social significance of assessing individual differences: „Sinking shafts at a few critical points“. In: Annual Review of Psychology, 51, 405-444.

Lubinski, D./Benbow, C. P. (1994): The study of Mathematically Precocious Youth: The first three decades of a planned 50-year study of intellectual talent. In: Subotnik, R. F./Arnold, K. D. (Eds.): Beyond Terman: Contemporary longitudinal studies of giftedness and talent. Norwood: Ablex, 255-281.

Marsh, H. W./O'Neill, R. (1984): Self-Description Questionnaire III (SDQ-III): The construct validity of multidimensional self-concept ratings by late adolescents. In: Journal of Educational Measurement, 21, 153-174.

Mönks, F. J. (1963): Beiträge zur Begabtenforschung im Kindes- und Jugendalter. In: Archiv für die gesamte Psychologie, 115, 362-382.

Oden, M. H. (1968): The fulfillment of promise: 40-years follow-up of the Terman gifted group. In: Genetic Psychology Monographs, 77, 3-93.

Piers, E. V. (1984): Piers-Harris Children's self-concept (Revised Manual 1984). Los Angeles, CA: Western Psychological Series.

Piers, E. V./Harris, D. B. (1969): Manual for the Piers-Harris Children's Self-Concept Scale. Nashville: Counselor Recordings and Tests.

Preckel, F. (2003): Diagnostik intellektueller Hochbegabung. Testentwicklung zur Erfassung der fluiden Intelligenz. Göttingen: Hogrefe.

Reveź, G. (1952): Talent und Genie. Grundzüge einer Begabungspsychologie. Bern: Francke.

Robinson, N. M. (2005): In defense of a psychometric approach to the definition of academic giftedness. A conservative view from a die-hard liberal. In: Sternberg, R. J./Davidson, J. E. (Eds.): Conceptions of giftedness, 2nd edition. Cambridge: Cambridge University Press, 280-294.

Rost, D. H. (Hrsg.) (1993a): Lebensumweltanalyse hochbegabter Kinder. Das Marburger Hochbegabtenprojekt. Göttingen: Hogrefe.

Rost, D. H. (1993b): Das Marburger Hochbegabtenprojekt. In: Rost, D. H. (Hrsg.): Lebensumweltanalyse hochbegabter Kinder. Das Marburger Hochbegabtenprojekt. Göttingen: Hogrefe, 1-33.

Rost, D. H. (2001): Hochbegabte Schüler und Schülerinnen. In: Roth, L. (Hrsg.): Pädagogik. Handbuch für Studium und Praxis. 2. Auflage. München: Oldenbourg, 941-979.

Rost, D. H. (2004): Über „Hochbegabung“ und „hochbegabte“ Jugendliche: Mythen, Fakten, Forschungsstandards. In: Abel, J./Möller, R./ Palentien, C. (Hrsg.): Jugend im Fokus empirischer Forschung. Münster: Waxmann, 39-85.

Rost, D. H. (Hrsg.) (2009a): Hochbegabte und hochleistende Jugendliche. Befunde aus dem Marburger Hochbegabtenprojekt. 2. Auflage. Münster: Waxmann.

Rost, D. H. (2009b): Grundlagen und Methode. In: Rost, D. H. (Hrsg.): Hochbegabte und hochleistende Jugendliche. Befunde aus dem Marburger Hochbegabtenprojekt. 2. Auflage. Münster: Waxmann, 1-91.

Rost, D. H. (2009c): Intelligenz. Fakten und Mythen. Weinheim: Beltz.

Rost, D. H./Buch, S. R. (2010): Hochbegabung. In: Rost, D.H. (Hrsg.): Handwörterbuch Pädagogische Psychologie. 4. Auflage. Weinheim: Psychologie Verlags Union, 257-273.

Rost, D. H./Hanses, P. (2009): Selbstkonzept. In: Rost, D. H. (Hrsg.): Hochbegabte und hochleistende Jugendliche. Befunde aus dem Marburger Hochbegabtenprojekt. 2. Auflage. Münster: Waxmann, 211-278.

Rost, D. H./Lamsfuß, S. (1992): Entwicklung und Erprobung einer ökonomischen Skala zur Erfassung des Selbstkonzepts schulischer Leistungen und Fähigkeiten (SKSLF). In: Zeitschrift für Pädagogische Psychologie, 6, 239-250.

Rost, D. H./Sparfeldt, J. R./Schilling, S. R. (2006): Hochbegabung. In: Schweizer, K. (Hrsg.): Leistung und Leistungsdiagnostik. Heidelberg: Springer, 187-222.

Roznowski, M./Reith, J./Hong, S. (2000): A further look at youth intellectual giftedness and its correlates: Values, interests, performance, and behaviour. In: Intelligence, 28, 87-113.

Schmidt, F. L. (2002): The role of general cognitive ability and job performance: Why there cannot be a debate. In: Human Performance, 15, 187-210.

Schmidt, M. H. (1977): Verhaltensstörungen bei Kindern mit sehr hoher Intelligenz. Bern: Huber.

Seitz, W./Rausche, A. (1976): Persönlichkeitsfragebogen für Kinder 9 bis 14. Handanweisung für die Durchführung, Auswertung und Interpretation. Braunschweig: Westermann.

Shurkin, J. N. (1992): Terman's Kids. Boston, MA: Little, Brown and Company.

Sparfeldt, J. R. (2006): Berufsinteressen hochbegabter Jugendlicher. Münster: Waxmann.

Sparfeldt. J. R./Buch, S. R. (2010): Underachievement. In: Rost, D. H. (Hrsg.): Handwörterbuch Pädagogische Psychologie. 4. Auflage. Weinheim: Psychologie Verlags Union, 877-886.

Sparfeldt, J. R./Buch, S. R./Rost, D. H. (2010): Klassenprimus bei durchschnittlicher Intelligenz. Overachiever auf dem Gymnasium. In: Zeitschrift für Pädagogische Psychologie, 24, 147-155.

Sparfeldt, J. R./Schilling, S. R./Rost, D. H. (2006): Hochbegabte Underachiever als Jugendliche und junge Erwachsene. Des Dramas zweiter Akt? In: Zeitschrift für Pädagogische Psychologie, 20, 213-224.

Spearman, C. (1904): General intelligence, objectively determined and measured. In: American Journal of Psychology, 15, 201-293.

Spearman, C. (1927): The abilities of men. New York: Macmillan.

Stern, W. (1916): Psychologische Begabungsforschung und Begabungsdiagnose. In: Petersen, P. (Hrsg.): Der Aufstieg der Begabten. Leipzig: Teubner, 105-120.

Sternberg, R. J./Grigorenko, E. L./Bundy, D. A. (2001): The predictive value of IQ. In: Merrill-Palmer Quarterly, 47, 1-41.

Süß, H.-M./Oberauer, K./Wittmann, W. W./Wilhelm, O./Schulze, R. (2002): Working-memory capacity explains reasoning ability – and a little bit more. In: Intelligence, 30, 261-288.

Tent, L./Birkel, P. (2010): Schulreife. In: Rost, D. H. (Hrsg.): Handwörterbuch Pädagogische Psychologie. 4. Auflage. Weinheim: Psychologie Verlags Union, 949-958.

Terman, L. M. (1925): Mental and physical traits of a thousand gifted children (Genetic study of genius, Vol. I). Stanford, CA: Stanford University Press.

Terman, L. M./Oden, M. H./et al. (1947): The gifted child grows up: Twenty-five years' follow-up of a superior group (Genetic study of genius, Vol. IV). Stanford, CA: Stanford University Press.

Terman, L. M./Oden, M. H. (1959): The gifted group at mid-life: Thirty-five years' follow-up of the superior child (Genetic study of Genius, Vol. V). Stanford, CA: Stanford University Press.

Trapmann, S./Hell, B./Weigand, S./Schuler, H. (2007): Die Validität von Schulnoten zur Vorhersage des Studienerfolgs – eine Metaanalyse. In: Zeitschrift für Pädagogische Psychologie, 21, 11-27.

Urban, K. K. (Hrsg.) (1982): Hochbegabte Kinder. Psychologische, pädagogische, psychiatrische und soziologische Aspekte. Heidelberg: Schindele.

Wieczerkowski, W./Wagner, H. (Hrsg.) (1981): Das hochbegabte Kind. Düsseldorf: Schwann.

Gemeinnütziges Engagement Jugendlicher – Ein Beitrag zum Positive Youth Development?

Does Community Service Contribute to Positive Youth Development?

Heinz Reinders und Gabriela Christoph

Zusammenfassung: Der Beitrag befasst sich mit der Frage, welche Varianten gemeinnütziger Tätigkeit bei Jugendlichen Erfahrungen bereit halten, die einen positiven Einfluss auf die Entwicklung Jugendlicher besitzen. Vor dem Hintergrund der Theorie gemeinnütziger Tätigkeit (TGT) wird argumentiert, dass die Möglichkeiten, sich mit anderen Weltsichten auseinander zu setzen und Erfahrungen der Handlungswirksamkeit zu machen, gemeinnützige Tätigkeit zu einem wichtigen sozialen Setting für eine positive Entwicklung in der Adoleszenz werden lassen. Querschnittliche Befunde einer Studie bei N = 2.408 Jugendlichen stützen die Annahme, dass vor allem der direkte Umgang mit hilfsbedürftigen Menschen positive Wirkungen mit sich bringt.

Schlüsselwörter: Gemeinnützige Tätigkeit, Ehrenamt, Jugend, Entwicklung, Prosozialität

Abstract: This paper seeks to examine the conditions of community service that might provide experiences to foster positive development of adolescents. Based on the Community Service Theory (CST) we argue that especially being exposed to new world views and ideas as well as opportunities to experience self-efficacy in helping behavior make volunteer work an important social setting to promote positive youth development. Cross-sectional data from N = 2.408 youths seem to support this positive influence of service if it is done in direct contact with people in need.

Keywords: Community service, volunteer work, positive development, prosocial behavior

1. Einleitung

Sich für andere oder einen guten Zweck zu engagieren ist laut Freiwilligensurvey für etwa ein Drittel aller Jugendlichen in Deutschland normaler Alltag (BMFSFJ 2010). Kindergottesdienste organisieren, Spendensammlungen oder Fußballtrainings durchführen sowie in der Feuerwehr-Jugend aktiv sein – all dies sind Engagementformen, von denen Heranwachsende berichten. Unstrittig ist dabei im Grunde, dass dieses Engagement der Gesellschaft nützt und anderen Menschen hilft. Allein die Proteste karitativer Verbände beim Wegfall des Zivildienstes haben bereits verdeutlicht, dass soziale Sicherung in Deutschland auch Bestandteil des Sozialfriedens durch ehrenamtliches Engagement ist.

Unklar ist hingegen nach wie vor, ob und unter welchen Bedingungen die Jugendlichen selbst davon profitieren, wenn sie gemeinnützig tätig sind oder werden. Auch wenn Erwachsene rückblickend sagen, dass sie durch ihr Ehrenamt wichtige Kompetenzen erworben haben (Düx et al. 2009; Youniss/Yates 1999; Youniss et al. 1999) und korrelative Befunde zwischen Engagement und Persönlichkeitsmerkmalen einen positiven sozialisatorischen Einfluss suggerieren (Reinders/Youniss 2005), so ist folgende Frage letztlich empirisch immer noch ungeklärt: suchen sich sozial kompetente Jugendliche Ehrenamt als Entwicklungskontext oder führt Engagement als Lebenserfahrung zur Entwicklung sozialer Kompetenz (DJI 2008)?

Studien aus den USA legen nahe, dass beide Prozesse stattfinden, sich aber insbesondere ein Anstieg prosozialen Verhaltens und politischer Partizipationsbereitschaft durch gemeinnützige Tätigkeit nachweisen lässt (Metz/McLellan/Youniss 2003). Selbst Schüler, die sich einem Ehrenamt eher verweigert haben und durch ein Schulprogramm zum Engagement kamen, scheinen von den dabei gemachten Erfahrungen in ihrer Entwicklung zu profitieren. Gleichwohl sind solche Befunde auf Deutschland kaum übertragbar. Zum einen hat ein Ehrenamt in den USA einen anderen gesellschaftlichen Stellenwert als in Deutschland. Allein die Verbreitung unter Jugendlichen ist in den USA weitaus größer als hierzulande (Torney-Purta et al. 2001). Zum anderen stellt ein Ehrenamt in den USA sehr viel häufiger ein Engagement für extreme soziale Randgruppen dar. Schließlich liegen Unterschiede darin begründet, dass gemeinnützige Tätigkeiten in Deutschland stärker in Vereinen organisiert sind. In den USA hingegen ist das Engagement entweder in sog. „social movements“, in lokalen Hilfsorganisationen oder aber in für deutsche Verhältnisse überdimensionierten Programmen (vgl. z.B. „AmeriCorps“) eingebunden (vgl. Youniss/ Reinders 2010).

Insgesamt heißt das, dass für Jugendliche in Deutschland kein empirischer Nachweis darüber vorliegt, ob nun ein Ehrenamt die soziale Entwicklung oder umgekehrt die soziale Entwicklung die Beteiligung am Ehrenamt in Deutschland beeinflusst. Denkbar wäre zudem ein reziproker Zusammenhang zwischen beidem. Der vorliegende Beitrag setzt an diesem Problem an und stellt die theoretisch hergeleitete These auf, dass Jugendliche in ihrer Identitätsentwicklung von gemeinnütziger Tätigkeit profitieren. Die Herleitung für diese These ist, dass gemeinnützige Tätigkeit unter angebbaren Bedingungen klassifizierbare Erfahrungsmöglichkeiten bietet, die zu einem *Positive Development* beitragen. Erste querschnittliche Befunde aus dem von der DFG geförderten Projekt „Jugend. Engagement. Politische Sozialisation." sollen die Plausibilität der These stützen.

2. Positive Youth Development

Bereits Mitte der 1980er-Jahre setzte eine Perspektive in der Jugendforschung ein, die Jugend nicht allein als defizitäre Lebensphase und Jugendliche nicht einfach als Rezipienten äußerer Einflüsse ansah. Die Idee von der *Entwicklung als Handlung im Kontext* (Lerner 1982; Silbereisen 1986) beinhaltete drei Kernelemente: (1.) Jugendliche sind aktiv Handelnde; (2.) Problemverhalten Jugendlicher ist problemlösendes Verhalten; (3.) Jugendliche suchen und schaffen sich Umwelten zur Bewältigung anstehender Entwicklungsaufgaben. Der dadurch eingeleitete Paradigmenwechsel einer Perspektive auf Jugend als positive Entwicklung wurde zur Jahrtausendwende weiter- und in die Idee des *Positive Youth Development (PYD)* überführt. Es handelt sich dabei weniger um ein theoretisches Modell zur Beschreibung der Adoleszenz. Vielmehr verbirgt sich dahinter der Gedanke, dass alle Jugendlichen prinzipiell über die Fähigkeiten verfügen, einen gelungenen Sozialisationsprozess zu durchlaufen (Lerner/Dowling/Anderson 2003) und es Ziel von Forschung und pädagogischer Praxis zu sein hat, die Stärken Jugendlicher zu stützen und auszubauen. Die grundsätzliche Fähigkeit zum *Positive Development* wird daraus abgeleitet, dass Jugendliche prinzipiell das Bestreben nach Verwirklichung haben. Theoretisch wird PYD als eine Faktorenstruktur aus den fünf C's angesehen: Confidence, Competence, Character, Caring und Connection (Roth/Brooks-Gunn 2000, 2003). Positive jugendliche Entwicklung wird also festgemacht an Selbstvertrauen, Kompetenzerleben, einer stabilen Persönlichkeit, Fürsorge für andere und sozialer Zugehörigkeit. Empirisch lässt sich diese Faktorenstruktur offenbar zuverlässig abbilden (Lerner et al. 2005, 52), wobei die einzelnen Konstrukte hoch miteinander korreliert sind (ebd., 54).

Verschiedene Autoren verknüpfen nun diese Outcome-Variablen jugendlicher Entwicklung mit Antezendenzen verschiedener Entwicklungskontexte. In ergänzender Sicht auf Schule und unstrukturierter Freizeitaktivitäten wird vor allem dem Engagement Jugendlicher eine wichtige Rolle für das *PYD* beigemessen. So argumentiert Larson (2000, 173ff.), dass insbesondere mit Engagementerfahrungen sowohl eine hohe intrinsische Motivation als auch ein hohes kognitives Involvement verbunden sind. Entsprechend wird bereits seit Mitte der 1990er-Jahre intensiv diskutiert, dass und unter welchen Bedingungen gemeinnützige Tätigkeit zur positiven Entwicklung Jugendlicher beitragen kann (Hart/Fegley 1995; Youniss/Yates 1997).

3. Die Theorie gemeinnütziger Tätigkeit

Gemeinnütziger Tätigkeit wird eine besondere Rolle für die Entwicklung des politischen Selbstkonzepts im Besonderen und einer allgemeinen prosozialen Persönlichkeit im Allgemeinen zugesprochen (Metz/Youniss 2003; Penner et al. 1995; Penner 2002; Yates/Youniss 1996, 1998). Die Theorie gemeinnütziger Tätigkeit (TGT) formuliert hierzu zwei Grundprämissen: (1.) Engagierte Jugendliche erleben sich als aktiv Handelnde mit der Fähigkeit zur Veränderung gesellschaftlicher Bedingungen; (2.) Jugendliche erfahren sich durch Engagement als sozial Privilegierte mit der Verantwortung für hilfsbedürftige Menschen (Youniss/Yates 1997). Es spricht eine zunehmend umfangreichere Befundlage dafür, dass diese Annahmen zutreffend sind (zusf. Reinders/Youniss 2006a; Youniss/Reinders 2010). Bezogen auf die fünf C's des Positive Youth Development nimmt die TGT also an, dass Jugendliche durch Engagement Kompetenzerleben haben, ihr Selbstbewusstsein stärken, sich mit ihrer Community verbunden fühlen, soziale Fürsorglichkeit entwickeln und insgesamt ihr (politisches) Selbstkonzept stabilisieren. Allerdings stellt die TGT dabei die große Variation möglicher und tatsächlicher Tätigkeitsformen in Rechnung und unterstellt verschiedenen Aktivitäten differenzielle Wirkungen auf diese jugendlichen Entwicklungsbereiche.

3.1 Kernelemente der Theorie

Der Zusammenhang zwischen Engagement und jugendlicher Entwicklung wird nicht als einfacher Pfad von unabhängiger zu abhängiger Variable konzipiert, sondern als komplexes Geflecht vermittelnder Merkmale des Engagements. Diese Differenzierungen beziehen sich im Kern auf (a) die Art des Engagements, (b) die beim Ehrenamt gemachten Erfahrungen und (c) einer konsekutiven Abfolge angenommener Effekte.

Zu (a). Die Auswirkungen gemeinnütziger Tätigkeiten lassen sich weder global für alle Engagementformen noch spezifisch für jede einzelne Variante vorhersagen. Vielmehr wird angenommen, dass unterschiedliche Klassen von Tätigkeitsformen unterschiedliche Wirkungen aufweisen werden.

Die erste Unterscheidung ergibt sich aus dem Umstand, ob Jugendliche direkten Kontakt mit anderen Menschen haben oder nicht. Beispielsweise ist der Kontakt zu anderen Personen bei Bürotätigkeiten für eine Organisation im Vergleich zur Nachhilfe für einen Grundschüler geringer. Ferner unterscheidet die TGT danach, ob beim persönlichen Kontakt ein Engagement für sozial benachteiligte Menschen oder aber für Menschen sozialer Statusgleichheit geleistet wird (Reinders/Youniss 2005). Die Interaktion mit Obdachlosen in einer Suppenküche sollte eine andere Qualität aufweisen als bei der Anleitung eines Kindergottesdienstes. Es wird erwartet, dass vor allem die Interaktion mit sozial benachteiligten Menschen Auswirkungen auf die Entwicklung Jugendlicher haben wird.

Die zweite Unterscheidung betrifft die soziale Eingebundenheit des Engagements (Kirshner 2009; Penuel/Wertsch 1995). Hier wird differenziert zwischen Engagement innerhalb einer Organisation mit längerfristig stabilen Strukturen sowie einer Tätigkeit in anlassbezogenen oder ohne organisationale Strukturen. Jugendliche mit Engagement in einer Organisation setzen sich (auch kritisch) mit deren Weltsicht als Begründung für das Ehrenamt auseinander. Umweltschutzorganisationen begründen ihr Engagement mit der Bewahrung der Schöpfung oder der chancengleichen und nachhaltigeren Aufteilung von Ressourcen, Kirchen legen für ihre karitativen Tätigkeiten das Prinzip der Nächstenliebe zu Grunde und Tierschutzvereine argumentieren mit dem Recht auf würdiges Leben für alle Lebewesen. Diese in der TGT als *rationale* bezeichneten Begründungen für gemeinnützige Tätigkeit stellen die Hintergrundfolie für eine Auseinandersetzungen Jugendlicher dar, welche Rolle sie sich selbst in „ihrer“ Gesellschaft zuschreiben und womit sie ihr Handeln begründen (wollen).

Es wird somit ein Raster eröffnet, welches insgesamt sechs Klassen gemeinnütziger Tätigkeit vorsieht (vgl. Abbildung 1). Diese sechs Engagementtypen unterscheiden sich entlang der beiden diskreten Dimensionen organisationale Einbindung und Ausmaß des Kontakts zu hilfsbedürftigen Menschen. Bezogen auf die Wirkung dieser sechs Typen markiert die Nummerierung von Typ 1 bis Typ 6 eine ordinale Abfolge. Es wird angenommen, dass Typ 1 die geringsten und Typ 6 die stärksten Auswirkungen auf die Persönlichkeitsentwicklung Jugendlicher besitzen wird.

Abbildung 1: Klassifikationsschema gemeinnütziger Tätigkeiten

	Keine Organisationale Einbindung	Organisationale Einbindung
Kaum Kontakt zu hilfsbedürftigen Menschen	Typ 1 – Administratives Eigenengagement (z.B. politischer Blogger)	Typ 2 – Administratives institutionalisiertes Engagement (z.B. Leitungs- oder Bürotätigkeit)
Kontakt zu sozial Statusgleichen	Typ 3 – Statusgleiches Eigenengagement (z.B. Nachhilfe für Mitschüler)	Typ 4 – Statusgleiches institutionalisiertes Engagement (z.B. Anleiten eines Kindergottesdienstes)
Kontakt zu hilfsbedürftigen Menschen	Typ 5 – Karitatives Eigenengagement (z.B. regelmäßige Haushaltshilfe für benachbarte Seniorin)	Typ 6 – Karitatives institutionalisiertes Engagement (z.B. Hilfe für Notleidende in Bahnhofsmissionen)

Zu (b). Die Unterschiede zwischen diesen sechs Engagementformen machen sich insbesondere darin bemerkbar, welche Erfahrungen der Handlungswirksamkeit (*agency*-Erfahrung) und der veränderten Selbstsicht (*ideology*-Erfahrung) Jugendliche bei ihrer gemeinnützigen Tätigkeit machen. Die Begriffe und Phänomene der *agency* und *ideology* gehen auf die Entwicklungstheorie Eriksons (1968) zurück, wurden von Youniss und Yates (1997) aufgegriffen und in die TGT integriert. Sie dienen als Brückenkonstrukte zwischen dem geleisteten Engagement und dessen Auswirkungen auf die Entwicklung einer (demokratischen) Identität. Agency und ideology mediieren also, in welcher Intensität Engagement bei Jugendlichen wirkt. Je mehr Erfahrungen Jugendliche machen, durch ihr Engagement etwas bewirken zu können – bspw. die Lebenssituation Anderer zu verbessern – und je mehr sie sich dabei als Akteure mit sozialer Verantwortung verstehen, desto stärker sollte die gemeinnützige Tätigkeit die positive Entwicklung Jugendlicher stützen.

Zu (c). Positive Entwicklung wird in der TGT daran festgemacht, wie sehr Heranwachsende ihre sozialen Stereotype reflektieren (Stufe 1), in welchem Ausmaß sie prosoziales Verhalten entwickeln (Stufe 2) und wie sich ihre Bereitschaft entwickelt, sich auch als Erwachsene politisch und sozial zu engagieren (Stufe 3). Dieser Prozess wird als *transcendence*, als sukzessiv zunehmende

Betrachtung der eigenen Person im Kontext der Vergangenheit, Gegenwart und Zukunft der Gesellschaft bezeichnet. Es handelt sich um einen konsekutiv parallelen Prozess, bei dem jede vorangegangene Stufe in die jeweils nachfolgende hineingreift, parallel zu ihr verläuft und gleichzeitig das Ausmaß der nächst höheren Stufe prädiziert (vgl. Abbildung 2).

Abbildung 2: Verlauf des Transzendenzprozesses bei Jugendlichen

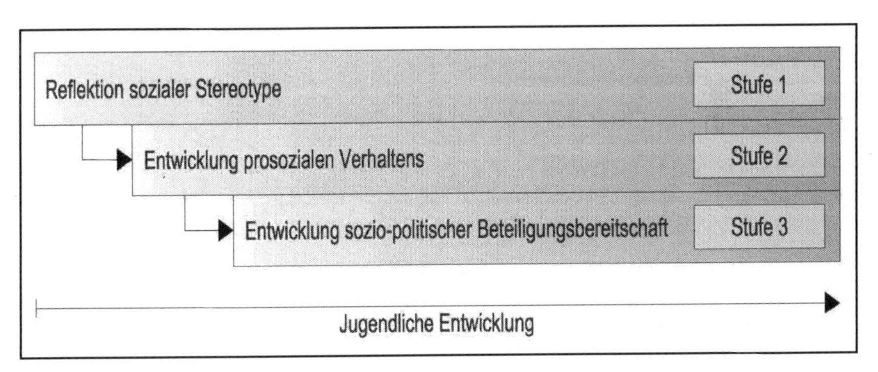

Der Transzendenzprozess wird in Anlehnung an Erikson (1968) als universeller Entwicklungsverlauf gesehen, der sich auch ohne gemeinnützige Tätigkeit Jugendlicher vollzieht. Allerdings postuliert die TGT, dass dieser Prozess durch Engagement positiv beeinflusst und in besonderem Maße gestützt wird. Für das Ausmaß dieser Wirkung werden die Art der Tätigkeit (ad a) und in deren Folge die Qualität der beim Engagement gemachten Erfahrungen (ad b) als relevant erachtet. Weitere Individual- und Kontextmerkmale, die das Ausmaß und den Verlauf des Transzendenzprozesses beeinflussen, werden in der TGT als Kontrollvariablen geführt (vgl. 3.2).

3.2 Gesamtmodell der Theorie

Die drei Elemente der TGT – Klassifikation der Tätigkeitsformen, Erfahrungen beim Engagement und Transzendenzprozess – werden als kausale Folge interpretiert (vgl. Abbildung 3).

Abbildung 3: Schematische Darstellung der Theorie gemeinnütziger Tätigkeit (modifiziert nach: Reinders 2008)

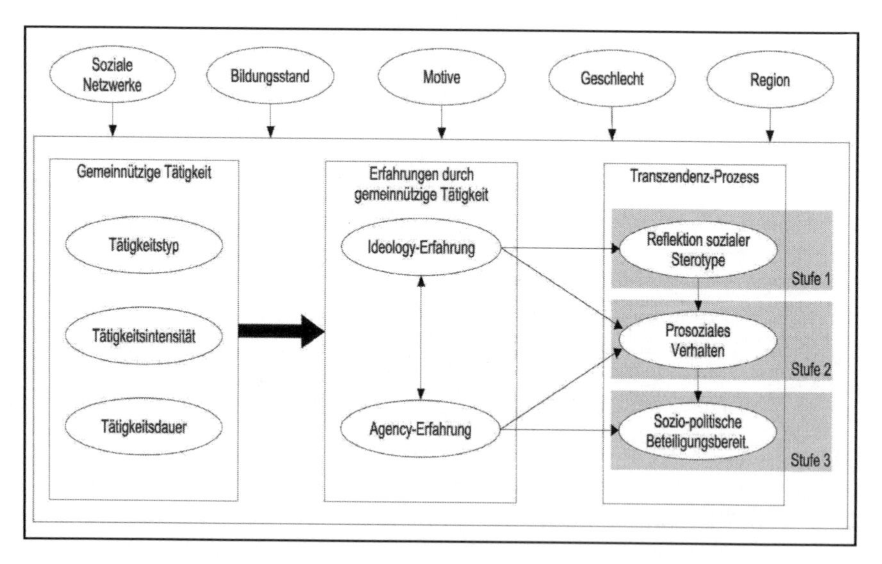

Der Tätigkeitstyp sagt vor dem Hintergrund der psychologischen Intensität des Engagements und der Tätigkeitsdauer die gemachten ideology- und agency-Erfahrungen voraus. Insbesondere Jugendliche mit einer Tätigkeit für hilfsbedürftige Menschen im Rahmen einer Organisation (Typ 6) werden Erfahrungen eigenen Handlungswirksamkeitserlebens und einer veränderten Selbstsicht machen. Die veränderte Selbstsicht wird ihrerseits die Reflektion sozialer Stereotype anregen, weil durch den Umgang mit hilfsbedürftigen Menschen pauschale Urteile über soziale Outgroups hinterfragt werden (Pettigrew/Tropp 2006) sowie zunehmend prosoziales Verhalten begünstigt wird. Das Erleben eigner Handlungswirksamkeit in Hilfssituationen wird ebenfalls zu einem erhöhten prosozialen Verhalten beitragen (Carlo et al. 2005; Janoski/Musick/Wilson 1998; Penner et al. 1995). Ferner wird die Erfahrung, gesellschaftliche Veränderungen im Kleinen herbeiführen zu können, auf eine allgemeine Bereitschaft zur soziopolitischen Teilhabe generalisiert (Metz/McLellan/Youniss 2003; Youniss/McLellan/Yates 1997).

Dieses Modell sagt umgekehrt auch voraus, wann gemeinnützige Tätigkeit keine oder sogar gegenteilige Effekte mit sich bringen wird. Erleben Jugendliche dauerhaft keine Erfolge beim Engagement oder lehnen sie organisationale

Weltsichten und ideologische Begründungen nach kritischer Auseinandersetzung ab, so sollte es zu einem Abbruch des Engagements kommen. Gleiches gilt, wenn das Engagement als uninteressant oder als zu eigenen Interessen und Fähigkeiten inkongruent erlebt wird. Müll aufsammeln auf Schulhöfen und das Erleben immer wiederkehrender Verschmutzungen stellen eine kognitive und motivationale Unterforderung dar und vermitteln nicht das Gefühl von Handlungswirksamkeit. Positive Wirkungen auf den Transzendenzprozess sind dann nicht zu erwarten.

Die in der TGT berücksichtigten Kontrollvariablen beziehen sich im Wesentlichen auf mögliche Selektionseffekte beim Zugang zum sozialen Engagement. Insbesondere der Bildungsstand, bereits im Umfeld engagierte Personen (Eltern, Geschwister, Freunde), regionale Opportunitätsstrukturen und Motive für ein Engagement bestimmen mit, ob Jugendliche sich überhaupt für eine gemeinnützige Tätigkeit entscheiden (BMFSFJ 2010; Düx et al. 2009; Rauschenbach 2009; Reinders 2009). Geschlechtsspezifische Unterschiede sind neben dem Zugang auch in Teilen bei den Mediations- und abhängigen Variablen (etwa dem Ausmaß prosozialen Verhaltens) erwartbar.

3.3 Kritische Würdigung der Theorie

Die TGT erklärt, unter welchen Bedingungen jugendliches Engagement Einflüsse auf das *Positive Youth Development* besitzt. Sie beinhaltet dabei strukturelle Merkmale des Ehrenamts ebenso wie persönliche Wahrnehmungen und Erlebensweisen des Engagements. Auch berücksichtigt die TGT lebensphasenspezifische Besonderheiten der Jugendphase, in dem sie in Anlehnung an Erikson (1968) *agency* und *ideology* als zentrale Bedürfnisse der Jugendphase in den Mittelpunkt des Modells rückt (Scales et al. 2006).

Kritisch anzumerken ist, dass die TGT trotz möglichst sparsamer Verwendung von Konstrukten und Hypothesen ein hohes Maß an theoretischer Komplexität aufweist und dennoch einen deutlich komplexeren psychologischen Vorgang nur im Ansatz zu beschreiben in der Lage ist. Dies lässt sich beispielhaft an der Vorhersage der Reflektion sozialer Stereotype exemplarisch darstellen.

Entstehung und Veränderung sozialer Stereotype stellen für sich genommen bereits eine große Herausforderung dar. Sozialpsychologische Theorien und Befunde verweisen darauf, dass es sich um einen vielschichtigen, multilinearen und -dimensionalen Prozess handelt (Hewstone/Brown 1986; Johnson/Johnson 2000). Allein das Bedingungsgefüge, unter dem soziale Interaktionen zur Veränderung von Vorurteilen führen, ist derart vielschichtig, dass Effekte von Intergruppen-Kontakten häufig nur bzw. besonders stark in experimentellen Settings nachgewiesen werden können (Pettigrew/Tropp 2006). Die TGT nimmt nun axiomatisch an, dass soziale Interaktionen mit Hilfsbedürftigen zumindest jene zentralen Bedingungen erfüllen – Freiwilligkeit des Kontakts, gegenseitiges Vertrauen etc. –, die zum Nachdenken über eigene soziale Stereotype führen. Diese Annahme ist weder theoretisch weiter ausgearbeitet noch bislang empirisch geprüft. Ähnliche Anmerkungen zur Komplexitätsreduktion durch das Modell lassen sich für andere Bereiche anführen.

Gleichwohl stellt die TGT das bislang elaborierteste Modell zur Vorhersage von durch gemeinnützige Tätigkeit verursachte Folgen jugendlicher Entwicklung dar. Es ermöglicht einen theoriegeleiteten Zugriff auf differenzielle Entwicklungsverläufe in der Adoleszenz und geht damit weit über bisherige, vor allem in Deutschland deskriptive Herangehensweisen an das Thema Ehrenamt hinaus.

4. Empirische Annäherung an Zusammenhänge von Ehrenamt und Positive Youth Development

Im Rahmen des von der DFG finanzierten Projekts „Jugend. Engagement. Politische Sozialisation. (jeps)“ wurde im Herbst 2010 die erste Befragung von Jugendlichen im Alter von 14 und 15 Jahren durchgeführt. Das Ziel der Studie ist es, Auswirkungen von gemeinnütziger Tätigkeit auf die Persönlichkeitsentwicklung und die politische Beteiligungsbereitschaft im Verlauf der Adoleszenz nachzuzeichnen. Insgesamt sind vier Messzeitpunkte bis 2013 vorgesehen, um Jugendliche mit und ohne gemeinnütziger Tätigkeit bis zur Wahlmündigkeit begleiten und Zusammenhänge zur faktischen politischen Beteiligung aufzeigen zu können.

4.1 Stichprobe

Insgesamt wurden bundesweit 2.408 Jugendliche (46,9% Mädchen; 84,6% deutscher Herkunftssprache) zu ihren Freizeitaktivitäten, Aspekten ihrer ehrenamtlichen Tätigkeiten, ihren sozialen und politischen Einstellungen sowie ihren politischen Verhaltensbereitschaften befragt. Die Befragten besuchten seltener die Hauptschule (21,5%) und die Realschule (27,8%) als das Gymnasium (50,7%). Im Vergleich zu den Schülerzahlen des Schuljahres 2010/11 ist die Hauptschule deutlich überrepräsentiert (GY: 46,6%; RS: 21,9%; HS: 13,2%; vgl. Statistisches Bundesamt 2011). Dieses Oversampling bei den Hauptschülern wurde gewählt, um höhere Drop-Out-Quoten bei Hauptschülern im Längsschnitt vorab kompensieren zu können.

4.2 Methode

Die 14- und 15-Jährigen wurden mittels computergestützter Telefon-Interviews (CATI) mit zumeist geschlossenen Indikatoren befragt. Die Telefoninterviews wurden nach Zustimmung durch Erziehungsberechtigte mit den Jugendlichen durchgeführt und nahmen durchschnittlich knapp 23 Minuten in Anspruch.

4.3 Instrumente und Auswertungsmethode

Die bei der Studie eingesetzten Instrumente decken die in der TGT enthaltenen Konstrukte vollständig ab und sind für den ersten Messzeitpunkt ausführlich dokumentiert (Christoph/Reinders 2011a, b). Im Folgenden werden die Instrumente knapp skizziert, die für die Beschreibung von Unterschieden zwischen den verschiedenen Engagementtypen herangezogen werden.

- *Zuordnung zu gemeinnütziger Tätigkeit.* Die gemeinnützige Tätigkeit wurde über offene Indikatoren erfasst, bei denen Jugendliche ihre Freizeitaktivitäten nennen konnten. Diese wurden anschließend separat für aktuell, ehemals und nie engagierte Jugendliche gemäß der Definition von Hofer (1999) in gemeinnützige oder nicht-gemeinnützige Tätigkeiten kodiert. Zum ersten Messzeitpunkt waren 24,7 Prozent *aktuell Engagierte*, weitere 20,2 Prozent berichteten ein Engagement in den vergangenen zwölf Monaten (*ehemals Engagierte*) und 55,1 Prozent gaben an, noch nie gemeinnützig tätig gewesen zu sein (*nie Engagierte*). Somit ergibt sich in der jeps-Stichprobe ein Anteil von 44,9 Prozent Jugendlicher, die bereits über Erfahrungen mit gemeinnütziger Tätigkeit berichten können.

- Für die weiteren Analysen zu möglichen positiven Einflüssen des Engagementtyps wird die Substichprobe der aktuell Engagierten (N = 594) in den Mittelpunkt gerückt. Bei 74 Prozent der aktuell Engagierten dauert die Tätigkeit länger als ein Jahr an, bei 52,4 Prozent sind es bereits zwei Jahre oder mehr. Bei den meisten Jugendlichen beträgt der Zeitaufwand im Monat zwischen drei und 15 Stunden (65,5% aller aktuell Engagierten).

- *Organisationale Einbindung.* Die Jugendlichen wurden gefragt, ob sie ihr aktuelles Engagement im Rahmen einer Organisation tätigen oder nicht. Insgesamt leisteten 247 Jugendliche (41,6%) der aktuell Engagierten ihr Ehrenamt im Rahmen einer Organisation, die verbleibenden 347 Befragten (58,4%) waren außerhalb organisatorischer Strukturen ehrenamtlich tätig.

- *Umgang mit hilfsbedürftigen Menschen.* Die Frage danach, ob sie beim Engagement häufigen oder sehr häufigen Umgang mit hilfsbedürftigen Menschen haben, bejahten 207 Jugendliche (34,8%).

- *agency- und ideology-Erfahrung.* Die beim Engagement gemachten Erfahrungen wurden über die zwei bereits etablierten Skalen zur Erfassung von Agency und Ideology erhoben (vgl. Reinders 2005). Diese beiden Skalen fragen im Kern danach, ob engagierte Jugendliche Handlungswirksamkeit erleben (*agency*) und ob sich durch die gemeinnützige Tätigkeit ihr Selbstbild verändert hat (*ideology*).

- *Reflektion sozialer Stereotype.* Die Reflektion über die eigenen sozialen Stereotype wurde über eine in Teilen neu konstruierte Skala erfasst (Christoph/Reinders 2011a). Die Items beziehen sich darauf, wie häufig die Jugendlichen z.B. darüber nachdenken, ob sozial schwache Gruppen selber schuld an ihrer Benachteiligung sind. Entscheidend für diese Skala ist, dass sie nicht danach fragt, inwieweit sie solchen Aussagen zustimmen, sondern in welchem Ausmaß sie sich Gedanken über soziale Ungleichheit gemacht haben.

- *Prosoziales Verhalten.* Diese Skala erfasst das Ausmaß, in dem Jugendliche bereit sind, auch ihnen fremden Menschen in alltäglichen Situationen zu helfen (Weg zeigen, bei gerissener Einkaufstüte helfen etc.). Es handelt sich ebenfalls um ein bereits hinlänglich erprobtes Instrument zur Erfassung prosozialen Verhaltens (Metz/McLellan/Youniss 2003; Penner et al. 1995; Reinders 2005).

Mittels multifaktorieller Varianzanalysen wird geprüft, inwieweit die Ausprägungen der beiden Items zur organisationalen Einbindung und zum Umgang mit hilfsbedürftigen Menschen Varianzanteile bei den abhängigen Variablen agency- sowie ideology-Erfahrung, Reflektion sozialer Stereotype und prosoziales Verhalten erklären können. Es werden Haupt- und Interaktionseffekte geprüft.

4.4 Ergebnisse

Für die Überprüfung, inwieweit die organisationale Einbindung sowie der direkte Umgang mit bedürftigen Menschen im Zusammenhang mit Erfahrungsqualitäten, der Reflektion sozialer Stereotype sowie dem prosozialen Verhalten steht, wurden keine Typen gebildet, sondern die beiden unabhängigen Variablen (UVs) kategorial als erklärende Faktoren genutzt. Beide UVs liegen in dichotomer Ausprägung vor und bilden die Typen 1 (Administratives Eigenengagement) und 2 (Administratives institutionalisiertes Engagement) sowie 5 (Karitatives Eigenengagement) und 6 (Karitiatives institutionalisiertes Engagement) ab.

Die Ergebnisse der multifaktoriellen Varianzanalyse zeigen an, dass die organisationale Einbindung mit signifikanten Unterschieden bei der agency- und ideology-Erfahrungen einhergeht. Der Umgang mit hilfsbedürftigen Personen bringt signifikante Unterschiede bei allen vier abhängigen Variablen mit sich (vgl. Tabelle 1).

Tabelle 1: Parameter der multifaktoriellen Varianzanalysen für die UVs „Organisationale Einbindung" und „Umgang mit Hilfsbedürftigen" auf die AVs „agency-Erfahrung", „ideology-Erfahrung", „Reflektion sozialer Stereotype" sowie „Prosoziales Verhalten"

	Organisationale Einbindung			Umgang mit Hilfsbedürftigen			Interaktionseffekt (Org*Hilf)			Korr. R^2
	F	Sig.	χ^2	F	Sig.	χ^2	F	Sig.	χ^2	
Agency	7,65	**	0,01	32,05	***	0,05	1,56	n.s.	-	0.07
Ideology	5,28	*	0,01	45,00	***	0,07	0,01	n.s.	-	0.08
Reflektion	0,62	n.s.	-	25,99	***	0,04	0,28	n.s.	-	0.04
Prosozial	0,44	n.s.	-	14,02	***	0,02	0,78	n.s.	-	0.02

Anm.: *** $p<0{,}001$; ** $p<0{,}01$; * $p<0{,}05$

Interaktionseffekte beider Merkmale der gemeinnützigen Tätigkeit bestehen hingegen nicht. Beim Vergleich der beiden Haupteffekte fällt auf, dass die organisationale Einbindung nur die Erfahrungen, nicht aber die ersten beiden Stufen des Transzendenzprozesses prädiziert. Zudem ist die geschätzte Effektstärke des Umgangs mit Bedürftigen durchweg höher als bei der organisationalen Einbindung. Schließlich ist anzumerken, dass allein durch Einbezug der beiden Tätigkeitsmerkmale bei den Erfahrungsvariablen sieben resp. acht Prozent der Varianz erklärt werden.

Der Vergleich der Mittelwerte weist bei allen abhängigen Variablen in die theoretisch erwartete Richtung. Insbesondere bei der agency- und ideology-Erfahrung als proximale Begleitmerkmale des Engagements zeigt sich, dass Jugendliche in den Engagementtypen 5 und 6 von besonders intensiven Erfahrungen der Handlungswirksamkeit und der Selbstbildveränderung berichten (vgl. Abbildung 4).

Abbildung 4: Mittelwerte und Standardabweichungen der Erfahrungsklassen, der Reflektion sozialer Stereotype und des prosozialen Verhaltens

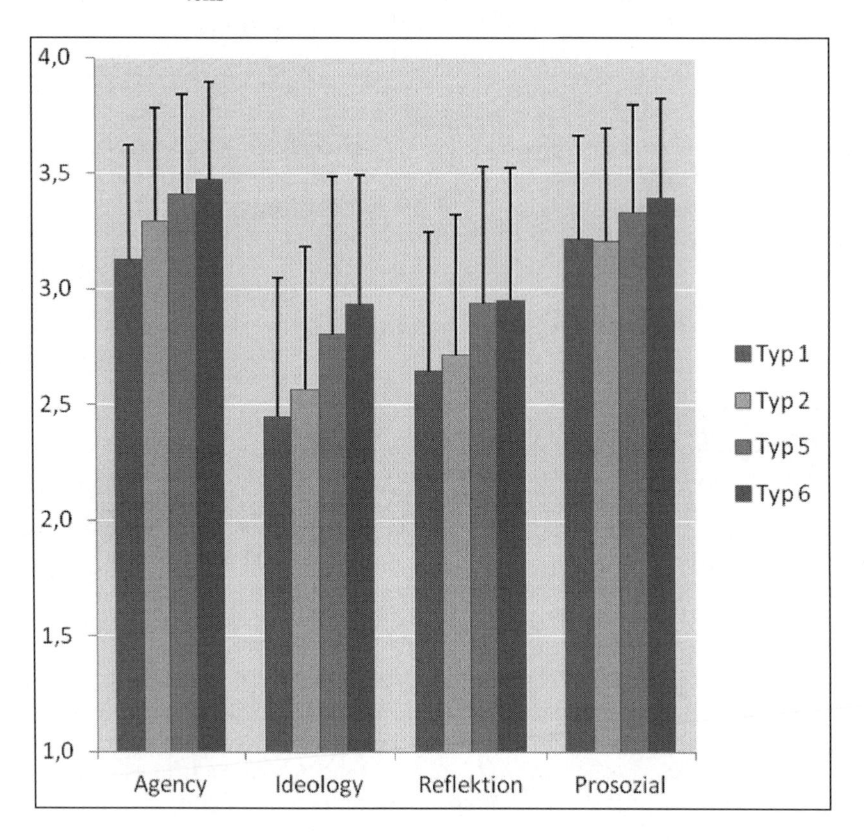

Bei der Reflektion sozialer Stereotype sowie dem prosozialen Verhalten fallen die mittleren Ausprägungen bei denjenigen engagierten Jugendlichen höher aus, die häufiger den Umgang mit bedürftigen Menschen berichten. Wie bereits die Signifikanztests ausgewiesen haben, ist für diese beiden Merkmale der Jugendlichen unerheblich, ob sie sich inner- oder außerhalb einer gemeinnützigen Organisation engagieren.

5. Diskussion

Der Beitrag befasst sich mit der Frage, ob gemeinnützige Tätigkeit bei Jugendlichen einen Beitrag zur positiven Persönlichkeitsentwicklung leistet und unter welchen Bedingungen dies der Fall ist. Es wird basierend auf der Theorie gemeinnütziger Tätigkeit (Youniss/Yates 1997; Reinders/Youniss 2006b) argumentiert, dass gemeinnützige Tätigkeit Erfahrungsmöglichkeiten bereithält, die den fünf C's des *Positive Youth Development*-Konzepts entsprechen.

Gleichzeitig wird jedoch nicht davon ausgegangen, dass jede Engagementform in gleichem Maße die Möglichkeiten des Kompetenzerlebens, der sozialen Zugehörigkeit etc. ermöglicht (Reinders/Youniss 2006a). Vielmehr sollten gemeinnützige Tätigkeiten mit organisationaler Einbindung und dem Umgang mit bedürftigen Menschen Erfahrungen bieten, durch die Jugendliche eigene Handlungswirksamkeit erleben und ihr Selbstbild verändern (Youniss/Reinders 2010). In der Folge, so die Erwartung, werden dann auch die Reflektion sozialer Stereotype sowie das Ausmaß prosozialen Verhaltens stärker zwischen den Engagementtypen variieren.

Anhand der Teilstichprobe aktuell engagierter Jugendlicher aus dem Projekt „Jugend. Engagement. Politische Sozialisation." wurden diese Annahmen im Querschnitt geprüft. Dabei lässt sich nachweisen, dass vor allem eine organisational eingebundene gemeinnützige Tätigkeit im Umgang mit bedürftigen Menschen intensivere Erfahrungen von *agency* und *ideology* ermöglicht. Die Reflektion sozialer Stereotype sowie das Ausmaß prosozialen Verhaltens stehen nicht mit der organisationalen Einbettung, wohl aber mit der Hilfe für Andere im Zusammenhang. Dies steht im Einklang mit sozialpsychologischen Annahmen und empirischen Befunden, wonach als positiv erlebte Kontakte mit Out-Group-Mitgliedern zur Veränderung von Stereotypen beitragen (Hewstone/ Brown 1986; Pettigrew/Tropp 2006, 2008) und prosoziales Verhalten vor allem gegenüber als positiv eingeschätzten Out-Group-Mitgliedern gezeigt wird (Levine et al. 2005).

Die präsentierten Befunde machen entsprechend deutlich, dass (1.) nicht jede Form gemeinnütziger Tätigkeit vergleichbare positive Einflüsse ausübt und

(2.) die verschiedenen Merkmale zur Differenzierung von Engagementtypen in unterschiedlicher Form Merkmale der positiven Entwicklung Jugendlicher prädizieren. Damit ist in der Forschung zur Wirkung gemeinnütziger Tätigkeit im Jugendalter ein wesentlicher Schritt bewältigt, um differenzielle Einflüsse aufzuzeigen und gleichzeitig Grundlagen für Handlungsempfehlungen zur Gestaltung gemeinnütziger Programme für Jugendliche zu schaffen. Wenngleich in der internationalen Forschung zahlreiche Studien aufzeigen, dass nicht jeder Engagementtyp gleiche Wirkungen mit sich bringt (z.B. Pugh/Condon 1996), so legen die präsentierten Befunde nahe, dass dies für gemeinnützige Tätigkeit Jugendlicher in Deutschland ebenso gilt. Zu verweisen ist indes darauf, dass aus dem Projekt bislang erst Querschnittsdaten vorliegen und längsschnittliche Befunde klären müssen, inwieweit hier auch Selektionsprozesse stattfinden.

Allerdings legen die Befunde nahe, dass gemeinnützige Tätigkeit nicht nur von gesellschaftlichem Nutzen ist. Maßnahmen wie der Bundesfreiwilligendienst müssen noch deutlich an Prominenz gewinnen, um auch zukünftig soziale Sicherung zusätzlich zur Wohlfahrtsstaatstruktur zu ermöglichen. Darüber hinaus wird deutlich, dass durch qualifizierte Engagementmöglichkeiten bei Jugendlichen ein Pfad positiver Entwicklung eröffnet wird, der sowohl präventiv gegen Jugendgefährdungen wirkt als auch die Wahrscheinlichkeit erhöht, dass sich diese Jugendliche auch als Erwachsene engagieren werden. Zum Beispiel im Bundesfreiwilligendienst.

Literatur

BMFSFJ. (2010): Hauptbericht des Freiwilligensurveys 2009. Ergebnisse der repräsentativen Trenderhebung zu Ehrenamt, Freiwilligenarbeit und Bürgerschaftlichem Engagement. München: TNS Infratest.

Carlo, G. O./Okun, M. A./Knight/G. P./de Guzman, M. R. T. (2005): The interplay of traits and motives on volunteering: Agreeableness, extraversion and prosocial value motivation. In: Personality and Individual Differences, 38, 1293-1130.

Christoph, G./Reinders, H. (2011a): Jugend. Engagement. Politische Sozialisation. Deskriptive Befunde der ersten Erhebungswelle 2010. Schriftenreihe Empirische Bildungsforschung. Band 19. Würzburg: Universität Würzburg.

Christoph, G./Reinders, H. (2011b): Jugend. Engagement. Politische Sozialisation. Skalendokumentation der ersten Erhebungswelle 2010. Schriftenreihe Empirische Bildungsforschung. Band 20. Würzburg: Universität Würzburg.

DJI (2008): Fürs Leben lernen: Nachhaltige Kompetenzen durch informelle Bildung, Thema 2008/08. Zugriff unter: http://www.dji.de/cgi-bin/projekte/output.php?projekt=860; [19.12.2011].

Düx, W./Sass, E./Prein, G. (2009): Kompetenzerwerb im freiwilligen Engagement. Eine empirische Studie zum informellen Lernen im Jugendalter. Wiesbaden: VS Verlag.

Erikson, E. H. (1968): Identity: Youth and Crisis. New York: Norton.

Hart, D./Fegley, S. (1995): Altruism and caring in adolescence: Relations to moral judgement and self-understanding. In: Child Development, 66, 1346-1359.

Hewstone, M./Brown, R. (1986): Contact is not enough: An intergroup perspective on the "contact hypothesis". In: Hewstone, M./Brown, R. (Eds.): Contact and conflict in intergroup encounters. Oxford: Basil Blackwell, 1-44.

Hofer, M. (1999): Community service and social cognitive development in German adolescents. In: Yates, M./Youniss, J. (Eds.): Roots of civic identity. International perspectives on community service and activism in youth. Cambridge: Cambridge University Press, 114-134.

Janoski, T./Musick, M./Wilson, J. (1998): Being volunteered? The impact of social participation and pro-social attitudes on volunteering. In: Sociological Forum, 13, 495-519.

Jonhnson, D. W./Johnson, R. T. (2000): The Three Cs of Reducing Prejudice and Discrimination. In: Oskamp, S. (Ed.): Reducing Prejudice and Discrimination. London: Lawrence Erlbaum Associates, 239-268.

Kirshner, B. (2009): Power in Numbers: Youth Organizing as a Context for Exploring Civic Identity. In: Journal of Research on Adolescence, 19, 414-440.

Larson, R. W. (2000): Toward a Psychology of Positive Youth Development. In: American Psychologist, 55, 170-183.

Lerner, R. M./Lerner, J. V./Almerigi, J./Theokas, C. (2005): Positive Youth Development, Participation in Community Youth Development Programs, and Community Contributions of Fifth-Grade Adolescents: Findings From the First Wave Of the 4-H Study of Positive Youth Development. In: The Journal of Early Adolescence, 25, 17-71.

Lerner, R. M. (1982): Children and Adolescents as Producers of Their Own Development. In: Developmental Review, 20, 342-370.

Lerner, R. M./Dowling, E. M./Anderson, P. M. (2003): Positive youth development: Thriving as a basis of personhood and civil society. In: Applied Developmental Science, 7, 172-180.

Levine, M./Prosser, A./Evans, D./Reicher, S. (2005): Identity and Emergency Intervention: How Social Group Membership and Inclusiveness of Group

Boundaries Shape Helping Behavior. In: Personality and Social Psychology Bulletin, 31, 443-453.

Metz, E./McLellan, J. A./Youniss, J. (2003): Types of voluntary service and adolescents civic development. In: Journal of Adolescent Research, 18, 188-203.

Metz, E./Youniss, J. (2003): A demonstration that school-based required service does not deter but heigthens volunteerism. In: Political Science and Politics, 36, 281-286.

Penner, L. A. (2002): Dispositional and organizational influences on sustained volunteerism: An interactionist perspective. In: Journal of Social Issues, 58, 447-467.

Penner, L. A./Fritzsche, B. A./Craiger, J. P./Freifeld, T. R. (1995): Measuring the prosocial personality. In: Butcher, J./Spielberger, C. D. (Eds.): Advances in personality assessment. Hillsdale, NJ: Lawrence Erlbaum, 110-132.

Penuel, W. R./Wertsch, J. V. (1995): Vygotsky and identity formation: A sociocultural approach. In: Educational Psychologist, 30, 83-92.

Pettigrew, T. F./Tropp, L. R. (2006): A Meta-Analytic Test of Intergroup Contact Theory. In: Journal of Personality and Social Psychology, 90, 751-783.

Pettigrew, T. F./Tropp, L. R. (2008): How does intergroup con- tact reduce prejudice? Meta-analytic tests of three mediators. In: European Journal of Social Psychology, 38, 922-934.

Pugh, M. J. V./Condon, G. (1996): Community service and developmental opportunities: All service is not created equal. Paper presented at the Poster presented at the biennial meeting of the Society for Research on Adolescence. Boston: MA.

Rauschenbach, T. (2009): Engagement und Bildung. Kurzgutachten für das Bundesnetzwerk Bürgerschaftliches Engagement für die Koordinierungsstelle „Nationales Forum für Engagement und Partizipation". Dortmund.

Reinders, H. (2005): Jugend. Werte. Zukunft. Wertvorstellungen, Zukunftsperspektiven und soziales Engagement im Jugendalter. Stuttgart: Landesstiftung Baden-Württemberg.

Reinders, H. (2008): Persönlichkeitsentwicklung und politische Beteiligungsbereitschaft durch gemeinnützige Tätigkeit im Jugendalter. Antrag an die Deutsche Forschungsgemeinschaft. Würzburg: Universität Würzburg.

Reinders, H. (2009): Bildung und freiwilliges Engagement im Jugendalter. Expertise für die Bertelsmann-Stiftung. Schriftenreihe Empirische Bildungsforschung. Band 10. Würzburg: Universität Würzburg.

Reinders, H./Youniss, J. (2005). Gemeinnützige Tätigkeit und politische Partizipationsbereitschaft bei amerikanischen und deutschen Jugendlichen. In:

Psychologie in Erziehung und Unterricht, 52, 1-19.

Reinders, H./Youniss, J. (2006a): School-Based Required Community Service and Civic Development in Adolescents. In: Applied Developmental Science, 10, 2-12.

Reinders, H./Youniss, J. (2006b): Community service and civic development in adolescence. Theoretical considerations and empirical evidence. In: Sliwka, A./Diedrich, M./Hofer, M. (Eds.): Citizenship education. Therory, research, practice. Münster: Waxmann, 195-208.

Roth, J./Brooks-Gunn, J. (2000): What do adolescents need for healthy development? Implications for youth policy. Social Policy Report. In: Giving Child and Youth Development Knowlegde Away, 14, 3-19.

Roth, J. L./Brooks-Gunn, J. (2003): What exactly is a youth development program? Answers from research and practice. In: Applied Developmental Science, 7, 94-111.

Scales, P. C./Roehlkepartain, E. C./Neal, M./Kielsmeier, J. C./Benson, P. L. (2006): Reducing academic achievement gaps: The role of community service and Service Learning. In: Journal of Experiential Learning, 29, 38-60.

Silbereisen, R. K. (1986): Entwicklung als Handlung im Kontext: Entwicklungsprobleme und Problemverhalten im Jugendalter. In: Zeitschrift für Sozialisationsforschung und Erziehungssoziologie, 6, 29-46.

Statistisches Bundesamt (2011): Bildung und Kultur. Allgemeinbildende Schulen. Fachserie 11, Reihe 1. Wiesbaden. Zugriff unter: http://www. destatis.de/jetspeed/portal/cms/Sites/destatis/Internet/DE/Content/Publikationen/Fachveroeffentlichungen/BildungForschungKultur/Schulen/AllgemeinbildendeSchulen2110100117004, property=file.pdf [16.12.2011]

Torney-Purta, J./Lehmann, R./Oswald, H./Schulz, W. (2001): Citizenship and education in twenty-eight Countries: Civic knowledge and engagement at age fourteen. Amsterdam: The International Association for the Evaluation of Educational Achievement.

Yates, M./Youniss, J. (1996): A developmental perspective on community service. In: Social Development, 5, 85-111.

Yates, M./Youniss, J. (1998): Community service and political identity development in adolescence. In: Journal of Social Issues, 54, 495-512.

Youniss, J./McLellan, J./Su, Y./Yates, M. (1999): The role of community service in identity development: Normative, unconventional, and deviant orientations. In: Journal of Adolescent Research, 14, 249-262.

Youniss, J./McLellan, J./Yates, M. (1997): A Developmental Approch to Civil Society. In: Edwards, B./Foley, M. W./M. Diani, M. (Eds.): Beyond Tocqueville. Civil Society and the Social Capital Debate in Comparitive Perspective. Hanover/London: University Press of New England, 243-253.

Younìss, J./Reinders, H. (2010): Youth and community service: A review of US research, theoretical perspectives, and implications for policy in Germany. In: Zeitschrift für Erziehungswissenschaft, 13, 233-248.
Youniss, J./Yates, M. (1997): Community service and social responsibility in youth. Chicago, IL: The University of Chicago Press.
Youniss, J./Yates, M. (1999): Youth Service and Moral-Civic Identity: A Case for Everyday Morality. In: Educational Psychology Review, 4, 361-376.

Trends

Vorwort

Vor etwa zehn Jahren hatten wir in der ersten Ausgabe des Jahrbuchs Jugendforschung einige der wichtigsten Jugendforscherinnen und -forscher aufgefordert, über die Zukunft der Jugendforschung zu schreiben. Die Autoren/-innen sollten entsprechend unserer Anfrage ihre Antwort in drei Teilbereiche gliedern:

1. Frage: Welche Aufgaben sehen Sie als die vordringlichsten der Jugendforschung in den nächsten Jahren an?

2. Frage: Warum blieb die Jugendforschung so lange in der Obhut der Familiensoziologie?, oder was bedeutet die Gründung der [damals, d. Hrsg.] neuen Sektion Jugendsoziologie in der DGS für die künftige Jugendforschung? Ist dies ein Schritt zur Emanzipation der Jugendforschung?

3. Frage: Wie sehen Sie gegenwärtig den Zusammenhang zwischen Jugendforschung und Politik? Wird die Jugendforschung für politische Zwecke missbraucht? Werden die Jugendforschung und ihre Ergebnisse in der politischen Diskussion überhaupt wahr- und ernst genommen?

Nun zehn Jahre später haben wir die Autorinnen und Autoren von damals nochmals gefragt, wie sie die Entwicklung der Jugendforschung mit Blick auf ihre damaligen Angaben einschätzen und worin sie heute die zukünftige Stoßrichtung und die Aufgaben der Jugendforschung sehen. Die Antworten hierzu sind in den folgenden Seiten zusammengefasst. (Dabei hatten wir es in der aktuellen Anfrage offen gelassen, ob sich die Autoren/-innen an die Frage-Systematik von 2001 halten wollten oder nicht.)

Nicht alle angefragten Kolleginnen und Kollegen konnten unserer neuen Aufforderung folgen, etwa deshalb, weil sie nicht mehr in der Forschung aktiv tätig sind, oder aber sich ihr Forschungsschwerpunkt von der Jugendforschung in den letzten Jahren zu stark wegbewegt hat, um an deren Entwicklungen teilzunehmen. Den Autorinnen und Autoren, die uns ihre Antworten zur Verfügung gestellt haben, möchten wir an dieser Stelle noch einmal sehr herzlich für ihre Beteiligung und die Bereitschaft danken, sich für uns mit dieser sicher nicht einfachen Frage nach der Zukunft der Jugendforschung – nochmals – auseinander gesetzt zu haben.

Alles in allem bieten die Texte eine herausragende zusammenfassende Perspektive auf die letzten zehn Jahre der Jugendforschung sowie ihren möglichen zukünftigen Wegen.

Zukunft der Jugendforschung

Autorinnen und Autoren: Ralf Bohnsack und Nicolle Pfaff, Manuela du Bois-Reymond, Klaus Hurrelmann, Heinz-Hermann Krüger
(redaktionelle Bearbeitung: Ludwig Stecher)

Prof. Dr. Ralf Bohnsack, Freie Universität Berlin,
Prof. Dr. Nicolle Pfaff, Georg-August-Universität Göttingen

Ziele und Aufgaben künftiger Jugendforschung

Vor zehn Jahren ist in diesem Rahmen eine Stellungnahme zu den zukünftigen Aufgaben der Jugendforschung in der alleinigen Autorenschaft von Ralf Bohnsack vorgelegt worden. Die vordringlichsten Aufgaben der Jugendforschung wurden damals in der empirischen Vergewisserung der unterschiedlichen ‚Jugenden' in ihrer Vielfalt milieu-, geschlechts- und bildungsspezifischer Differenzierungen gesehen. Auch wenn in den letzten zehn Jahren sich in dieser Hinsicht – nicht zuletzt auf der Grundlage verstärkter qualitativer Forschung – vieles zum Positiven verändert hat, so sind vordringliche Aufgaben zukünftiger Jugendforschung weiterhin in der differenzierten Analyse unterschiedlicher Formen, Bedingungen und Praxen des Aufwachsens in heterogenen Gesellschaften zu sehen. Dies schließt Untersuchungen zu strukturellen Benachteiligungen in der sozialen Teilhabe ebenso ein wie anspruchsvolle empirische Rekonstruktionen familialer, institutioneller und jugendkultureller Kontexte und Praxisformen.

Zum anderen ist auch die bereits seit langem geforderte Internationalisierung der Jugendforschung in Form kulturvergleichender bzw. interkulturell angelegter Studien bislang allenfalls in Bezug auf einzelne Gegenstände substantiell vorangekommen. Sie bleibt damit ein wichtiges Zukunftsfeld der Jugendforschung.

Zum dritten sind vor dem Hintergrund der Neujustierung der Bildungsforschung als einem interdisziplinären Forschungsfeld die Aufgaben der Jugendforschung aktuell neu zu bestimmen. Bislang bestanden bis auf wenige Untersuchungen aus den 1970er- und 1980er-Jahren die Forschungstraditionen der Kindheits- und Jugendforschung auf der einen Seite und der Schul- und Bildungsforschung auf der anderen Seite weitgehend unabhängig voneinander. So wurden Heranwachsende durch die Jugendforschung als Altersgruppe im Schwerpunkt außerhalb von Bildungsinstitutionen untersucht, ihre Bildungsbeteiligung galt in entsprechenden Studien zu Bedingungen des Aufwachsens, kulturellen Praxen, Einstellungen und Zukunftsperspektiven allenfalls als Differenzierungsfaktor zur Erklärung von Heterogenität.

Für die Schul- und Bildungsforschung dagegen waren Jugendliche bislang vor allem als Informanten über die Situation an den untersuchten Bildungsinstitutionen interessant. Als gestaltende Akteure im schulischen Feld gerieten sie hingegen kaum in den Blick. Im vergangenen Jahrzehnt wies eine Reihe von Veröffentlichungen, insbesondere auch im Jahrbuch Jugendforschung oder in unterschiedlichen Journalen, auf zunehmende Überschneidungsfelder zwischen beiden Forschungslinien hin. Schwerpunkte in diesem Bereich sind vor allem Untersuchungen zu Schülerkulturen, schulischen und außerschulischen Peergroups, zum Einfluss von Bedingungen des Aufwachsens und kulturellen Praxen auf formelle und informelle Lernprozesse, zur Schülersicht auf Schule sowie zu biografischen und institutionellen Übergängen innerhalb von Bildungskarrieren und in den Beruf.

Themen wie die Beziehung von kulturellen Praxen und Stilen, außerschulischen Sozialformen, Aktivitäten und Räumen Jugendlicher zu deren schulischen Erfahrungsräumen bleiben dabei hingegen weitgehend ausgeblendet. Nur einzelne Untersuchungen legen bislang vor dem Hintergrund der Analyse von biografischen Verläufen und/oder der Einbindung Jugendlicher in Gruppen und Milieus Gleichaltriger den Fokus auf eine integrierte Betrachtung von schulischen und außerschulischen Erfahrungsräumen. Eine solche ganzheitliche Perspektive, für deren empirische Umsetzung qualitative oder rekonstruktive Studien prädestiniert sind, erscheint jedoch unabdingbar, wenn es darum gehen soll, Aussagen über die Komplexität jugendlichen Aufwachsens und die Differenziertheit jugendlicher Lebenswelten im Wechselspiel institutioneller und informeller Kontexte zu treffen.

Institutionelle Einbindung künftiger Jugendforschung

Eine besondere Bedeutung kommt dem Forschungsfeld der bildungsbezogenen Jugendforschung vor allem angesichts der aktuellen institutionellen Entwicklungen im Bereich der sozialwissenschaftlichen Forschung zu, in denen eine interdisziplinär aufgestellte Bildungsforschung zum dominierenden Feld wird. In diesem konzentrieren sich Neuberufungen ebenso wie die Ausrichtung von Forschungsinstituten und -schwerpunkten. Auch ist die verstärkte Institutionalisierung dieses Forschungsfeldes u.a. an der Gründung einer neuen Fachgesellschaft sowie der Vergabe von Drittmitteln, z.B. in Form von Schwerpunktprogrammen der DFG und des BMBF, zu beobachten.

Jugendforschung im eigentlichen Sinne verliert demgegenüber institutionell an Gewicht. So existieren nur noch wenige Lehrstühle in den Bereichen Entwicklungs- bzw. Kinder- und Jugendpsychologie, Jugendforschung oder Soziologie der Kindheit und Jugend. Am Deutschen Jugendinstitut werden neben genuinen Fragen der Jugendforschung inzwischen prominent auch solche der Kindheits- und Familienforschung behandelt, in allen Schwerpunkten dominieren Studien zur Bildungsbeteiligung.

Diese Entwicklungen im Bereich der institutionellen Verankerung des Forschungsfeldes deuten darauf hin, dass eine bildungsbezogene Jugendforschung künftig den Schwerpunkt im Feld der sozialwissenschaftlichen Studien zu Heranwachsenden ausmachen wird.

Zum Verhältnis von Jugendforschung und Politik

Konnten Untersuchungen im Forschungsgebiet der Jugendforschung trotz des regelmäßig erscheinenden Kinder- und Jugendberichts bislang vergleichsweise wenig politische Relevanz entfalten, so zeichnen sich mit der Schwerpunktsetzung im Bereich der Bildungsbeteiligung und der bildungsbezogenen Praxen Jugendlicher größere Chancen ab, dass auf diesem Wege auch Resultate aus der Jugendforschung als Grundlage (bildungs-) politischer Entscheidungen herangezogen werden. Sie dürften den Blick dafür schärfen, wie eng soziale Ungleichheiten und Eigensinnigkeiten jugendlicher Milieus an Disparitäten der Bildungsbeteiligung und des Bildungserfolgs sowie an Unterschiede hinsichtlich der erfolgreichen Integration in den Ausbildungs- und Arbeitsmarkt gebunden sind.

Prof. Dr. Manuela du Bois-Reymond, Universität Leiden (NL)

Vor zehn Jahren wurden wir, einige deutsche und deutsch-niederländische (M.d.B.R.) Jugendforscher gefragt, welche Aufgaben wir als die vordringlichsten der Jugendforschung in den nächsten Jahren ansehen.

Als ich unsere damaligen Beiträge nun, nach einem Dezennium, noch einmal las, fiel mir folgendes auf:

Erstens eine grosse Übereinstimmung zwischen den Autoren – ohne dass sie sich vorab abgestimmt hätten – über den Stand und die Entwicklung in der Jugendforschung und notwendige weitere Schritte, sowohl was die Abgrenzung von anderen (Teil-) Disziplinen betrifft, als auch umgekehrt Verallgemeinerungen der Fragestellungen im Sinne einer breiteren Lebenslauf-forschung. Rainer Silbereisen nahm hierbei einen besonderen Standpunkt ein, indem er darauf hinwies – und darauf bestand – dass die Wissensexplosion in den biologischen und biogenetischen Gebieten von der Jugendforschung nicht zur Kenntnis genommen werde, dies aber unbedingt müsse. Er wird vermutlich mit Genugtuung zur Kenntnis nehmen, dass diese Forderung inzwischen erfüllt ist; vielleicht weniger in der Jugendsoziologie im engeren Sinn als in der Pädagogik und der (Jugend-) Psychologie.

Des weiteren fiel mir auf, dass, was wir aus jugendsoziologischer Sicht damals feststellten und forderten, heute noch genauso aktuell ist wie damals. Dies sind insbesondere:

1) Eine (bessere) Verbindung von qualitativer und quantitativer Forschung;
2) eine methodisch (besser) abgesicherte Vergleichsforschung, in der jugendkulturelle und andere Spielarten und Erscheinungsformen von Jugend in systematisch kontrollierten regionalen und Ländervergleichen erfasst werden;
3) eine bessere Weiter- und Neubenutzung von (Fremd-)Daten;
4) eine lebenslauforientierte Forschung, die Jugend nicht (mehr) als gesonderte Lebensphase ansieht und untersucht;
5) zunehmende Politik- und Praxisrelevanz von Jugend als Lernjugend.

Zu diesen fünf Themen möchte ich kurz etwas sagen.

1) Obgleich wir das Problem einer methodisch überzeugenden Verknüpfung qualitativer mit quantitativen Daten nicht gelöst haben (und eine solche Verknüpfung auch nie völlig gelingen kann), so haben wir doch vielversprechende Anstrengungen hierzu unternommen und sind zu vergleichsweise differenzierteren Forschungsdesigns gekommen. Hierbei haben uns nicht nur erneute erkenntnistheoretische Überlegungen über den verschiedenen Status versprachlichter Daten geholfen, sondern auch die enorm zugenommenen Möglichkeiten, die Computerprogramme zur Quantifizierung qualitativer Daten bieten und, umgekehrt, zu verfeinerten qualitativen Aussagen großer quantitativer Datensätze.

2) Dieser zweite Punkt ist mir ganz besonders wichtig, nicht nur aus forschungsimmanenten Gründen, sondern auch aus praktisch-politischen. Und wer meine Arbeiten kennt, weiß, dass ich seit vielen Jahren für eine Öffnung nationaler Jugendforschung in den europäischen Raum hinein plädiere. Inzwischen wird auch dieser Forderung viel mehr Rechnung getragen als noch vor zehn Jahren. Das ist zu einem großen Teil den Rahmenforschungsprogrammen der Europäischen Kommission zu verdanken. Ich selbst beteilige mich als Mitglied der Forschungsgruppe EGRIS (European Group for Integrated Social Research) an derartigen Programmen. Ihre wichtigste Funktion besteht darin, nationale Forschungsgruppen untereinander zu vernetzen und durch gemeinsame Fragestellungen hinter die Dynamik des Besonderen und Allgemeinen sowohl innerhalb als zwischen Ländern/Regionen zu kommen, etwa wenn es um Übergangsprobleme Jugendlicher auf ihre lokalen und (inter-)nationalen Arbeitsmärkte geht.

Hier stellt sich dann das Problem angemessener Vergleichsindikatoren und der Verknüpfung qualitativer mit quantitativen Daten in verschärfter Form.

3) Das Verhältnis zwischen benutzten Daten und Daten-auf-Halde wird, so mein Eindruck, immer diskrepanter zuungunsten der benutzten Daten. Wir sitzen auf riesigen Datenbergen, die nach Abschluss eines Forschungsvorhabens oft nicht mehr benutzt werden. Universitäten und Forschungseinrichtungen sollten bewusst Projekte fördern, die ungenutzte Daten unter neuen oder replikativen Gesichtspunkten aufbereiten (wie dies auch H.-H. Krüger fordert). Dies gilt umso mehr für (europäische) Vergleichsdaten.
4) Es besteht heute, mehr noch als vor zehn Jahren, ein überwältigender Konsens unter Jugendforschern verschiedener Provenienz, Jugend in den Kontext einer Lebenslaufperspektive zu stellen. Jugendsoziologische Theoriebildungen wie die einer zunehmenden Entstrukturierung der Jugendphase waren hierbei wichtige Anreger auch für empirische Forschung. Wiederum ist dabei (europäische) Vergleichsforschung instruktiv: sie zeigt, dass diese Entstrukturierung nicht allein milieuspezifisch variiert, sondern auch lokal-national-kulturell, und dass es bei derartigen Vergleichen nicht so sehr um ein "Mehr oder weniger" geht, sondern, viel interessanter, um ein "Anders". Gerade dann ist eine Lebenslaufperspektive fruchtbar.

5) Jugend wird unter dem Druck ökonomischer Globalisierung dazu gezwungen, ihr Lernkapital ständig zu erweitern und zu erneuern; der/die Jugendliche wird von Politik und Wirtschaft als Dauerlerner konzipiert. Die pädagogischen Einrichtungen, insbesondere die Schule, müssen diese Dauerlerner modellieren; dazu müssen sie sich tiefgreifend modernisieren. Wir sind gegenwärtig Zeugen und erforschen die teils erfolgreichen, teils vergeblichen Anstrengungen hierzu; ein faszinierendes Forschungsfeld, insbesondere wenn man sich den Widersprüchen zwischen außerschulischem sozialpädagogischem und eigenbestimmtem kulturellem Lernen hie, und den innerschulischen (-universitären) Lernzwängen dort zuwendet.

Das noch weitgehend rhetorisch über- und praktisch-politisch unterdetermnierte Konzept des lebenslangen Lernens als europäisch propagiertes Großprogramm verweist nichts desto trotz auch hier auf eine Lebenslaufperspektive, in die Jugend als Lernjugend eingebettet (gedacht) wird.

Mein Wunsch für die Zukunft von Jugendforschung wäre eine Art europäischer Akademie, in der eine lebendige Gemeinde von europäischen Jugendforschern (bezahlt aus einem der vielen überflüssigen EU-Töpfe) eine permanente metatheoretische und methodisch-empirische Diskussion über die hier nur sehr grob skizzierten Fragen – und viele mehr – führte.

Prof. Dr. Klaus Hurrelmann, Hertie School of Governance Berlin

Zu Frage 1: Welche Aufgaben sehen Sie als die vordringlichsten der Jugendforschung in den nächsten Jahren an?

Die methodische Konsolidierung der Jugendforschung ist in den vergangenen zehn Jahren sehr gut vorangekommen. Wir können in Deutschland im internationalen Vergleich inzwischen auf eine breit gestaffelte Forschungslandschaft an wissenschaftlichen Forschungsinstituten und – eine Besonderheit – an kommerziell arbeitenden Erhebungsinstituten, die mit wissenschaftlichen Instituten zusammenarbeiten, zurückblicken.

Immer mehr wird erkannt, dass die Angehörigen der jungen Generation besonders sensible Beobachter der politischen, wirtschaftlichen und kulturellen Entwicklung ihrer Gesellschaft sind, weil sie für ihre Zukunft existentiell auf Entfaltungschancen angewiesen sind.

Die jüngsten Ereignisse in den arabischen und südeuropäischen Ländern zeigen, wie bedeutsam die Stimme der jungen Generation für die politische Meinungsbildung in einem Land geworden ist. Auch in einigen südosteuropäischen Ländern haben sich Jugendliche in den letzten Jahren intensiv an politischen Bewegungen und Demonstrationen beteiligt.

Jugendstudien sind eine hervorragende Möglichkeit, um mit den Mitteln der empirischen Sozial- und Feldforschung die Mentalitäten, Wertorientierungen, politischen Präferenzen und Zukunftsperspektiven der jungen Generation zu erfassen. Der Bevölkerungsgruppe der 14- bis 25-Jährigen kann über Jugendstudien eine „öffentliche Stimme“ gegeben werden. Hierdurch ist es möglich, ihre Selbsteinschätzung, ihre Problemlagen und ihre Sicht gesellschaftlicher Zusammenhänge in eine breite Öffentlichkeit hinein zu tragen.

Ich sehe deshalb die wichtigste Herausforderung für die nächsten zehn Jahre darin, die gut etablierten Ansätze der empirischen Jugendforschung in Deutschland auf andere Länder und Regionen auszuweiten. Das könnte ein Beitrag zum Beispiel der politischen Stiftungen sein, um die Demokratisierung in den neuen EU-Ländern, den Ländern des früheren Jugoslawien und den arabischen Mittelmeerländern zu unterstützen.

In diesem Zusammenhang wird eine Verstärkung der internationalen Präsenz der deutschen Jugendforschung immer dringlicher. Sie ist nur möglich, wenn immer mehr Wissenschaftlerinnen und Wissenschaftler in international anerkannten englischsprachigen Zeitschriften publizieren.

Zu Frage 2: Warum blieb die Jugendforschung so lange in der Obhut der Familiensoziologie?, oder was bedeutet die Gründung der neuen Sektion Jugendsoziologie in der DGS für die künftige Jugendforschung? Ist dies ein Schritt zur Emanzipation der Jugendforschung?

Heute bewerte ich die Gründung der Sektion Jugendsoziologie in der Deutschen Gesellschaft für Soziologie vorbehaltlos positiv. Sie hat zwar zu einer Spezialisierung und damit unvermeidlich auch zu einer Segmentarisierung der Forschungsgemeinschaft beigetragen, aber sie hat eindeutig auch die Professionalisierung der Jugendforschung in Deutschland vorangetrieben.

Jetzt kommt es darauf an, diese Entwicklung zu intensivieren, indem möglichst viele Aktivitäten der Sektion Jugendsoziologie mit anderen soziologischen Sektionen, darunter theoretisch und methodisch ausgerichteten, und mit disziplinär anderen Fachgesellschaften, besonders psychologischen, pädagogischen, ökonomischen und politikwissenschaftlichen, gemeinsam durchgeführt werden. Schließlich sollten auch die bereits vorbildlich eingeleiteten internationalen Verflechtungen der Sektion ausgebaut werden.

Frage 3: Wie sehen Sie gegenwärtig den Zusammenhang zwischen Jugendforschung und Politik? Wird die Jugendforschung für politische Zwecke missbraucht? Werden die Jugendforschung und ihre Ergebnisse in der politischen Diskussion überhaupt wahr- und ernst genommen?

Glücklicherweise ist in den letzten Jahren eine professionelle Distanz zwischen der wissenschaftlichen Jugendforschung und der interessierten Politik aufrechterhalten worden. Die Forscherinnen und Forscher haben sich nicht für politische Themen und Interessen vereinnahmen lassen.

Im Gegenteil ist es den Jugendforscherinnen und -forschern gelungen, sich mit vorsichtigen Interpretationen und Ausdeutungen ihrer Untersuchungsergebnisse politisches Gehör zu verschaffen. So sind zum Beispiel die Untersuchungsergebnisse zum relativ geringen politischen Interesse der jungen Generation von politischen Stiftungen und Parteien mit Aufmerksamkeit registriert und diskutiert worden.

Dabei zeigte sich wiederholt, wie wichtig die Medien als Übersetzer der wissenschaftlichen Ergebnisse der Forschung in den öffentlichen und politischen Raum sind. Das bestärkt mich in der Anregung, die ich auch schon vor zehn Jahren gab, die Kernergebnisse wissenschaftlicher Jugendforschung konzentriert und strukturiert für die Medien aufzubereiten und offensiv an sie weiterzugeben, um sich der Transferleistungen der Medien zu bedienen, ohne von ihnen falsch wiedergegeben zu werden.

Prof. Dr. Heinz-Hermann Krüger, Universität Halle/Wittenberg

Angesichts des durch die PISA-Debatte ausgelösten Booms an Schul- und Unterrichtsforschung ist der Stellenwert der Jugendforschung im vergangenen Jahrzehnt im Spektrum der Forschungsfelder geringer geworden. Indikator dafür sind zum einen institutionelle Aspekte wie etwa die randständige Rolle der Sektion Jugendsoziologie in der Deutschen Gesellschaft für Soziologie oder die Tatsache, dass im Unterschied zu den 1980er- und 1990er-Jahren keine Schwerpunktprogramme bzw. Sonderforschungsbereiche zum Thema Jugendforschung bei der DFG mehr beantragt bzw. bewilligt wurden. Vor diesem Hintergrund erklärt es sich auch, dass in der Jugendforschung kaum zeitlich und inhaltlich klar konturierte Forschungsprogramme erkennbar sind und die Jugendforschung in ihren Finanzierungsspielräumen noch stärker von kurzfristigen jugend- und bildungspolitischen Verwertungsinteressen abhängig geworden ist. Auch fehlen primär in der qualitativen Jugendforschung immer noch umfassende Archivierungs- und Dokumentationssysteme, die erst die infrastrukturellen und technischen Voraussetzungen für systematisch aufbauende Forschung abgeben könnten. Beklagt wird in aktuellen theoretischen Debatten darüber hinaus (vgl. Ecarius 2009; Pfaff 2011), dass für bestehende Unsicherheiten und Inkonsistenzen im Hinblick auf die kategorialen und theoretischen Grundlagen der Jugendforschung immer noch keine tragfähigen Lösungen gefunden wurden.

Trotz dieser Defizitdiagnosen in Bezug auf die geringe institutionelle Verankerung der Jugendforschung in Fachgesellschaften und Universitäten, auf die fehlende Kontinuität in der Grundlagenforschung sowie auf konsistente theoretische Grundlagen, lassen sich auch Fortschritte in der Jugendforschung im letzten Jahrzehnt konstatieren. Diese betreffen zum einen die kontinuierliche Herausgabe von Handbüchern (vgl. Krüger/Grunert 2002, 2010) und Jahrbüchern (vgl. Merkens/Zinnecker 2001ff.) sowie die Herausgabe einer neuen Zeitschrift zum Thema „Diskurs Kindheits- und Jugendforschung“ (2006 ff.), zum anderen den weiteren Ausdifferenzierungsprozess der Jugendforschung, an dem neben der Erziehungswissenschaft, der Soziologie und der Psychologie neuerdings auch die Kulturwissenschaften, die Neurobiologie oder die sozialwissenschaftlich orientierte Gesundheitsforschung verstärkt beteiligt sind.

Trotz der Abhängigkeit der Jugendforschung von kurzfristigen jugend- und bildungspolitischen Nachfrage- und Verwertungsinteressen kann man jedoch vor allem drei Forschungslinien erkennen, die in der Jugendforschung auch im vergangenen Jahrzehnt mehr oder weniger kontinuierlich bearbeitet worden sind. Das sind erstens Studien, die Fragen nach der politischen oder sozialen Integration der Jugend ins Zentrum ihrer Analysen rücken (vgl. etwa DJI-Survey Aufwachsen in Deutschland 2010; Deutsche Shell 2002, 2010; Helsper/Krüger/Fritzsche 2006). Dies sind zweitens Untersuchungen, die sich mit aktuellen Trends in jugendkulturellen Szenen (vgl. im Überblick Richard/Krüger 2010) oder den vielfältigen medialen Praxen von Jugendlichen beschäftigen (vgl. z.B. Kutscher/Otto/Klein 2007; Hugger 2010). Dazu gehören drittens Studien, die jugendliches Risikoverhalten in Form von Gewalthandlungen (vgl. etwa Fuchs et al. 2009) oder gesundheitsriskantes Verhalten (vgl. Raithel 2004; im Überblick Pfaff 2011) in den Blick nehmen. Daneben hat sich im Bereich der Jugendforschung insbesondere im Gefolge der PISA-Debatte ein neuer vierter thematischer Schwerpunkt herausgebildet, bei dem die Analyse von Bildungskarrieren und -prozessen von Jugendlichen in Schule, Beruf und außerschulischen Lernwelten im Mittelpunkt steht. Untersucht wurden dabei Schülerbiografien (vgl. Helsper et al. 2009; Krüger et al. 2010), informelle Lernprozesse in Vereinen oder Jugendkulturen (z.B. Neuber 2010; Hitzler/Pfadenhauer 2006) oder Übergänge von der Schule in den Beruf (vgl. Reißig/Gaupp/Lex 2008). Auch in theoretischer Hinsicht werden in einigen Studien in der Jugendforschung in den letzten Jahren neue Impulse gesetzt, in dem klassische sozialisations- oder identitätstheoretische Ansätze durch ritualtheoretische oder praxeologische Konzepte ergänzt oder klassische makrosoziologische Ansätze durch differenztheoretische Konzepte abgelöst werden, die die Dimensionen von Klasse, Geschlecht und Migration bei der Analyse von Aspekten ungleicher Lebenslagen von Jugendlichen gleichzeitig mit berücksichtigen. An solche Theorielinien sollte die Jugendforschung zukünftig verstärkt anknüpfen, um komplexe Zusammenhänge zwischen jugendlicher Biografieentwicklung, jugendlichen Praxen und sozialstrukturellen Bedingungen empirisch untersuchen zu können.

Welche inhaltlichen Herausforderungen ergeben sich nun für die zukünftige Jugendforschung. Dabei zeichnen sich zumindest vier Themenfelder ab:

Erstens wird die bildungsbezogene und damit auch die vorrangig erziehungswissenschaftliche Jugendforschung vor dem Hintergrund des sich abzeichnenden Umbaus des Bildungswesens, der durch gleichzeitige Trends zu einer Horizontalisierung durch die Einführung eines nur noch zweigliedrigen Sekundarschulwesens und zu einer Vertikalisierung durch die Einrichtung von privaten Phorms-Grundschulen oder Primegymnasien (vgl. Krüger/Helsper et al. 2011) sowie durch die breite Etablierung von Schulen mit Ganztagscharakter gekennzeichnet ist, auch in den nächsten Jahren weiterhin Konjunktur haben. In diesem Zusammenhang wird sich auch zeigen, inwieweit das gerade begonnene Nationale Bildungspanel neue Erkenntnisse zu den schulischen, nachschulischen und außerschulischen Bildungskarrieren für die Jugendforschung bereitstellen kann (vgl. Blossfeld et al. 2009).

Zweitens wird vor dem Hintergrund der Auswirkungen eines entfesselten Kasino-Kapitalismus auch das Thema soziale Ungleichheit auf der Agenda der Jugendforschung bleiben bzw. sogar noch stärker in den Blick genommen werden müssen. Diese Auswirkungen betreffen nicht nur die ungleichen Bildungs- und Arbeitsmarktchancen von Jugendlichen, sondern stellen auch wie die aktuellen Entwicklungen in Großbritannien oder in Spanien zeigen, die gesellschaftliche und politische Integrationsbereitschaft von Teilen der jungen Generation grundsätzlich in Frage.

Die Folgewirkungen einer global entfesselten Weltgesellschaft stellen drittens auch neue Herausforderungen an eine interkulturell orientierte Jugendforschung dar, die Fragestellungen der Migrationsforschung und der international vergleichenden Jugendforschung stärker aufeinander beziehen sollte. In diesem Zusammenhang sollten nicht nur Risikolagen von Jugendlichen mit Migrationshintergrund in Deutschland oder von Jugendlichen in sozial abgehängten Weltregionen untersucht werden, sondern auch die Chancen die sich aus dem Leben in mehreren Ländern für transnationale Karrieren ergeben. Insbesondere die internationale vergleichende Jugendforschung ist jedoch auch gegenwärtig in Deutschland nur schwach entwickelt. Dabei erweisen sich Finanzierungsprobleme, sprachlich-kulturelle Verständigungsprobleme und ungeklärte methodische Fragen oft als Hemmnisse (vgl. du Bois-Reymond 2010).

Eine vierte Herausforderung ergibt sich für die Jugendforschung aus der für die nächsten Jahrzehnte sich abzeichnenden demografischen Entwicklung, wo die Altersgruppe der über 65-Jährigen bis 2025 von rund 20 auf fast 26 Prozent ansteigen und die Gruppe der unter 30-Jährigen von rund 31 auf 27 Prozent zurückgehen wird (Arbeitsgruppe Bildungsbericht 2010, 19). Dies hat bereits jetzt und wird zukünftig noch mehr zum Rückbau der Bildungsinstitutionen und zur Abwanderung aus spezifischen Regionen führen, so dass sich die institutionellen und lebensweltlichen Möglichkeiten für Jugendliche gravierend verändern werden. Diese Prozesse müssen durch die Jugendforschung nicht nur empirisch untersucht und moderiert werden. Vielmehr kommt auf sie zukünftig auch die Aufgabe zu, die Interessen ihrer Klientel in einer Gesellschaft mit zu vertreten, wo die junge Generation bei den Wahlberechtigten nur noch eine kleine Minderheit darstellt.

Literatur

Arbeitsgruppe Bildungsbericht (2010): Bildung in Deutschland 2010. Ein indikatorengestützter Bericht mit einer Analyse zu Perspektiven des Bildungswesens im demographischen Wandel. Bielefeld. Zugriff unter: www.bildungsbericht.de. [05.02. 2011].

Blossfeld, P. et al. (2009): Projekt Nationales Bildungspanel (NEPS). Homepage siehe https://www.neps-data.de/

Bois-Reymond, M. du (2010): Kindheit und Jugend in Europa. In: Krüger, H.-H./Grunert, C. (Hrsg.): Handbuch der Kindheits- und Jugendforschung. 2. aktualisierte und erweiterte Auflage. Wiesbaden: VS Verlag für Sozialwissenschaften, S. 399-418.

Deutsches Jugendinstitut (2010): Aufwachsen in Deutschland: Alltagswelten (AID:A Kinder- und Jugendsurvey). München: Deutsches Jugendinstitut.

Deutsche Shell (Hrsg.) (2002): Jugend 2002. Frankfurt a.M.: Fischer-Taschenbuch-Verlag.

Deutsche Shell (Hrsg.) (2010): Jugend 2010. Frankfurt a.M.: Fischer-Taschenbuch-Verlag.
Ecarius, J. (2009): Kanon, Diskurse und Tabuisierung. Pädagogische Theoriebildung am Beispiel von Jugend und Bildung. In: Bilstein, J./Ecarius, J.: (Hrsg.): Standardisierung – Kanonisierung. Wiesbaden: VS Verlag für Sozialwissenschaften, 57-76.
Fuchs, M./Lamnek, S./Luedtke, J./Baur, N. (2009): Gewalt an Schulen 1994-2000-2004. Wiesbaden: VS Verlag für Sozialwissenschaften.
Helsper, W./Kramer, R./Thiersch, S./Ziems, C. (2009): Bildungshabitus und Übergangserfahrungen bei Kindern. In: Baumert, J. u.a. (Hrsg.): Bildungsentscheidungen in differenten Bildungssystemen. Sonderheft 12 der Zeitschrift für Erziehungswissenschaft. Wiesbaden: VS Verlag für Sozialwissenschaften.
Helsper, W./Krüger, H.-H./Fritzsche, S. u.a. (2006): Unpolitische Jugend. Wiesbaden: VS Verlag für Sozialwissenschaften.
Hitzler, R./Pfadenauer, M. (2006): Bildung in der Gemeinschaft. In: Tully, C. (Hrsg.): Lernen in flexibilisierten Welten. Weinheim: Juventa, 237-253.
Hugger, K.-U. (Hrsg.) (2010): Digitale Jugendkulturen. Wiesbaden: VS Verlag für Sozialwissenschaften.
Krüger, H.-H./Grunert, C. (Hrsg.) (2002[1]/2010[2]): Handbuch der Kindheits- und Jugendforschung. Wiesbaden: VS Verlag für Sozialwissenschaften.
Krüger, H.-H./Köhler, S./Zschach, M. (2010): Teenies und ihre Peers. Opladen: Budrich.
Krüger, H.-H./Helsper, W. u.a. (2011): Mechanismen der Elitebildung im deutschen Bildungssystem. Werkstatthefte des ZSB, Heft 30, Halle/S.
Kutscher, N./Otto, H.-U./Klein, A. (Hrsg.) (2007): Grenzenlose Cyberwelt? Wiesbaden: VS Verlag für Sozialwissenschaften.
Merkens, H./Zinnecker, J. (2001): Jahrbuch Jugendforschung 2001. Opladen: Budrich.
Neuber, N. (Hrsg.) (2010): Informelles Lernen im Sport. Wiesbaden: VS Verlag für Sozialwissenschaften.
Pfaff, N. (2011): Stichwort: Aktuelle Entwicklungen in der Jugendforschung. In: Zeitschrift für Erziehungswissenschaft, 14, 4, 523-550.
Raithel, J. (2004): Jugendliches Risikoverhalten. Wiesbaden: VS Verlag für Sozialwissenschaften.
Reißig, B./Gaupp, N./Lex. T. (Hrsg.) (2008): Hauptschüler auf dem Weg von der Schule in die Arbeitswelt. München: Deutsches Jugendinstitut.
Richard, B./Krüger, H.-H. (Hrsg.) (2010): Intercool 3.0 Jugend, Bild und Medien. Ein Kompendium zur aktuellen Jugendkulturforschung. München: Wilhelm Fink Verlag.

Autorinnen und Autoren

Imbke Behnken, PD Dr., Leiterin des Archiv Kindheit, Jugend & Biografie an der Universität Siegen. Anschrift: Universität Siegen, Fakultät II, Unteres Schloss, 57068 Siegen. E-Mail: behnken@fb2.uni-siegen.de. Arbeitsschwerpunkte: (historische) qualitative Kindheits-, Jugend- und Biografieforschung.

Alena Berg, Dipl.-Päd., Wissenschaftliche Mitarbeiterin an der Universität zu Köln. Anschrift: Universität zu Köln, Humanwissenschaftliche Fakultät - Institut I, Innere Kanalstraße 15 (Triforum), 50823 Köln. E-Mail: Alena.Berg@uni-koeln.de. Arbeitsschwerpunkte: Qualitative (Biographie-) Forschung, Lern- und Bildungsprozesse und Übergang Schule-Beruf von Jugendlichen.

Gabriela Christoph, Dipl.-Psych., Wissenschaftliche Mitarbeiterin an der Julius-Maximilians-Universität Würzburg. Anschrift: Universität Würzburg, Institut für Pädagogik, Lehrstuhl Empirische Bildungsforschung, Campus Hubland-Nord, Oswald-Külpe-Weg 86, 97074 Würzburg. E-Mail: gabriela.christoph@uni-wuerzburg.de. Arbeitsschwerpunkte: Ehrenamtliches Engagement und politische Sozialisation im Jugendalter.

Jutta Ecarius, Prof. Dr., Professorin für Erziehungswissenschaft an der Universität zu Köln. Anschrift: Universität zu Köln, Humanwissenschaftliche Fakultät – Institut I, Innere Kanalstraße 15 (Triforum), 50823 Köln. E-Mail: jecarius@uni-koeln.de. Arbeitsschwerpunkte: Jugend-, Familien- und Generationenforschung sowie qualitative Bildungsforschung.

Peter Held, Rektor a. A. am Studienseminar und Lehrer a. D. in Wiesbaden. Anschrift: Rückertstraße 3, 65187 Wiesbaden. E-Mail: heldpeter@t-online.de. Arbeitsschwerpunkte: Psychosoziales Lernen und Mediationskultur.

Stefan E. Hößl, Dipl.-Päd., Wissenschaftlicher Mitarbeiter an der Universität zu Köln. Anschrift: Universität zu Köln. Humanwissenschaftliche Fakultät –

Institut I, Innere Kanalstr. 15 (Triforum), 50823 Köln. E-Mail: stefan.hoessl@uni-koeln.de. Arbeitsschwerpunkte: Qualitative (Biographie-) Forschung sowie Jugendforschung in Bezug zu Migration, Religiosität und Gewalt.

Werner Georg, Prof. Dr., Professor für Empirische Sozialforschung im Fach Soziologie an der Universität Konstanz. Anschrift: Universität Konstanz, Fachbereich Geschichte und Soziologie, 78457 Konstanz. E-Mail: werner.georg@uni-konstanz.de. Arbeitsschwerpunkte: Bildungssoziologie, Sozialstrukturanalyse und Lebensstilforschung.

Friedrich Gürge, Lehrer a. D. in Wiesbaden. E-Mail: www.Friedrich-Gürge.de Arbeitsschwerpunkte: Hauptschule, Integration, Beratung.

Sabine Maschke, Dr. phil. habil., Vertretungsprofessorin für Pädagogik des Jugendalters an der Justus-Liebig-Universität Gießen. Anschrift: Institut für Erziehungswissenschaft, Karl-Glöckner-Str. 21B, 35394 Gießen. E-Mail: Sabine.Maschke@erziehung.uni-giessen.de. Arbeitsschwerpunkte: Kindheits-und Jugendforschung, Außerschulische Bildung, Biografie und Bildung, Integrative Bildungsforschung.

Heinz Reinders, Prof. Dr., Inhaber des Lehrstuhls Empirische Bildungsforschung, Julius-Maximilians-Universität Würzburg. Anschrift: Julius-Maximilians-Universität Würzburg, Institut für Pädagogik, Lehrstuhl Empirische Bildungsforschung, Campus Hubland-Nord, Oswald-Külpe-Weg 86, 97074 Würzburg. E-Mail: heinz.reinders@uni-wuerzburg.de. Arbeitsschwerpunkte: Sozialisation in Kindheit und Jugend, Migrations- sowie Evaluationsforschung.

Matthias Reitzle, PD Dr. phil., Akademischer Oberrat am Lehrstuhl für Entwicklungspsychologie, Friedrich-Schiller-Universität Jena. Anschrift: Friedrich-Schiller-Universität Jena, Institut für Psychologie, Lehrstuhl für Entwicklungspsychologie, Am Steiger 3/1, 07743 Jena. E-Mail: Matthias.Reitzle@uni-jena.de. Arbeitsschwerpunkt: Entwicklung im sozialen Wandel.

Detlef H. Rost, Prof. Dr., Professor an der Philipps-Universität Marburg, Department of Psychology, Educational and Developmental Psychology. Anschrift: Gutenbergstr. 18, D-35032 Marburg. E-Mail: rost@staff.uni-marburg.de. Arbeitsschwerpunkte: Intelligenz und Hochbegabung; Leistungsängstlichkeit; Selbstkonzept; Leseverständnis; pädagogisch-psychologische Diagnostik; angewandte und differentielle Entwicklungspsychologie, Forschungsmethoden der Pädagogischen Psychologie.

Karin Schittenhelm, Prof. Dr., Professorin für Soziologie an der Universität Siegen. Anschrift: Universität Siegen, Philosophische Fakultät, Adolf-Reichwein-Str. 2, D-57068 Siegen. E-Mail: schittenhelm@soziologie.uni-siegen.de. Arbeitsschwerpunkte: Jugend- und Bildungsforschung, Bildung und Arbeit im Lebenslauf, Migration, Methoden der qualitativen Sozialforschung.

Jörn R. Sparfeldt, Prof. Dr. rer. nat., Professor für Bildungswissenschaften an der Universität des Saarlandes. Anschrift: Universität des Saarlandes, Fachrichtung Bildungswissenschaften, Postfach 151150, D-66041 Saarbrücken. E-Mail: j.sparfeldt@mx.uni-saarland.de. Arbeitsschwerpunkte: Begabung und Hochbegabung, Motivation im pädagogischen Feld, Pädagogisch-psychologische und Pädagogische Diagnostik.

Ludwig Stecher, Prof. Dr., Professor für Empirische Bildungsforschung an der Justus-Liebig-Universität Gießen. Anschrift: Institut für Erziehungswissenschaft, Karl-Glöckner-Str. 21B, 35394 Gießen. E-Mail: Ludwig.Stecher@erziehung.uni-giessen.de. Arbeitsschwerpunkte: Formale und non-formale Bildungsprozesse (Extended Education); Lebenslanges Lernen; Schulerfolg und soziale Ungleichheit; Bildungsprozesse in Kindheit, Jugend und in der Familie; Ganztagsschulen.

Kerstin Theilen, Studentin im Bachelor-Studiengang Außerschulische Jugendbildung an der Justus-Liebig-Universität Gießen. Anschrift: Institut für Erziehungswissenschaft, Karl-Glöckner-Str. 21B, 35394 Gießen. E-Mail: Kerstin.Theilen@erziehung.uni-giessen.de. Arbeitsschwerpunkte: qualitative Jugend- und Biografieforschung.